रमण सिन्हा

रमण सिन्हा का जन्म सन् 1960 में हुआ। वे भारतीय भाषा केन्द्र, जवाहरलाल नेहरू विश्वविद्यालय, नई दिल्ली में अध्यापक हैं। उनकी प्रकाशित पुस्तकें हैं—'अनुवाद और रचना का उत्तर-जीवन', 'रामचरितमानस : पाठ : लीला : चित्र : संगीत', 'शमशेर का संसार', 'भारतीय कला सिनेमा की प्रस्थानत्रयी', 'गांधी एंड आर्ट एंड अदर एसेज़', 'द आइडिया ऑफ़ हिन्दी एंड अदर एसेज़'। उन्होंने चन्द्रावती लखनपाल की दो पुस्तकें 'स्त्रियों की स्थिति' और 'मदर इंडिया का जवाब' तथा 'उमा नेहरू की कुछ गद्य रचनाएँ' का सम्पादन किया है। संगीत, साहित्य, सिनेमा, चित्रकला पर लिखे उनके आलेख हिन्दी-अंग्रेज़ी में प्रकाशित हैं। 'थियरी ईस्ट एंड वेस्ट : ट्रांसलेशन इन इट्स डिफ़रेंट कांटेक्स्ट' (*ट्रांसलेशन, टेक्स्ट एंड थियरी*, सेज पब्लिकेशन, लन्दन 2002), 'पोएट्री इन रागाज़ ऑर रागाज़ इन पोएट्री : स्टडीज़ इन दी कांसेप्ट ऑफ़ पोएटिक कम्युनिकेशन' (*टेक्स्ट एंड ट्रेडीशन इन अर्ली मॉडर्न नॉर्थ इंडिया*, ऑक्सफ़ोर्ड यूनिवर्सिटी प्रेस, 2018) तथा 'आइकोनोग्राफ़ी ऑफ़ तुलसीदास' (*अर्ली मॉडर्न इंडिया : लिटरेचर एंड इमेजेज़, टेक्स्ट एंड लैंग्वेजेज़*, क्रासएशिया, हाइडेल्बर्ग, 2019) आदि लेख विशेष चर्चित रहे। पाकिस्तान, बुलगारिया, पोलैंड, स्विट्ज़रलैंड, चीन, फ्रांस, जापान आदि देशों में आयोजित अन्तरराष्ट्रीय संगोष्ठियों में अकादमिक शिरकत, आलेख-प्रस्तुति और प्रकाशन।

ई-मेल : ramanpsinha@gmail.com

गांधी और कला
तथा अन्य निबन्ध

रमण सिन्हा

राजकमल पेपरबैक्स

राजकमल पेपरबैक्स में
पहला संस्करण : 2025

राजकमल पेपरबैक्स : उत्कृष्ट साहित्य के जनसुलभ संस्करण

राजकमल प्रकाशन प्रा. लि.
1-बी, नेताजी सुभाष मार्ग, दरियागंज
नई दिल्ली-110 002
द्वारा प्रकाशित

शाखाएँ : अशोक राजपथ, साइंस कॉलेज के सामने, पटना-800 006
पहली मंजिल, दरबारी बिल्डिंग, महात्मा गांधी मार्ग, प्रयागराज-211 001
1, अनमोल सोराबजी सन्तुक लेन, धोबी तलाव, मरीन लाइंस, मुम्बई-400 002
वेबसाइट : www.rajkamalprakashan.com
ई-मेल : info@rajkamalprakashan.com

विकास कम्प्यूटर एंड प्रिंटर्स
ट्रॉनिका सिटी-201 102
द्वारा मुद्रित

मूल्य : ₹299

GANDHI AUR KALA TATHA ANYA NIBANDH
Essays by Raman Sinha

ISBN : 978-93-6086-058-5

आमुख

संकलित लेख समय-समय पर राष्ट्रीय-अन्तरराष्ट्रीय अकादमिक संगोष्ठियों के लिए लिखे गए। आरम्भ के दो लेखों को छोड़कर सभी मूल रूप से अंग्रेज़ी में प्रस्तुत किये गए थे, जिसे यहाँ पहली बार हिन्दी में दिया जा रहा है। संगोष्ठी और उसके विषय को चुनने के पीछे...आज जब मैं पीछे मुड़कर देखता हूँ तो पाता हूँ कि...जाने-अनजाने विष्णुधर्मोत्तर पुराण के उस दृष्टान्त का ही असर रहा होगा जिसमें 'देवातारूपनिर्माण' (मूर्तिकला) की कला के बारे में जब वज्र प्रश्न करते हैं तो उसका उत्तर देते हुए मार्कंडेय उसे समझने के लिए चित्रकला के नियमों की जानकारी आवश्यक बताते हैं, फिर जब वे चित्रकला के नियमों को जानना चाहते हैं तब मार्कंडेय उनसे कहते हैं कि नृत्यकला को जाने बगैर चित्रकला के नियमों को समझना बहुत मुश्किल है, फिर आगे वे कहते हैं कि नृत्यकला को वह नहीं समझ सकता जो संगीत नहीं जानता और संगीत वही समझ सकता है जो गायन जानता है! कला के मर्म को समझने की यह अन्तर्दृष्टि, कला की यह अन्योन्याश्रयता मुझे न सिर्फ़ आकर्षक लगती है बल्कि विशेषज्ञता के इस युग में स्पृहणीय भी। लेकिन यह एक आदर्श की तरह ही है, जिसे पाने या उसके एक छोटे-से अंश का स्पर्श कर पाने की छटपटाहट की अभिव्यक्तियाँ हैं ये निबन्ध। पाठक उस स्पर्श को कितना अनुभव करेंगे, नहीं जानता क्योंकि जैसा कि हमारी भाषा के एक महाकवि ने कहा है कि पारखी मोती देखता है, गोताखोर के असफल प्रयास नहीं! अस्तु।

रमण सिन्हा
भारतीय भाषा केन्द्र
जवाहरलाल नेहरू विश्वविद्यालय, नई दिल्ली

क्रम

भारतीय कलाओं की अन्योन्याश्रयता तथा स्वायत्तता

> समस्त भारतीय कला का स्वरूप एक विशेष प्रकार की गम्भीर आत्मदृष्टि को बाहर प्रकट करना है...यह वह दृष्टि है जो कि रूप तथा आकार के रहस्यमय अर्थ को ढूँढ़ने के लिए भीतर जाने से, अपनी आत्मा की गहराइयों में कल के विषय की खोज करने से निर्मित होती है, यह उस दृष्टि को एक आत्मिक रूप देना है तथा स्थूल एवं प्राकृतिक वस्तु के आन्तरिक सत्य को प्रकट करने के लिए एक अविभाज्य कलात्मक समष्टि के सभी अवयवों में अधिकतम छन्दोमयता के साथ अर्थ को नये साँचे में ढालना है।[1]

उपनिवेश-पूर्व भारतीय कलाएँ सौन्दर्यानुभव को जिन तरीक़ों से कला-रूपों में ढालती हैं उनमें बहुत कुछ एक जैसा-पन है...यही नहीं बल्कि सौन्दर्यानुभूति की प्रकृति के बारे में तो उनमें अपूर्व समानता दिखाई देती है। विदुषी कपिला वात्स्यायन का यह कथन ध्यान देने योग्य है, "शास्त्रीय भारतीय स्थापत्य, मूर्तिकला, चित्रकला, साहित्य, संगीत एवं नृत्य ने माध्यम-विशेष से संवलित अपनी विशिष्ट नियमावली विकसित की लेकिन वे एक-दूसरे से न सिर्फ़ धार्मिक-दार्शनिक मन की आध्यात्मिक आस्था साझा करते हैं, बल्कि वे प्रविधियाँ भी जिनके द्वारा प्रतीक एवं आध्यात्मिक अवस्था के बीच के सम्बन्ध को विस्तार से नियोजित किया जाता है।"[2] भरत के 'नाट्यशास्त्र' में कथानक, चरित्र, अभिनय-प्रकार, वृत्ति, प्रवृत्ति, धर्मी, गीत, वाद्य तथा नृत्त की विस्तृत व्याख्या वस्तुत: स्थायी भाव व रसोद्रेक के साधन व कौशल के निमित्त ही व्याख्यायित हुआ है। भारतीय नाटक की ही तरह भारतीय संगीत की तकनीक भी स्थायी भाव या रसोद्रेक के लिए प्रयत्नशील प्रत्येक एकल इकाई के विस्तृत विश्लेषण पर आधारित है। भारतीय संगीतकार भी उन्हीं विचारों एवं प्रविधियों का प्रयोग करते हैं जिनका भारतीय नाटककार। जिस प्रकार भारतीय कवि

या नाटककार रस विशेष के उद्रेक के लिए एकल कथानक के साथ एक स्थायी भाव प्रस्तुत करता है, उसी प्रकार भारतीय संगीतकार भी रस विशेष के उद्रेक के लिए राग विशेष को चुनता है। संवाद के विभिन्न प्रकार एवं विधियों की तरह ही कोमल, तीव्र, शुद्ध स्वर की परिकल्पना है, राग के आलाप, स्थायी और अन्तरा (कर्नाटक संगीत में पल्लवी, अनुपल्लवी और चरणम) नाटक में सन्धियों की याद दिलाते हैं, रागदारी की हरकतें विभिन्न अभिनय प्रकार की तरह हैं। इसी प्रकार संगीत के सिद्धान्तकार जिन बाईस श्रुतियों का उल्लेख करते हैं वे नृत्य में भंगिमाओं की तरह हैं या कविता में शब्द की तरह, और भंगिमा और शब्द का स्वतंत्र अस्तित्व होने के बावजूद कविता या नृत्य की समग्र संयोजना में ही उनकी भूमिका पहचानी जाती है। जैसा कि माना जाता है कि बाईस श्रुतियों से ही सात स्वर बने हैं और स्वर जैसा कि सारंगदेव ने कहा है, "स्वर पहले एक अन्तराल एक श्रुति के रूप में सुनाई पड़ता है लेकिन अनुश्रुतियाँ जो उसके तत्काल बाद सुनाई पड़ती हैं—सुनने वाले के मन को अभिव्यंजित करते हुए, वही स्वर है।"[3] प्रत्येक स्वर एक निश्चित भाव या मन:स्थिति का द्योतक है, जिसका वर्गीकरण उसके सापेक्षिक महत्त्व के आधार पर किया गया है, जैसे नारद-संहिता में मूर्छना के सात अंगों के रूप में सातों स्वरों को देखा गया है—सा (षडज) को आत्मा, रे (ऋषभ) को सर, गा (गान्धार) को बाँह, मा (मध्यम) को छाती, पा (पंचम) को गला, धा (धैवत) को होंठ तथा नी (निषाद) को पैर माना गया है। ये स्वर शरीर के सात चक्रों से उत्पन्न सात मूल तत्त्व से भी संवेदित माने जाते हैं।

भारतीय मूर्तिकला पर विचार करते हुए श्री अरविन्द कहते हैं, "भारत का प्राचीनतम मूर्ति शिल्प उसी चीज़ को दृश्यमान रूप में मूर्तिमान करता है जिसे उपनिषदों ने अन्त:प्रेरित विचार के रूप में व्यक्त किया था और महाभारत तथा रामायण ने जीवन के अन्दर शब्द के द्वारा अंकित किया था। भारतीय गृह शिल्प के समान यह मूर्ति शिल्प भी आध्यात्मिक अनुभूति से उद्भूत होता है और अपने महत्तम रूप में वह जिस चीज़ का सृजन एवं अभिव्यंजना करता है वह है—रूप के अन्दर विराजमान आत्मा, देह में स्थित अन्तरात्मा, दिव्य या मानव सत्ता में विद्यमान कोई-न-कोई जीवन्त आत्म-शक्ति, वैश्व एवं विराट सत्ता जो संकेत में वैयक्तिक रूप तो धारण कर लेती है पर उस व्यक्ति-भाव में खो नहीं जाती..."[4]

भारतीय कविता, संगीत, मूर्तिकला की ही तरह भारतीय नृत्यकला भी सर्वकालिक, निर्वैयक्तिक संवेदना सम्प्रेषित करना चाहती है और मानव रूपाकार के ही माध्यम से भौतिक धरातल का अतिक्रमण करती है। भारतीय नर्तक जो कथानक प्रस्तुत करते हैं वे साहित्य का कच्चा माल न होकर परिपक्व साहित्यिक कृतियाँ हैं, जो संगीत उनके साथ बजता है वह नृत्य क़ी संरचना का अविभाज्य अंग होता है; वस्तुत:

नृत्य जो गति में व्याख्यायित करता है, संगीत उसे ध्वनि में पकड़ता है और उनकी मुद्राएँ और भंगिमाएँ वही हैं जिनकी रचना भारतीय मूर्तिकारों ने की थी। वस्तुतः भारतीय नृत्य के दो महत्त्वपूर्ण पक्ष हैं : नृत्त और अभिनय। नृत्य अपने वजूद के लिए संगीत और लय पर आश्रित होता है जबकि अभिनय पक्ष अपनी अभिव्यंजना के लिए आख्यान या गाए जाने वाले गीत पर निर्भर होता है। नृत्य के अभिनय पक्ष की मूल रूप से नाटक के अविभाज्य अंग के रूप में आचार्य भरत ने परिकल्पना की थी। नाट्यशास्त्र में उन्होंने नाटक के एक पक्ष के रूप में नृत्य का उल्लेख किया है और इसी क्रम में मानव शरीर का विश्लेषण नख से शिख तक हुआ है—एक ओर मानव शरीर के प्रत्येक अंग के संचालन की सम्भावनाओं को तलाशने के लिए तो दूसरी तरफ़ भाव-दशा विशेष को दर्शाने में इन अंग संचालनों की उपयोगिता के बारे में विचार किया गया है।

आश्चर्य नहीं कि भारतीय कला की किसी भी पुस्तक में किसी एक कला रूप पर बात करते हुए कला आलोचक कभी भी अपने को उसी तक सीमित नहीं रख पाता, जैसे नृत्य पर बात करते हुए साहित्य और संगीत की चर्चा अवश्यम्भावी हो जाती है; इसी प्रकार मूर्तिकला, नाट्य, संगीत, चित्रकला पर विचार करते हुए नृत्य की बात किसी-न-किसी रूप में ज़रूर चल जाती है। चित्रकला में रस दृष्टि की अवधारणा नाट्यशास्त्र में वर्णित दृष्टि से ली गई है और इसी प्रकार मूर्तिकला की पुस्तकों में विभिन्न देवी-देवताओं की नृत्तमूर्ति की जो चर्चा है या हस्त मुद्रा की प्रतीकात्मकता का जो उल्लेख है, वह नाट्यशास्त्र के हस्ताभिनय पर आधारित है। यह कला की परस्पर निर्भरता ही है जो भारतीय कला को एक विशिष्ट आयाम प्रदान करती है लेकिन कला रूपों की अपनी स्वायत्तता भी होती है जिसे वे आसानी से नहीं छोड़ते और जब वे दूसरे कला रूपों से प्रतिश्रुत या प्रभावित भी होते हैं तो अपनी शर्तों पर, अपने व्याकरण के अनुसार ही। अगर भारतीय परिदृश्य में रागमाला चित्रों पर विचार करें या भारतीय शास्त्रीय संगीत में शब्द की भूमिका पर विचार करें तो कई बातें स्पष्ट हो सकती हैं।

रागमाला की अवधारणा चित्रकला में प्रयुक्त होने के पहले ही साहित्य, संगीत में विकसित हो चुकी थी। संगीत की अतीन्द्रिय विशेषताओं को समझने के लिए एक ध्वनि रूप के अलावा एक साकार व दैवी रूप की ज़रूरत थी, इसी के लिए 'ध्यान' का आविष्कार किया गया। अब तक प्राप्त रागमाला चित्रों में सबसे प्राचीन ध्यान हनुमान के माने जाते हैं, जिनका काल पाँचवीं से बारहवीं शती के बीच माना जाता है। दत्तिल या नारद के 'रागसागर' में हमें आरम्भिक ध्यान के रूप दिखाई देते हैं, जिसमें राग को साकार व दैवी रूप में चित्रित किया गया है। इसी प्रकार, मतंग के 'बृहद्देशी' में, नारद के 'संगीत मकरंद' में, शारंगदेव के 'संगीत रत्नाकर' में,

मेषकर्ण की 'रागमाला' में भी यह परम्परा दिखाई देती है। इन सभी संग्रहों में राग की सांगीतिक विशिष्टताओं को शब्दों में बाँधने की कोशिश हुई है—राग के दैवीसां चरित्र को उजागर करने के लिए, उसके बारे में तकनीकी जानकारी देने के लिए एवं अभिव्यंजित रस को परिभाषित करने के लिए काव्य का सहारा लिया गया। रागमाला पर आधिकारिक काम करने वाले क्लाउस इबेलिंग के अनुसार, यहाँ काव्य संगीत का अनुचर मात्र होकर नहीं रह गया बल्कि राग के उस दैवी पक्ष, जिसका महत्त्व संगीतकारों ने बहुविध स्थापित किया था, की अवहेलना की और उसके मानवीय पक्ष—मानवीय विशेषता, मानवीय कमज़ोरी एवं मानवीय संवेग पर ज़ोर दिया।[5] यह निदर्शन है कि कैसे कलाएँ दूसरे कला रूपों से मिलते हुए अपनी स्वायत्तता भी बरकरार रखना चाहती हैं। रागमाला के हिन्दी पाठ पर काम करते हुए आनन्द कुमारास्वामी ने भी महसूस किया था कि चित्रों की ही तरह रागमाला पाठ निश्चित परिस्थिति व अनुषंगों को निरूपित करते हैं या दूसरे शब्दों में कहें तो कई राग और रागिनियों के स्वभाव से मेल खाते वे एक ख़ास मनोवैज्ञानिक वातावरण के ख़ास चरित्र हैं। ये भावगत परिस्थितियाँ वही हैं जिन्हें अलंकार शास्त्रियों ने चिह्नित किया था। अतः रागमाला में नायिका-भेद, संयोग व वियोग प्रेम की स्थितियाँ, बारहमासा आदि को मुख्य स्थान दिया गया है। और कुछ चित्र जैसे मधु-माधवी रागिनी में अभिसारिका रूप को अलंकार शास्त्रियों के लक्षण ग्रन्थों के रूपांकन के लिए भी प्रयुक्त किया जा सकता है। साहित्य के रूप में रागमाला कविताएँ केशव की 'रसिक प्रिया' और बिहारी की 'सतसई' की परम्परा में रखी जा सकती हैं और इन कृतियों की ही तरह वे वर्णन से बहुत अधिक हैं।[6] यह जो वर्णन से अधिक होना है, यह भी कला रूप की स्वायत्तता का निदर्शन है। अगर शास्त्रीय संगीत में शब्द और साहित्य की भूमिका पर गौर करें तो आप पाएँगे कि सुरों के लिए बन्दिशों के शब्द उनकी 'साहित्यिकता' के कारण ग्राह्य नहीं हुए हैं, बल्कि स्वर रचना में एक ध्वनि-इकाई के रूप में ढल पाने की उनकी योग्यता ही उनके चयन का मुख्य कारण होता है। यह संगीत की स्वायत्तता का ही प्रमाण है कि यहाँ रचना की साहित्यिकता दोयम दर्जे की चीज़ मानी जाती है। पंडित लालमणि मिश्र की स्वीकारोक्ति है, "यदि हम ख़याल शैली में शब्दों की महत्ता बढ़ाना चाहेंगे तो निश्चय ही हम उसे अपने उच्च स्थान से नीचे की ओर ले जाएँगे। मैंने स्वयं कई बार ऐसे प्रयोग किये हैं तथा अन्य संगीतज्ञों से करवाए हैं किन्तु परिणाम सन्तोषजनक नहीं रहा। स्वर्गीय पंडित विष्णु दिगम्बर ने शास्त्रीय संगीत में संत कवियों की वाणियों को स्वरबद्ध कर शिक्षा देने की प्रथा चलाई, वह स्वयं भी अन्तिम दिनों में संत साहित्य का ही गान किया करते थे। उन्हीं की परम्परा को आगे बढ़ाते हुए उनके पट्ट शिष्य संगीत चूड़ामणि पंडित विनायक नारायण पटवर्धन ने भी अपनी पुस्तकों में ऐसी अनेक बन्दिशें प्रकाशित की

हैं, किन्तु शास्त्रीय संगीत के क्षेत्र में इन्हें रागबद्ध भजन कहा जाता है तथा बन्दिशों की वह प्रतिष्ठा नहीं हो पाई जो प्राचीन ख़यालों की है। वस्तुत: संगीतज्ञों की यह भावना बहुत अंशों में ठीक भी है क्योंकि इन पदों के साहित्य को यदि ख़याल शैली पर तोड़-मरोड़कर गाया जाए तो उनका साहित्य सौष्ठव नष्ट हो जाएगा तथा अर्थ का अनर्थ भी होगा। यदि इनके साहित्यिक सौन्दर्य एवं अर्थ को सुरक्षित रखा जाए तो ख़याल शैली की गायकी पूरी नहीं हो सकती।"[7]

भारत के प्राय: सभी कला-रूपों में परस्पर निर्भरता एवं स्वायत्तता का ऐसा ही परिदृश्य लक्षित किया जा सकता है।

[गुजरात विश्वविद्यालय अहमदाबाद में 24 दिसम्बर, 2011 को आयोजित सम्मेलन में पठित निबन्ध]

सन्दर्भ

1. श्री अरविन्द, *भारतीय संस्कृति के आधार*, श्री अरविन्द आश्रम, पांडिचेरी, तृतीय संस्करण 1994, पृ. 291-292
2. कपिला वात्स्यायन, *क्लासिकल डांस इन लिटरेचर एंड द आर्ट्स*, संगीत नाटक अकादेमी, दिल्ली, सेकंड एडीशन, 1977, पृ. 8
3. सारंगदेव, *संगीतरत्नाकर*, अड्यार लाइब्रेरी, 1943, पृ. 24-25
4. श्री अरविन्द, वही, पृ. 277-278
5. क्लाउस एवेलिंग, *रागमाला पेंटिंग*, वेसिलियास प्रेस, स्विट्ज़रलैंड, 1973, पृ. 28
6. आनन्द कुमारास्वामी, हिन्दी रागमाला टेक्स्ट, *जर्नल ऑफ़ द अमेरिकन ओरिएंटल सोसाइटी*, वॉल्यूम 43, पृ. 396
7. लालमणि मिश्र, *संगीत और समाज*, मधुकली प्रकाशन, भोपाल, प्रथम संस्करण 2000, पृ. 14

मध्यकालीन भारतीय कला, समाज और संस्कृति

मध्यकालीन भारतीय कला रूपों में तत्कालीन समाज और संस्कृति की जो छवियाँ बिम्बित हुई हैं, वह एक स्तर पर लोक एवं शास्त्र तथा दूसरे स्तर पर हिन्दू एवं इस्लामी अवबोध के परस्पर संघर्ष एवं समन्वय से निर्मित हुई जान पड़ती हैं। इस संघर्ष एवं समन्वय को दो प्रकार के संगठन के मंच पर घटित होते देखा जा सकता है। पहला संगठन राज्य का है तथा दूसरा धर्म का। मध्यकालीन भारत में दिल्ली दरबार की स्थिति केन्द्रीय थी। दिल्ली दरबार महज़ राजनीतिक गतिविधियों का केन्द्र स्थल नहीं था बल्कि भाषा, साहित्य, स्थापत्य, चित्रकला, संगीत से लेकर पहनने-ओढ़ने, ख़ाने-पीने, उठने बैठने के तौर-तरीक़े एवं फ़ैशन तक यानी कुल जमा जिसे हम संस्कृति कहते हैं उसके तमाम प्रतिमान यहीं तय किये जाते थे। ऐसा माना जाता है कि दिल्ली दरबार में स्वीकृत प्रतिमान ही अमीर-उमरा, क्षेत्रीय दरबार के प्रतिनिधियों, जागीरदारों, ज़मींदारों के माध्यम से अन्ततः अखिल भारतीय स्तर पर समादृत हो जाते थे। मुग़ल साम्राज्य की गोधूलि वेला पर काम करने वाले प्रसिद्ध इतिहासकार पर्सिवल स्पीयर ने लिखा है, "मुग़ल दरबार जब तक क़ायम रहा हिन्दुस्तानी रीति-रिवाज का विद्यालय बना रहा। इसका प्रभाव हिन्दुस्तान के आचार-विचार पर अकबर के वक़्त से ही, कुछ वैसा रहा जैसा वर्साय के दरबार का यूरोप के लोगों पर था। ...बंगाल से लेकर पंजाब तक तथा दूर दक्षिण में मदुरई तक मुग़ल शिष्टाचार आचरण का प्रतिमान माना जाता था और फ़ारसी राजनयिकों एवं शिष्ट जनों की भाषा मानी जाती थी। सम्बोधित करने के तरीक़े, शिष्टाचार के नियम और बहुत हद तक औपचारिक पहरावे दिल्ली दरबार का ही अनुसरण करते थे। यहाँ तक कि मराठे भी इसके प्रखर एवं दुर्दम्य प्रभाव को महसूस करते थे और जाट भी दिल्ली से लूटे गए माल से अपनी राजधानी डीग में मुग़ल राजमहल की एक प्रतिकृति को सजाने में गर्व का अनुभव करते थे।"[1] मोहम्मद हुसैन आज़ाद 'आबे हयात' में एक जगह लिखते हैं, "जब अहमद शाह दुर्रानी की सेना ने हिन्दुस्तान को विध्वस्त किया और फुगाँ[2] ने दिल्ली का तौर-बतौर देखा तो मुर्शिदाबाद जहाँ उनके चाचा ईराज ख़ान का सितारा बुलन्दी पर था उनसे मिलने गए। इस समय

दिल्ली का कोई आदमी कहीं जाता था तो लोग ऐसा समझते थे जैसे कोई परीज़ादा आ गया बल्कि उसके उठने-बैठने या रहन-सहन के ढंग को शिष्टता और शालीनता का मापदंड समझते थे।"[3] मध्य युग में मापदंडों का निर्माण तथा प्रसार कैसा होता था, इसे संगीत क्षेत्र के एक उदाहरण से समझा जा सकता है। दरबारों में संगीतज्ञों के दो वर्ग थे, एक 'हुजूरी' कहलाता था दूसरा दरबारी। संगीतज्ञों का वह वर्ग हुजूरी कहलाता था जो विचारक और रचना-निपुण होता था। अपनी गुण सम्बन्धी श्रेष्ठता, विचारशीलता और रचना कुशलता के कारण यह वर्ग बादशाह के पास प्रतिदिन हाज़िर रहता था। अकबर के दरबार में तानसेन और रामदास जैसे कलाकार इसी वर्ग में आते थे। मल्हारों और कान्हड़ों के नये-नये प्रकारों की सृष्टि इसी वर्ग ने की। पुराने और प्रचलित रागों में नई-नई बन्दिशें भी यह वर्ग करता था। ये अपनी रचनाओं पर आपसी विचार-विमर्श भी करते थे और परिणामस्वरूप एक नवीन राग या प्रामाणिक टकसाली या मुहरबन्द रूप निश्चित होता था।

"हुजूरी वर्ग के कलाकार इन टकसाली बन्दिशों की शिक्षा कलाकारों के उस वर्ग को देते थे, जो दरबारी कहलाता था। ये लोग 'दरबारे-आम' में उपस्थित होते थे। हुजूरियों की अपेक्षा यह वर्ग नीचा था।

"बादशाहों के गवर्नर के दरबार में भी उन्हीं कलाकारों की क़द्र होती थी जिन्हें टकसाली बन्दिशें याद हों, अत: हुजूरी वर्ग के द्वारा निर्मित बन्दिशों का प्रचार सारे देश में हो जाता था।"[4] यह व्यवस्था मोहम्मद शाह रंगीला (1719-1748) तक बनी रही। यह दरबारी शैली का शास्त्र बनना था। यूँ तो यहाँ लोक और शास्त्र की कोटि किसी-न-किसी रूप में आरम्भ से ही रही—नाट्यशास्त्र में गन्धर्व और गान का विभाजन है जिसमें गन्धर्व की उत्पत्ति साम से है और गान की गन्धर्व से। गान का फल मुख्य रूप से श्रोता को मिलता है। ...गन्धर्व में स्वर और ताल प्रधान है...गान में पद।[5] और आगे चलकर देसी और मार्गी का विभाजन हुआ लेकिन जैसा कि विख्यात समाजशास्त्री धूर्जटि प्रसाद मुखर्जी ने लिखा है, "मुस्लिम काल में देसी और मार्गी शैली के बीच विनिमय लगातार जारी रहा। नई दरबारी शैली को प्राचीन शैली के समतुल्य ठहराकर रूढ़िवादी अध्येताओं के विरोध को निरस्त कर दिया गया। दरबारी शैली 'मार्ग' के साथ शास्त्रीय बन गई।"[6]

भारत में संगीत चिन्तन 'नाट्यशास्त्र' से लेकर 'संगीत रत्नाकर' (1231 ई.) तक ग्राम मूर्छना पद्धति के आधार पर हुआ लेकिन पूरे मध्यकाल में इन्द्रप्रस्थ मत स्थापित होते ही विवेचन के केन्द्र में मुकाम पद्धति आ गई। सुलोचना बृहस्पति ने लिखा है, "मुस्लिम गुणी मन्द्र, मध्य और तार स्थानों में बारह-बारह स्वतंत्र ध्वनियाँ मानते थे, इनमें कोई ध्वनि किसी अन्य ध्वनि का विकार नहीं मानी जाती थी। एक स्थान में बारह ध्वनियों या स्वरों की सत्ता मानना भारतीयों के लिए एक नई बात थी,

क्योंकि वे तो प्रत्येक स्थान में सात-सात स्वर ही मानते थे। समझौता यूँ हुआ कि षडज और पंचम को अचल मानकर अवशिष्ट पाँच स्वरों के दो-दो भेद मान लिये जाएँ। ...आज 'थाट' या 'मेल' शब्द से हम जो अर्थ ग्रहण करते हैं, ईरानी लोगों के पास उसके लिए मुकाम शब्द था। ...इन्द्रप्रस्थ के प्रभाव से भारत में सप्तक का स्थान अष्टक ने ले लिया।"[7] यह एक तरह से पैराडाइम शिफ़्ट था जिसे संगीत के आचार्यों ने भारतीय संगीत पर मुसलमानों के सबसे बड़े प्रभाव के रूप में देखा है। संगीत की किंवदन्तियों में इसे अमीर खुसरो की जीत और गोपाल नायक की हार के रूप में चिन्हित किया गया है[8], लेकिन संगीत के कुछ चिन्तकों का यह भी कहना है, "यदि भारत में मुसलमान न भी आए होते तो भी नैसर्गिक परिवर्तनशीलता ने भारतीय संगीत को प्रभावित किया होता, अत: यह सोचना ठीक नहीं होगा कि मुसलमानों द्वारा प्रवर्तित राग वर्गीकरण की पद्धति से भारतीय स्वर शास्त्र की आत्मा सर्वथा बदल गई। इतना अवश्य है कि मुसलमानों के योग से रागों के संकर का एक अभारतीय प्रकार भी भारत में प्रचलित हो गया, नये राग भी आए, हाँ भारतीय रसशास्त्र से नवीन वर्गीकरण का कोई सम्बन्ध न रहा। परिणाम यह हुआ कि संयोग, वियोग, वैराग्य, भक्ति और वीरता इत्यादि के गीत प्रत्येक राग में गाए जाने लगे।"[9]

कुछ ऐसी ही दुविधा मध्यकालीन स्थापत्य पर विचार करने वाले चिन्तकों को भी होती है जब वे मुस्लिम स्थापत्य के नमूने में—सिर्फ़ मुग़ल भवनों में नहीं बल्कि दिल्ली सल्तनत जैसे रूढ़िप्रिय काल के भवनों में भी—चक्र, पद्म, पूर्ण कलश, श्रीवत्स, स्वास्तिक, गवाक्ष, कीर्तिमुख, षट्कोण जैसे हिन्दू अभिप्रायों की साधिकार उपस्थिति पाते हैं : क्या इनका प्रयोग सिर्फ़ अलंकरण के लिए हुआ है या उनके मूल प्रतीकात्मक अवकाशों की रचना भी लक्ष्य रहा है?[10]

मोरलैंड ने अकबर-युग में दो प्रकार की औद्योगिक गतिविधियों की ओर संकेत किया था : एक राज्य संरक्षित कारख़ाने के इर्द-गिर्द केन्द्रित थी और दूसरी व्यक्ति-केन्द्रित श्रम एवं निजी पूँजी पर आधारित थी।[11] सर थॉमस रो ने जहाँगीर के काल में तथा वर्नियर ने शाहजहाँ और औरंगज़ेब के काल में राज्य संरक्षित कारख़ाने में भारतीय कारीगरों को काम करते देखा था। वर्नियर ने लिखा है, "शहर में बड़े-बड़े कई हॉल जिन्हें कारख़ाना या शिल्पियों का वर्कशॉप कह सकते हैं, दिखाई पड़ते हैं। कारख़ाने के किसी कक्ष में दस्तकार किसी उस्ताद से प्रशिक्षित हो रहा है तो दूसरे में सुनार, तीसरे में चित्रकार, चौथे में रंग-रोगन वाले, पाँचवें में बढ़ई, लोहार, दर्जी एवं मोची, छठे में सिल्क, मलमल और ब्रोकेड वाले शिल्पी सुबह से शाम तक यहाँ काम करते हैं—शान्त एवं निश्चिन्त तरीक़े से उनका समय गुज़रता है। जहाँ वे जन्म लेते हैं वहाँ की स्थिति सुधारने की उन्हें क़तई परवाह नहीं होती। दस्तकार अपने बेटे को दस्तकार, सुनार अपने बेटे को सुनार और वैद्य

अपने बेटे को वैद्य ही बनाना चाहता है। अपने व्यवसाय के बाहर कोई विवाह नहीं करता—न हिन्दू न मुसलमान।"[12]

इस तरह के कारख़ाने देश के हर कोने में देखे जा सकते थे, लेकिन बड़े कारख़ाने कश्मीर, लाहौर, आगरा, अहमदाबाद, फ़तेहपुर एवं बुरहानपुर में थे। अकबर के समय में पहली बार यह हुआ कि शिल्पियों की भर्ती उनकी जाति, धर्म, रंग, क्षेत्र के आधार पर नहीं की गई। इन्हीं कारख़ानों में अकबर का वह प्रसिद्ध अनुवाद केन्द्र भी स्थित था जिसमें रामायण, महाभारत, सिंहासन बत्तीसी, भागवत का फ़ारसी अनुवाद तो किया ही गया, साथ ही साथ मुग़ल शैली में लघु चित्र बनाकर पांडुलिपि को सुन्दर और आकर्षक भी बनाया गया। भारतीय चित्रकला के इतिहास में मुग़ल शैली का उद्‌भव एक युगान्तरकारी घटना मानी जाती है। आनन्द कुमारास्वामी के अनुसार, "यह सही है कि हुमायूँ के साथ पर्शिया से आने वाले सफ़वी चित्रकार मीर सैयद अली और ख़्वाजा अब्दुसमद ने, भारत में तुर्किस्तान की रीतियों को जारी रखा लेकिन जल्द ही इन्होंने अपनी स्वतंत्र सत्ता स्थापित कर ली। महान शाह अब्बास के शासन में फ़ारसी कला यूँ भी पतन की ओर अग्रसर थी। एक कारण यह भी था कि दो-तिहाई मुग़ल चित्रकार हिन्दू थे और मुग़ल बादशाहों की तरह मुग़ल कला भी जल्द ही भारतीय हो गई।"[13] अपने एक अन्य अध्ययन में कुमारास्वामी ने मुग़ल कला को राजपूत कला के समानान्तर रखते हुए इसे ठेठ दरबारी कला कहा है। उनके शब्द हैं, "मुग़ल कला जहाँ एक दरबारी कला है, वहीं राजपूत-कला एक लोक कला है।" फिर आगे लिखते हैं, "राजपूत कला का भारत के शास्त्रीय काल से वही सम्बन्ध है जो सम्बन्ध यहाँ के भाखा काव्य का संस्कृत से है। राजपूत चित्रकला में भाखा काव्य की ही तरह लोक का शास्त्रीय परम्पराओं से ऐसा संगम हुआ है कि यह सम्पूर्ण देश की संस्कृति जिसमें राजा और किसान की समान हिस्सेदारी है, की वाहक बन गई।"[14] यहाँ हजारीप्रसाद द्विवेदी का स्मरण होना स्वाभाविक है जिन्होंने कई स्थानों पर लोक और शास्त्र के मिलन को लोक अभिव्यक्ति का आधार माना था।[15]

जैसा कि आरम्भ में ही संकेत किया गया है कि मध्यकाल में कलाकारों को संरक्षण दो शक्ति केन्द्रों से प्राप्त हुआ : पहला राज्य तथा दूसरा धार्मिक सम्प्रदाय। राज्य में दिल्ली, आगरा, ग्वालियर दरबार तथा धार्मिक सम्प्रदायों में पुष्टि सम्प्रदाय, रामानन्दी सम्प्रदाय एवं सूफ़ियों के तमाम सिलसिले। मध्यकाल में यह दोनों शक्ति केन्द्र एक-दूसरे से निरपेक्ष सत्ताएँ नहीं थीं बल्कि अधिकांशत: अपनी हैसियत एवं प्रभुत्व के लिए अन्योन्याश्रित थीं। इन दोनों शक्ति केन्द्रों में आपसी संघर्ष भी हुआ। लेकिन लोक और शास्त्र के समन्वय का यह केन्द्र भी बना। यह सच है कि राजदरबारों में तुर्की और फ़ारसी का बोलबाला था लेकिन सूफ़ियों की ख़ानकाहों में लोक भाषा

प्रयुक्त होती थी। जायसी ने 'अखरावट' में बड़े-बड़े सूफ़ियों का हिन्दी में बोलना लिखा है। सूफ़ियों के ख़ानकाह भारतीय और अभारतीय गान-शैलियों का भी संगम स्थल हो गए थे।[16] इतिहास में यह भी दर्ज है कि ग्वालियर की गान-कला के साथ अकबरी दरबार में ब्रजभाषा को प्रतिष्ठित करने के पीछे सिर्फ़ मानसिंह तोमर का ही हाथ नहीं था जिसने एक लोक भाषा को राजकीय प्रतिष्ठा दी थी बल्कि 1577 ईस्वी में विट्ठलनाथ जी के साथ आगरा में अकबर का शिखर-सम्मलेन भी है।[17] यहाँ यह भी विचारणीय है कि संवेदना के धरातल पर धर्म और श्रृंगार तथा इश्क हक़ीक़ी और इश्क मज़ाजी के द्वैत को द्वैत क्यों नहीं माना गया? क्या उस युग संवेदना में ही कुछ ऐसा था कि रसख़ान कहते हैं—*आनन्द-अनुभव होत नहिं, बिना प्रेम जग जान। कै वह विषयानन्द, कै ब्रह्मानन्द बख़ान॥*[18] और जब बोधा स्पष्ट कहते हैं—*इस्क हक़ीक़ी है फुरमाया। बिना मज़ाजी किसी न पाया॥*[19] तो यह स्पष्ट हो जाता है कि क्यों रीति आचार्य केसु दास विट्ठलनाथ की प्रशस्ति लिखते हैं और सौन्दर्यवादी 'बिहारी सतसई' का मंगलाचरण *जा तन की झाईं परै, स्यामु हरित-दुति होइ।*[20] से होता है और रीति शिरोमणि बेनी कवि की भक्ति प्रार्थना यूँ अभिव्यक्त होती है : *नित ऐसे स्नेह सों राधिका स्याम हमारे हिय में सदा बिहरैं।*[21] दूसरी तरफ़ सिद्ध सूफ़ी कवि जायसी नख-शिख, ऋतु विलाप और बारहमासा लिख रहे हैं, भक्त सूरदास 'साहित्य लहरी' तथा भक्त नन्ददास 'रसमंजरी' में नायक-नायिका भेद की सुध ले रहे हैं और भक्त शिरोमणि तुलसीदास 'बरवै-रामायण' में सीता का सौन्दर्य यूँ बख़ान करते हैं : *सम सुबरन सुखमाकर सुखद न थोर। सिय अंग सखी कोमल कनक कठोर*[22] अर्थात हे सखी, स्वर्ण यद्यपि रंग में, शोभा में और सुख देने में सीता के अंग से कम नहीं है पर एक बड़ा अन्तर यह है कि सीता का अंग कोमल है और सोना कठोर।

भक्त कवि की श्रृंगारिकता और श्रृंगार कवि की भक्ति, मध्य-युग की उसी मन:स्थिति की अभिव्यक्ति है जिसमें व्यक्ति का राज्य या धर्म के साथ, शास्त्र का लोक के साथ, देशी का विदेशी के साथ और परम्परा का नवाचार के साथ संवाद होता दिखाई पड़ता है।

[दशम राहुल सांकृत्यायन स्मृति व्याख्यान के अन्तर्गत त्रिवेणी सभागार, दिल्ली में 9 अप्रैल, 2004 को पठित प्रपत्र]

सन्दर्भ

1. पर्सिवल स्पीयर, *ट्वाईलाईट ऑफ़ द मुग़ल्स,* मुंशीराम मनोहरलाल पब्लिशर्स प्राइवेट लिमिटेड, नई दिल्ली, 1991, पृ. 82-83

2. उर्दू के प्रसिद्ध शायर, अशरफ़ अली ख़ान 'फुगाँ', मृत्यु 1722 ई.
3. मुहम्मद हुसैन आज़ाद, *उर्दू काव्य की जीवन-धारा,* अनुवाद : प्रभुनारायण गौड़, नागरी प्रचारिणी सभा, वाराणसी, प्रथम संस्करण 1979, पृ. 112
4. आचार्य बृहस्पति, *संगीत चिन्तामणि,* भाग 2, बृहस्पति पब्लिकेशन, नई दिल्ली, प्रथम संस्करण 1987, सुलोचना बृहस्पति, दरबार और संगीत, पृ. 229
5. प्रेमलता शर्मा, सम्पादकीय भूमिका, सहस्त्ररस, संगीत अकादमी, नई दिल्ली, प्रथम संस्करण पृ. 112-16
6. धूर्जटि प्रसाद मुखर्जी, *इंडियन म्यूज़िक,* कुतुब पब्लिशर्स, पुणे, 1945, पृ. 12
7. आचार्य बृहस्पति, वही, पृ. 226
8. वही, पृ. 92-93
9. आचार्य बृहस्पति, *मुसलमान और भारतीय संगीत,* राजकमल प्रकाशन, दिल्ली, द्वितीय संस्करण 1982, वही, पृ. 11
10. देखें, आर. नाथ, *हिस्ट्री ऑफ़ डेकोरेटिव आर्ट इन मुग़ल आर्किटेक्चर,* मोतीलाल बनारसीदास, नई दिल्ली, फ़र्स्ट एडीशन, 1976, पृ. 1-46
11. डब्ल्यू.एच. मोरलैंड, *इंडिया एट द डेथ ऑफ़ अकबर,* मैकमिलन एंड कम्पनी, लन्दन, 1920, पृ. 186-87
12. तृप्ता वर्मा, *कारख़ाना अंडर द मुग़ल्स, फ़्रॉम अकबर टू औरंगज़ेब,* प्रगति पब्लिकेशन, दिल्ली, फ़र्स्ट एडीशन, 1994, कोटेड ऑन पृ. 23
13. आनन्द कुमारास्वामी, *इंट्रोडक्शन टू इंडियन आर्ट,* मुंशीराम मनोहरलाल, दिल्ली, सेकंड एडीशन, फ़रवरी 1969, पृ. 76-77
14. आनन्द कुमारास्वामी, *राजपूत पेंटिंग,* मोतीलाल बनारसीदास, नई दिल्ली, सेकंड एडीशन, 1976, पृ. 2
15. हजारीप्रसाद द्विवेदी, *हिन्दी साहित्य की भूमिका,* राजकमल प्रकाशन, नई दिल्ली, पुनर्मुद्रित, 1969, पृ. 101
16. आचार्य बृहस्पति, *मुसलमान और भारतीय संगीत,* पृ. 23
17. हरिहर निवास द्विवेदी, *मध्यदेशीय भाषा,* विद्या मन्दिर प्रकाशन, ग्वालियर, प्रथम संस्करण 1955, पृ. 191-121
18. विद्यानिवास मिश्र, सत्यदेव मिश्र (सं.), *रसख़ान रचनावली,* वाणी प्रकाशन, संस्करण 1993, पृ. 88
19. विश्वनाथ प्रसाद मिश्र (सं.), *बोधा ग्रन्थावली,* नागरी प्रचारिणी सभा, वाराणसी, प्रथम संस्करण 1974 (संवत् 2031), पृ. 54
20. जगन्नाथ दास 'रत्नाकर', (सं.), *बिहारी-रत्नाकर,* तारा बुक एजेंसी, वाराणसी, सप्तम आवृत्ति, 1990, पृ. 1
21. रामचन्द्र शुक्ल, *हिन्दी साहित्य का इतिहास,* नागरी प्रचारिणी सभा, काशी, बीसवाँ पुनर्मुद्रण, 1983, पृ. 169 पर उद्धृत
22. रामनरेश त्रिपाठी, *तुलसीदास और उनकी कविता,* पहला भाग, हिन्दी मन्दिर प्रयाग, प्रथम संस्करण 1937, पृ. 206

मुग़ल चित्रकला : पूर्व-पश्चिम संवाद की एक झलक

> ओह, पूर्व पूर्व है, और पश्चिम पश्चिम और दोनों कभी नहीं मिल सकते।[1]

> मुग़ल चित्रकला ने दर्शाया कि पुरानी परम्पराओं के आधार पर एक नई कला खोजना अभी भी सम्भव था : विदेशी प्रभाव, शायद आसानी से नहीं, लेकिन अन्ततः प्रभावी ढंग से आत्मसात कर लिये गए थे और जिसके परिणामस्वरूप एक नई और महान कला का उद्‌भव हुआ, जो...वास्तव में मौलिक था।[2]

मुग़ल कला 1570 के दशक की शुरुआत में यूरोपीय चित्रकला, प्रिंट, एनग्रेविंग्स (उत्कीर्णन) और अन्य आलंकारिक कलाओं के सम्पर्क में आई।[3] मुग़ल दरबार (1580-1583) में पहले जेसुइट मिशन के सदस्यों में से एक, एंथोनी मोनसेरेट ने फ़तेहपुर सीकरी में उनके आगमन पर शाही भोजन कक्ष की दीवार पर यूरोपीय कला की उपस्थिति का उल्लेख किया है।[4] ऐसा माना जाता है कि अकबर के दरबार में पहुँचने वाली पहली यूरोपीय पेंटिंग यीशु की माँ मेरी की ऑयल पेंटिंग थी। मेरी अकबर के दरबार का एक परिचित नाम थीं। वह क़ुरान में मरियम नाम से वर्णित एकमात्र महिला हैं और अकबर की माँ का नाम भी मरियम था, जो मेरी का अरबी रूप है। इस मिशन के सदस्यों ने अकबर को जेसुइट्स बाइबिल की एक प्रति भेंट की थी जो कि प्लांटिन की रॉयल पॉलीग्लॉट बाइबिल थी, जिसमें चित्रांकन क्विंटिन मैट्सिस (1466-1530) और पी. हुयस स्कूल के कुछ फ़्लेमिश चित्रकारों द्वारा किया गया था। कहा जाता है कि जब अकबर को यह बाइबिल मिली, तो "उसने उसे अपने हाथों में पकड़ लिया और सार्वजनिक रूप से उसे चूमा, और उसे अपने सिर पर रख लिया..." इसे एक जेसुइट पादरी ने निम्नलिखित शब्दों में बयान किया है, "अपनी टोपी या पगड़ी उतारकर ज़मीन पर

जेसुइट धर्म-प्रचारक रोडोल्फ़ो एक्वाविवा और फ्रांसिस्को हेनरिक एवं अन्य के साथ फ़तेहपुर सीकरी के इबादतख़ाना में अकबर, अकबरनामा के चित्र, नरसिंह : 1605 ई.

बड़ी भक्ति के साथ घुटने टेककर उन्होंने ईसा मसीह और वर्जिन मेरी की तसवीर के सामने प्रार्थना की। उन्होंने तीन बार वन्दना की—एक बार हमारे तरीक़े से, दूसरी बार मुसलमानों के तरीक़े से और तीसरी बार हिन्दू तरीक़े से साष्टांग प्रणाम करते हुए, और कहा कि भगवान की पूजा हर प्रकार से की जानी चाहिए।"[5] इस जेसुइट मिशन ने पुनर्जागरण काल के बाद की कुछ पश्चिमी पेंटिंग्स, विशेष रूप से एंटवर्प स्कूल की फ़्लेमिश कला और जोहान सैडेलर (1550-1600), हिरोनिमस विएरिक्स (1553-1619), राफेल सैडेलर (1555-1618) और थियोडर गैले (1571-1633) के चित्रों को भी दरबार में पेश किया था, जिसका बाद में अकबर (शासनकाल : 1556-1605), जहाँगीर (शासनकाल : 1605-1627) और शाहजहाँ (शासनकाल : 1628-1657) के चित्रकारों और दरबारी भित्तिचित्रकारों ने फ़तेहपुर सीकरी, आगरा, लाहौर और दिल्ली में अनुकरण किया। अकबर ने 1580 में गोवा के पुर्तगाली जेसुइट पुजारियों को अपने महल में एक चैपल स्थापित करने की अनुमति दी; वहाँ उन्होंने एक बड़ी और उत्साहित भीड़ के सामने मेडोना और शिशु की दो पेंटिंग प्रदर्शित कीं। डगलस गैल्बी ने अपनी रचना 'सेंस इन कम्युनिकेशन' में इस घटना का वर्णन निम्नलिखित शब्दों में किया है, "यह वर्जिन मेरी की मेडोना डेल पोपोलो वाली एक प्रति थी, जो पोप ग्रेगरी IX ने 1231 ई. में रोम के एक चर्च को भेंट की थी। सन् 1602 में इस चित्र को एक दिन में क़रीब दस हज़ार लोग देखने के लिए पहुँचे थे। घोड़े पर सवार साठ से अधिक लोगों के साथ एक कप्तान भी पेंटिंग देखने आए। अकबर हालाँकि पहले भी मेडोना और शिशु के चित्र देख चुके थे, उन्होंने इस पेंटिंग को लाने के लिए कहा। उन्होंने इसे रात-भर अपने उस कमरे में रखा जहाँ उनकी पत्नियाँ और बच्चे रहते थे। इसके तुरन्त बाद अकबर की माँ ने अनुरोध किया कि वह

मेडोना और शिशु, मुग़ल[6] (1620), मुग़ल भारत में एक यूरोपियन[7] (1590), हाथ में मेडोना की तसवीर थामे जहाँगीर[8] (1620), राष्ट्रीय संग्रहालय, दिल्ली।

पेंटिंग उनके पास लाई जाए, और इसी प्रकार अन्य सामाजिक और राजनीतिक रूप से महत्त्वपूर्ण व्यक्तियों ने भी किया। वह पेंटिंग भीड़ का आकर्षण और एक प्रदर्शन-कृति बन गई थी।"[9] फ़ादर पियरे डु जारिक इस घटना का वर्णन इस प्रकार करते हैं, "चित्र देखने की आशा में लोगों की एक बड़ी भीड़ महल के प्रांगण में इकट्ठी हो गई थी...यह देखकर कि वे एक समय में इतनी बड़ी संख्या में लोगों को सन्तुष्ट करने में सक्षम होंगे, [जेसुइट पुजारियों] ने इसे वहाँ रखा जहाँ सभी इसे देख सकें और सार्वजनिक रूप से इसे अनावृत कर दिया। जैसे ही यह दृश्य सामने आया, भीड़ भरे प्रांगण का शोर और कोलाहल मानो जादू से शान्त हो गया था और लोग अखंड मौन से चित्र को देखते रहे।"[10] जैसा कि विलियम डेलरिम्पल ने उल्लेख किया है कि बाद के पुर्तगाली पादरियों ने पाया कि उनके पूर्ववर्तियों द्वारा लाई गई गॉस्पल पुस्तकों के कारण ईसा मसीह, उनकी माँ और ईसाई संतों का चित्रण न सिर्फ़ भित्तियों पर बल्कि महल की दीवारों, मुग़ल क़ब्रों और कारवाँ सराय पर भी किया गया था। एक जेसुइट फ़ादर ने लिखा, "सम्राट ने हमारे प्रभु मसीह और हमारी माँ मेरी की छवियों को महल के विभिन्न स्थानों पर चित्रित करवाया है, और हमारे संत तो यहाँ इतने सारे चित्रित हैं कि यह किसी मूरिश सुल्तान के किले के बजाय किसी ईसाई राजा का महल जान पड़ता है।"[11] जेसुइट पादरियों ने मुग़ल दरबार में न केवल ईसाई पेंटिंग पेश कीं, बल्कि कुछ गैर-धार्मिक कृतियाँ जैसे कि कुछ कुलीनों के चित्र, भूदृश्यावलियाँ, वुडकट्स, रेशमी और ऊनी टेपेस्ट्री, सचित्र किताबें आदि भी प्रस्तुत कीं। बाद में, फ़्लेमिश ताँबे की एनग्रेविंग्स (नक़्क़ाशी) भी पेश की गई—इसने शाही मुग़ल चित्रकला के तत्कालीन परिदृश्य को मुख्यत: दो तरीक़ों से प्रभावित किया : सबसे पहले, कुछ यूरोपीय पेंटिंग और व्यक्ति कुछ बाइबिल सम्बन्धी विषयों के साथ सीधे

तस्लीब, केसु दास[12] वर्जिन मेरी और संत एना के साथ तस्लीब[13] सलीब-मुक्ति[14]

मुग़ल कैनवस में दिखाई देने लगे और दूसरे उनकी प्रस्तुति की शैली भी अन्ततः बदल गई। कुछ पेंटिंग हैं जहाँ महल की दीवार पर यूरोपीय पेंटिंग को टँगा हुआ दिखाया गया है और कुछ चित्रों में यूरोपीय पात्रों को स्वतंत्र रूप से अंकित किया गया है।

ऐसा कहा जाता है कि जब भारतीय कलाकारों ने पश्चिमी चित्रकला, मुद्रण और उत्कीर्णन की प्रतियाँ तैयार कीं तो उनकी विषय-वस्तु और उनकी कला का व्याकरण धीरे-धीरे बदलने लगा। न केवल ईसा मसीह के जीवन के दृश्य, जैसे अवतरण, मेरी की आराधना, मिस्र-प्रयाण, तस्लीब (Crucifiction), सलीब-मुक्ति (Deposition)—बल्कि ईसा मसीह और फ़रिश्ता तथा ईसाई संत, मेडोना, शिशु और वर्जिन मेरी, यूरोपीय पंख वाले देवदूत या संगीत वाद्ययंत्र बजाते शिशु फ़रिश्ते उनके कैनवस और भित्तिचित्रों के लोकप्रिय विषय बन गए। केसु दास, बसावन, गोवर्धन, प्रयाग, बिचित्र और अबु अल-हसन जैसे अतिप्रमुख मुग़ल कलाकारों ने भी अपने कार्यों में अब तक अप्रयुक्त हवाई परिप्रेक्ष्य और मॉडलिंग, आकाशीय गहराई और काइरोस्कोरो प्रभाव, सामने से पूरे चेहरों और मुद्राओं का उपयोग, धुँधले परिदृश्यों का हल्का दबा रंग और कुल मिलाकर एक प्रकार का दृष्टिकोण जिसे मानवतावादी कहा जा सकता है, को प्रमुखता देना शुरू कर दिया था। मेडोना और शिशु तथा वर्जिन मेरी मुग़ल दरबार में बहुत लोकप्रिय विषय हो गए थे। केसु के 'अ मेडोना एंड चाइल्ड' में पेड़ और कपड़ों के अंकन में स्पष्ट बरोक प्रभाव लक्षित किया जा सकता है। ईसा मसीह के जीवन के दृश्य, ईसा मसीह से प्रेरित ईसाई संतों को न केवल मुग़ल लघु चित्रों में बल्कि शाही महलों में भी चित्रित किया गया था। एक अध्येता ने नोट किया है कि "सन् 1590 से 1660 के दशक के बीच यूरोपीय पर्यटकों को मुग़ल (पुर्तगाली में 'मोगोर') भारत के शहंशाहों के महलों और क़ब्रों को उत्तर पुनर्जागरण शैली में ईसा मसीह, वर्जिन मेरी और ईसाई संतों

ईसा मसीह का जन्म[15], लगभग 1775 एडम[16], लगभग 17वीं शताब्दी का पूर्वार्ध द लास्ट सपर[17]

के भित्तिचित्रों से सुसज्जित देखकर बेहद आश्चर्य होता था। वे तब और विस्मित रह जाते थे जब इन्हीं विषयों पर मुग़ल कलाकारों को बड़ी संख्या में लघु चित्रों, उत्कृष्ट आभूषणों और मूर्तियों पर काम करते हुए देखते थे—जिनमें से कई का उपयोग स्पष्ट रूप से उपासना के लिए होना था।"[18] लाहौर संग्रहालय की सबसे क़ीमती चित्रित पांडुलिपियों में से एक और अकबर के समय की उत्कृष्ट कृति 'मिरात-उल-कुद्स' (पवित्र दर्पण) में यूरोपीय परम्पराओं और ईसाई प्रतीकवाद के प्रभाव के साथ मुग़ल शैली में ईसा मसीह के जीवन को दर्शाने वाले ग्यारह लघु चित्र शामिल हैं। यूरोपीय कलात्मक परम्पराओं के परिचय ने मुग़ल शैली को प्रभावित करना शुरू कर दिया और भारतीय लघु चित्रों के पारम्परिक विषयों, जैसे दरबार के दृश्यों, राजघरानों के चित्रों, शिकार पार्टियों और संगीत समारोहों में बदलाव आना शुरू हो गया। यहाँ दरवेशों, सूफ़ियों और दार्शनिकों पर बनाए उनके चित्रों को याद किया जा सकता है। सोम प्रकाश वर्मा की बात भी ग़ौर करने लायक है, जब वे कहते हैं, "कला में पुनर्जागरणकालीन मानवतावादी आन्दोलन के प्रभाव में मुग़ल कलाकारों ने भारतीय कला में एक नया अध्याय जोड़ा, जो न तो इस्लाम-पूर्व भारतीय परम्पराओं से प्रत्यक्ष जुड़ता है और न ही वह स्पष्ट रूप से फ़ारसी है। मुग़ल चित्रकला चरित्र में उदार विभिन्न परम्पराओं, मुख्य रूप से भारतीय, फ़ारसी और यूरोपीय की परस्पर क्रिया-प्रतिक्रिया से विकसित हुई। मुग़ल चित्रकला में प्रकृतिवाद, वैज्ञानिक दृष्टिकोण और काइरोस्कोरो—प्रकाश और छाया का वैषम्य—पुनर्जागरणकालीन यूरोपीय कलाकारों के मानवतावाद का उपहार है।"[21] अकबर के दरबार का सर्वाधिक प्रतिष्ठित और जहाँगीर के पसन्दीदा चित्रकारों में एक केसु दास था जो यूरोपीय एनग्रेविंग्स—विशेषकर मिनर्वा और संत जेरोम[22],

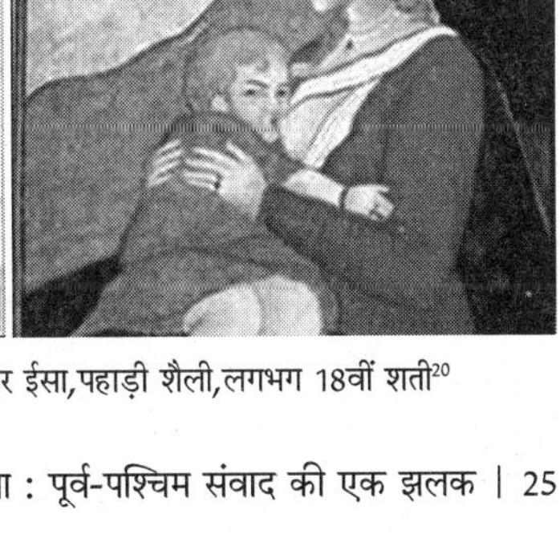

शिशु ईसा और मेडोना लगभग 17वीं शती[19], मेडोना और ईसा, पहाड़ी शैली, लगभग 18वीं शती[20]

सेंट मैथ्यू एंड द एंजल[25], केसु कृत मिनर्वा[26], बसावन कृत मिनर्वा[27]

जोसफ़ की कहानी[23], सेंट मैथ्यू और एंजल तथा तस्लीब[24]—के अति कुशल अनुकरण के लिए विख्यात है। जैसा कि एक कला आलोचक ने रेखांकित किया है कि उनकी 1587-88 में रचित 'सेंट मैथ्यू एंड द एंजल' फिलिप गैले के उत्कीर्णन के एक प्रिंट पर आधारित थी जो चरित्र में लगभग यूरोपीय है। मुग़ल चित्रकार ने संत के वस्त्र की सिलवटों और चेहरे की भावाभिव्यंजना को सफलतापूर्वक अंकित किया है। इसी प्रकार केसु दास की तसवीर 'जोसेफ़ अपने पिता को अपना सपना बताते हुए' (ल. 1600), जो जॉर्ज पेंज़ 1544 के एक उत्कीर्णन पर आधारित है; एक यूरोपीय कृति की एक और उत्कृष्ट मुग़ल अनुकृति है जो यूरोपीय तकनीक और शैली पर कलाकार के पूर्ण नियंत्रण को प्रकट करती है। सिस्टिन चैपल से माइकल एंजेलो के नूह के उत्कीर्णन के मारियो कार्टारो के प्रिंट से ली गई सेंट जेरोम की उनकी कृति में, केसु दास की विषय के प्रति समझ-बूझ उनके माइकल एंजेलो की शैली में मांसपेशियों के प्रतिपादन में झलकती है। बेली का मानना है कि केसु दास का अंकन कहीं अधिक उत्कृष्ट है। वास्तव में उनकी छवि की स्पन्दित मांसपेशियाँ इतालवी उत्कीर्णन की तुलना में माइकल एंजेलो के अधिक क़रीब हैं।[28] केसु के अलावा बसावन अपने समय का एक और अन्तर्दृष्टिपूर्ण चित्रकार था जो यूरोपीय उत्कीर्णन और ईसाई आइकनोग्राफ़ी की अनुकृति बनाने में कुशल तो था ही लेकिन वह स्वतंत्रता से भी काम लेता था, जिसे इम्पीरियल मुग़ल पेंटर्स में प्रकाशित उसके दो चित्रों में देखा जा सकता है।[29] बसावन की 'मिनर्वा' मूल कृति से मौलिक तरीक़े से काफ़ी अलग है। युवती के लबादे का ढंग, जो उसके कन्धे से ऊपर उठा हुआ है और उसके हाथ की भंगिमा को मूल रचना से बहुत अलग दर्शाया गया है। परम्परागत रूप से मिनर्वा को उसके हाथ में एक भाले के साथ दिखाया जाता है लेकिन बसावन ने उसे एक वाद्ययंत्र के साथ चित्रित किया है—उसके हाथ में रबाब या वीणा है और मूल की तरह उसे यहाँ भी किताबों के सामने

खड़ा दिखाया गया है। इस बात पर उचित ही ज़ोर दिया जाता है, "प्रतीकात्मक छवियों के प्रतिपादन के मामले में अकबर के दरबार का बसावन सबसे अग्रणी चित्रकार था। उसमें यूरोपीय प्रतीकात्मक चित्रों/आकृतियों के प्रति आकर्षण था लेकिन मुग़ल दरबार की रुचि के अनुरूप उसमें मूलगामी बदलाव करने से वह नहीं झिझकता था।"[30] आश्चर्य नहीं कि इस विवेक ने मुग़ल चित्रकला को रचनात्मक रूप से विकसित होने में काफ़ी मदद पहुँचाई। उदाहरण के लिए, जहाँगीर की वे पेंटिंग देखें जिसमें वे किसी सम्राट की जगह एक सूफ़ी शेख़ को ज़्यादा तरजीह देते दिखाए गए हैं[31]—इसमें यूरोपीय प्रभाव के पर्याप्त सबूत हैं, जैसे कि नग्न कामदेव और इंग्लैंड के राजा जेम्स प्रथम की छवि तथा एक रेतघड़ी के सिंहासन पर विराजमान प्रभामंडित सम्राट। इसमें शासक को सांसारिक शक्ति पर आध्यात्मिक शक्ति के पक्षधर के रूप में दर्शाया गया है। इसके अलावा उसे प्रभामंडित कर कलाकार ने उसे एक प्रकार की आध्यात्मिक शक्ति देने का प्रयास किया है। यह भी ध्यान दिया जाना चाहिए, "मुग़ल स्कूल में मानव रूप में ईश्वर का प्रतीकात्मक प्रतिनिधित्व निश्चित रूप से तस्लीब के यूरोपीय चित्रों से लिया गया है जहाँ सूली पर चढ़ाए जाने के प्रकरण में भगवान का चित्रण पूर्ण मानव रूप में पन्द्रहवीं शताब्दी के दौरान सामने आया था। इस यूरोपीय प्रतीक का प्रयोग मुग़ल सम्राटों के प्रतीकात्मक चित्रों के अंकन में महत्त्वपूर्ण है, क्योंकि यह देवत्व के साथ उनके अपने सम्बन्ध को भी उजागर करता है। शाही मुग़ल चित्रकला में भगवान का मानव रूप में प्रतिनिधित्व निस्सन्देह, कलाकारों का एक साहसिक क़दम था। हम जानते हैं कि इस्लामी चित्रों में, इस सम्बन्ध में हमेशा प्रतिबन्ध होता है, यद्यपि पैगम्बरों के चित्रण के मामले में कोई रोक-टोक नहीं है। मुग़ल चित्रों में प्रभामंडल, देवदूत, देवशिशु और ईश्वर, पिता जैसे यूरोपीय प्रतीकों के प्रयोग ने चित्र में एक प्रकार के आध्यात्मिक

शहंशाह की जगह सूफ़ी को तरजीह देते जहाँगीर[32]; विस्तार में जेम्स प्रथम की छवि[33] दरिद्रोन्मूलन करते जहाँगीर : बिचित्र[34]

वातावरण की सृष्टि की..."[35] चित्रकला की यूरोपीय तकनीक का प्रभाव भी उन क्षेत्रों में बहुत स्पष्ट है जहाँ त्रिविम परिप्रेक्ष्य और स्फुमाटो का प्रयोग दिखाई देता है और यह निश्चित रूप से दरबार की फ़ारसी चित्रकला की पिछली तकनीकों से एकदम अलग है, जहाँ क्षितिज के पास की आकृतियाँ अग्रभूमि की आकृतियों से आकार में बहुत कम भिन्न होती हैं और जहाँ वस्तुएँ एक के ऊपर एक स्थित दिखाई देती हैं। मुग़ल कलाकारों ने शुरू में इस नये 'परिप्रेक्ष्य' से विचित्र तरीक़े से निपटने की कोशिश की; उदाहरण के लिए, इस लघु चित्र में—यूरोपियों के साथ बातचीत करता एक देवदूत जो कि जर्मन कलाकार जॉर्ज पेंज़ (लगभग 1500-1550) द्वारा किये गए उत्कीर्णन की एक स्वतंत्र व्याख्या है, भारतीय कलाकार ने गुम्बददार इमारत को रेखीय परिप्रेक्ष्य के माध्यम से प्रस्तुत करना चाहा लेकिन अधिक सफल न हो सके। हालाँकि हवाई परिप्रेक्ष्य का उपयोग करने में उन्हें अधिक सफलता मिली, जिसमें दूरी बढ़ने के साथ रंगों की तीव्रता कम की गई है और वस्तु की दूरी दिख़ाने के लिए रेखा या रूपरेखा को धुँधला और नरम बनाया गया है। ख़म्सा में इस तकनीक के साथ-साथ एक और तकनीक को आज़माया गया है जिसमें दूर के परिदृश्य को विवर्ण नीले रंग में चित्रित किया जाता है ताकि क्षितिज की ओर गहरे से हल्के रंगों में रंग के क्रमिक बदलाव के माध्यम से दूरी की उपस्थिति पैदा की जा सके। मुग़लों के पास संरक्षित कई उत्कीर्णन, मॉडलिंग-तकनीक की उत्कृष्ट कृतियाँ कही जा सकती हैं, जिसमें त्रिआयाम के भ्रम को उत्पन्न करने के लिए प्रकाश और अँधेरे टोन के सहारे प्रकाश की दिशा को उद्‌भाषित किया गया है। इसका श्रेष्ठ निदर्शन कपड़ों की मॉडलिंग में देखा जा सकता है। यूरोपीय उत्कीर्णन ने प्रकाश की दिशा निश्चित करने के स्पष्ट सिद्धान्त दिये। यद्यपि मुग़ल कलाकारों

एक विशाल पक्षी से भयभीत राजा[36], यूरोपियों के साथ बातचीत करता एक देवदूत[37], शापुर-खुसरो संवाद[38]

ने ख़म्सा की चित्रित पांडुलिपि में कपड़े की सिलवटों को रौशनी और छाया के सहारे प्रस्तुत करने के कई उदाहरण प्रस्तुत किये हैं, लेकिन इसका सबसे प्रभावशाली निदर्शन शापुर-खुसरो संवाद में दिखाई देता है। मुग़ल कलाकारों ने तम्बू के पर्दे के अंकन में प्रकाश की दिशा को इंगित करने के सिद्धान्त और मॉडलिंग की यूरोपीय तकनीक का कुशल उपयोग किया है। साथ ही साथ समग्र वर्ण-संरचना में केवल जगह भरने के बजाय प्रकाश और छाया को चित्रित करने के लिए रंगों का उपयोग करने में एक नई रुचि का पता चलता है। चूँकि भारतीय लघु चित्रकला में जैन, बौद्ध, राजपूत और फ़ारसी कला-रूढ़ियों की विभिन्न धाराओं को आत्मसात करने की एक लम्बी और जीवन्त परम्परा थी; समय बीतने के साथ-साथ यूरोपीय परम्पराओं का यह नया तत्त्व भी समाहित हो गया। मुग़ल शासकों की उदार रुचि ने भी एक महत्त्वपूर्ण भूमिका निभाई क्योंकि इसने दरबारी चित्रकारों की कलात्मक अभिव्यंजनाओं के लिए विभिन्न स्रोतों के उपयोग को प्रेरित किया। ईरानी साहित्य के कुछ क्लासिक्स के साथ साथ, उन्होंने 'रामायण' और 'महाभारत' जैसी भारतीय संस्कृति की महान रचनाओं की सचित्र पांडुलिपि तैयार करवाई। वे जाति, पन्थ या धर्म से निरपेक्ष होकर संरक्षण देते थे और कोई आश्चर्य नहीं कि उन्हें अपने कलाकारों पर बहुत गर्व और अधिकार था। जहाँगीर से थॉमस रो की बातचीत से भी कुछ बातें स्पष्ट होती हैं। थामस रो लिखते हैं, "मुझे दरबार से बुलावा आया, यह उस चित्र के सिलसिले में था जिसे मैंने बादशाह को दिया था और जिसके बारे में मेरा विश्वास था कि भारत में कोई भी ऐसा नहीं बना सकता। सो जैसे ही मैं पहुँचा, बादशाह ने पूछा कि आप उस चित्रकार को क्या देंगे जिसने आपके चित्र का ऐसा अनुकरण किया है कि आप मूल और अनुकृति का भेद नहीं कर पाएँगे?...चित्र का मुआयना करने के लिए उन्होंने रात को ग़ुसलख़ाने में बुलाया। अपने चित्रकारों की जीत से उत्तेजित उन्होंने मुझे छह तसवीरें दिखाईं जिनमें से पाँच उनके चित्रकारों द्वारा बनाई गई थीं, सभी एक मेज़ पर चिपकाई हुई थीं। मुझे स्वीकार करना चाहिए कि मोमबत्ती की रोशनी में मुझे भेद जानने में परेशानी हुई; लेकिन फिर भी मैंने अपने चित्र को पहचान लिया और अन्तर को देख लिया जिसे सामान्य आँखों से नहीं जाना जा सकता था, लेकिन पहली नज़र में मैं भी चक्कर में आ गया था, यह देखकर बादशाह प्रमुदित हो गए और नॉर्दर्न मैन की तरह खिलखिलाने लगे।"[39] यह सच है कि मुग़ल कलाकार की निपुणता और कौशल भारतीय कला इतिहास की एक उल्लेखनीय परिघटना है।

जेसुइट मिशन के दौरान निर्मित कलाओं को हाल के अध्ययन अन्योन्यक्रियात्मक (इंटरैक्टिव) और संकर (हाइब्रिड)के रूप में समझाने की कोशिश करते हैं, "जेसुइट मिशन की अधिकांश कला और वास्तुकला स्वदेशी समुदायों की कमोबेश इच्छुक

भागीदारी के कारण निर्मित हुई थी और जो अपनी प्रकृति में लगभग सभी संकर हैं। कभी-कभी मिश्रण में स्वदेशी की तुलना में यूरोपीय सामग्री अधिक होती थी, जैसा कि आम तौर पर जापान और पैराग्वे में हुआ और अन्यत्र जैसे कि अठारहवीं शताब्दी के चीन या मुग़ल भारत में स्वदेशी तत्त्व प्रबल रहा, जिसने यूरोपीय शैली या उसके आदर्शों को विवरण की सीमा तक ही अपनाया। हालाँकि हर मामले में दो अजनबी परम्पराओं के विलय ने नये विचारों और नये समाधानों को प्रेरित किया, जो अक्सर मौलिकता लिये होते थे। यह अपने सम्मिश्रण, संगम, परस्परता और द्वन्द्व के साथ सांस्कृतिक सामासिकता की रचनात्मक क्षमता को प्रदर्शित करता है—कला जो अपने भागों के योग से काफ़ी अधिक होती है।[40] सांस्कृतिक सामासिकता की समष्टि, जैसा कि हमने देखा है, रुडयार्ड किपलिंग की आरम्भिक पंक्तियों के आशय पर ही सवाल उठाती है : ओह, पूर्व पूर्व है, और पश्चिम पश्चिम है/और दोनों कभी नहीं मिल सकते जबकि सच्चाई यह है कि वे न केवल मिलते हैं बल्कि जुलते भी हैं और बाराह बतियाते भी हैं।

[स्पेन के नवारा विश्वविद्यालय ग्रिसो द्वारा गोवा में 2 दिसम्बर, 2011 को आयोजित संगोष्ठी में अंग्रेज़ी में पावर पॉइंट प्रस्तुति 'इंटरपिक्टोरियल एनकाउंटर : द जेसुइट बिब्लिकल आर्ट एंड द इंडियन मिनिएचर पेंटिंग' का हिन्दी रूपान्तरण।]

सन्दर्भ

1. *रुडयार्ड किपलिंग्स वर्स,* डबलडे, पेज एंड कम्पनी, इंक., न्यूयॉर्क, 1920, पृ. 268
2. आनन्द के. कुमारास्वामी, *आर्ट एंड स्वदेशी,* मुंशीराम मनोहरलाल प्राइवेट लिमिटेड, दिल्ली, दूसरा संस्करण 1994, पृ. 79-80
3. 1540 के दशक के यूरोपीय प्रिंटों की पहली लहर फ्रांसिस ज़ेवियर के साथ आई होगी, जिन्हें 1542 में भारत भेजा गया था, या उसके बाद उनके पचास जेसुइट भाई जो 1555 के बाद गोवा में उनके साथ शामिल हुए थे। इनमें से कुछ प्रिंट शायद सोलहवीं शताब्दी के मध्य के थे। 1575 में गोवा में मुग़ल दूतावास द्वारा अधिग्रहण किया गया। दूसरी लहर, सदी के उत्तरार्ध में, तीन जेसुइट मिशनों के साथ मुग़ल दरबार में पहुँची होगी, पहला 1580 में, दूसरा 1591 में, और तीसरा 1595 में।
4. कोर्रेया-अफोंसो, जॉन, एड., *लैटर्स फ्रॉम द मुग़ल कोर्ट : द फ़र्स्ट जेसुइट मिशन टू अकबर* 1580-1583, बॉम्बे : गुजरात साहित्य प्रकाश, आनन्द, 1980, पृ. 76
5. मैकलैगन, एडवर्ड डगलस, *द जेसुइट्स एंड द ग्रेट मुग़ल,* बर्न्स, ओट्स एंड वॉशबोर्न, लन्दन, 1932, पृ. 227-8
6. मेडोना और शिशु, मुग़ल, 1620 (http://www.tribuneindia.com/2005/20051225/spectrum/main2.htm) (12.10.2010 को देखा गया)।
7. मुग़ल भारत में एक यूरोपियन,1590 http://www.tribuneindia.com/2005/20051225/

spectrum/main2.htm (14.10.2010 को देखा गया)।

8. हाथ में मेडोना की तसवीर थामे जहाँगीर, 1620 राष्ट्रीय संग्रहालय, नई दिल्ली।
9. http://www.galbithink.org/lessmore.htm (18.10.2010 को देखा गया)।
10 ई. डेनिसन रोस एंड आइलीन पावर (एडिटेड) *अकबर एंड द जेसुइट्स,* तुलसी पब्लिशिंग हाउस, नई दिल्ली, 1979, पृ. 168
11. https://en.qantara.de/content/what-muslims-and-christians-share-a-christmas-meditation (12.10.2010 को देखा गया)।
12. http://www.flickr.com/photos/22955235@N00/1239254680/in/set-72157600028124617 (25.10.2010 को देखा गया)।
13. A crucifixion, with the Virgin and Saint Anne, from Akbar's court, c.1600; in the collection of the Aga Khan Museum.
14. The Deposition from the Cross, Unknown, c.1598, Mughal, Watercolour, Gold, ink on paper, Victoria and Albert Museum, London. http://www.conniemadson.com/artmovements/09%20islamic%20and%20mughal%20art.html (27.10.2010 को देखा गया)।
15. राष्ट्रीय संग्रहालय, नई दिल्ली (न.58.20/281)।
16. चेस्टर बीटी लाइब्रेरी, डबलिन। http://www.cbl.ie/cbl_image_gallery/collection/list.aspx?collectionId=2 (28.10.2010 को देखा गया)।
17. द लास्ट सपर, स्कूल ऑफ़ शाहजहाँ, भारत कला भवन, बनारस, (प्राप्ति क्रमांक 690 M)।
18. गूवीन ए. बेली, *आर्ट ऑन द जेसुइट मिशंस इन एशिया एंड लैटिन अमेरिका,* 1542-1773, यूनिवर्सिटी ऑफ़ टोरंटो प्रेस, टोरंटो, 1999, पृ. 112
19. Madonna with Infant Jesus, Unattributed, 17th century, Mughal, Prince of Wales Museum of western India. http://www.chapatimystery.com/archives/homistan/postcolonial_skins.html (2.11.2010 को देखा गगा)।
20. Madonna and Christ c18th Century, Pahadi style, http://www.mullocksauctions.co.uk/lot-41541 india_%E2%80%93_mughal_painting_of_christ_c18th_century.html (2.12.2010 को देखा गया)
21. सोम प्रकाश वर्मा, *इंटरप्रेटिंग मुग़ल पेंटिंग,* ऑक्सफ़ोर्ड यूनिवर्सिटी प्रेस, नई दिल्ली, सेकंड इम्प्रेसन, 2011, पृ. 103
22. देखें, अमीना ओकाडा, इम्पीरियल मुग़ल पेंटर्स, पेरिस, 1992, चित्र संख्या 100, पृ. 97
23. देखें, मिलो क्लीवलैंड बीच, *द ग्रेंड मुग़ल : इम्पीरियल पेंटिंग इन इंडिया 1600-1660,* स्टर्लिंग एंड फ्रांसिन क्लार्क आर्ट इंस्टीट्यूट, मेसाचुसेट्स, यूएसए, 1978
24. देखें, इलस्ट्रेटेड इन जे.एम. रोजर्स, *मुग़ल मिनिएचर्स,* लन्दन, 1993, पृ. 44-68
25. सेंट मैथ्यू एंड द एंजल, केसु दास; http://en.wikipedia.org/wiki/Saint_Matthew (12.10.2010 को देखा गया)।
26 मिनर्वा, केसु दास; http://www.columbia.edu/itc/mealac/pritchett/00routesdata/

1500_1599/akbar/europeanart/europeanart.html (10.12.2010 को देखा गया)।

27. मिनर्वा, बसावन, लगभग 1600; http://www.columbia.edu/itc/mealac/pritchett/00routesdata/ 1500_1599/akbar/europeanart/europeanart.html (12.12.2010 को देखा गया)।
28. सोम प्रकाश वर्मा, वही, पृ. 114
29. अमीना ओकाडा, वही, न. 89, 90, पृ. 89
30. सोम प्रकाश वर्मा, वही, पृ. 109
31. शहंशाह की जगह सूफ़ी को तरजीह देते जहाँगीर, बिचित्र, 1615-50, काग़ज़ पर जलरंग, स्वर्ण और स्याही, स्मिथसोनियन इंस्टीट्यूशन, वाशिंगटन डी.सी. http://resobscura.blogspot.com/2011/02/jahangirs-turkey-early-modern.html (12.12.2010 को देखा गया)।
32. शहंशाह की जगह सूफ़ी को तरजीह देते जहाँगीर, बिचित्र, 1618, काग़ज़ पर जलरंग, स्वर्ण और स्याही, स्मिथसोनियन इंस्टीट्यूशन, वाशिंगटन डी.सी. http://resobscura.blogspot.com/2011/02/jahangirs-turkey-early-modern.html (12.12.2010 को देखा गया)।
33. शहंशाह की जगह सूफ़ी को तरजीह देते जहाँगीर का विवरण जिसमें इंग्लैंड के जेम्स I और VI (1566-1625) का विचित्र घालमेल पैदा किया गया है।
34. दरिद्रोन्मूलन करते जहाँगीर, बिचित्र, 1620-25 http:// collectionsonline.lacma.org/mwebcgi/mweb.exe? request=record;id=37429;type=101 (19.12.2010 को देखा गया)।
35. सोम प्रकाश वर्मा, वही।
36. निज़ामी का ख़म्सा, काग़ज़ पर चित्र, ब्रिटिश लाइब्रेरी Or. 12, 208, 1593-95, 30 × 19.5 cms (http://asianart.com/articles/minissale/5.html (25.12.2010 को देखा गया)।
37. यूरोपियों के साथ बातचीत करता एक देवदूत, मुग़ल, 17.9 × 9.5 से.मी. लगभग 1610 http://www.davidmus.dk/en/collections/islamic/materials/miniatures/art/6-1981 (27.12.2010 को देखा गया)।
38. खुसरो को शिरीं की ख़बर देता शापुर, धर्मदास, निज़ामी का ख़म्सा। http://asianart.com/articles/minissale/4.html (28.12.2010 को देखा गया)।
39. सर विलियम फोस्टर (सं.), द *एम्बेसी ऑफ़ सर थॉमस रो टू इंडिया* 1615-19, ऑक्सफ़ोर्ड यूनिवर्सिटी प्रेस, लन्दन, 1926, पृ. 199
40. बेली, वही, पृ. 5

तुलसीदास का प्रतिमा-निरूपण

भारतीय परम्परा में देवत्व का अनुभव करने से मनुष्य, ऋषि या कवि बन जाता है, इसलिए कवि को आम तौर पर एक द्रष्टा या दिव्यदृष्टि वाला व्यक्ति माना गया। आदि-काव्य में ही वाल्मीकि ने शोक के श्लोक में रूपान्तरित होने की प्रक्रिया का वर्णन करते हुए लिखा है : *पादबद्धोऽक्षरसमस्तन्त्रीलयसमन्वित:। शोकार्तस्य प्रवृत्तो मे श्लोको भवतु नान्यथा॥*[1] यह भी कोई आश्चर्य नहीं कि नाभादास इस घोर कलियुग में मानव जाति के उद्धार के लिए तुलसीदास को वाल्मीकि का अवतार मानते हैं : *कलि कुटिल जीव निस्तार हित, बाल्मीक 'तुलसी' भयौ। त्रेता काब्य निबन्ध करिवसत कोटि रमायन। इक अक्षर उद्धरैं ब्रह्महत्यादि परायन॥*[2] आधुनिक-पूर्व युग में तुलसीदास को एक रामभक्त और द्रष्टा-कवि के रूप में ही स्वीकार किया गया था।[3] यदि हम तुलसी सम्बन्धी साहित्य को छोड़ भी दें और अन्य माध्यमों में उनकी उपस्थिति पर विचार करें तो भी हमारे निष्कर्ष बहुत अलग नहीं होंगे।

सत्रहवीं शती से दृश्य-माध्यम में तुलसी के चित्रण में एकरूपता दिखाई देने लगती है और यह साहित्य में चित्रित उनके रूप से काफ़ी समान है। पहला चित्र जो मिलता है वह 1608 ईस्वी में बनाया गया माना जाता है (चित्र 1)। कहा जाता है कि यह चित्र प्रह्लाद घाट के पंडित गंगाराम जोशी के घर में बनाया गया था, जहाँ तुलसीदास एक गम्भीर बीमारी से उबरने के लिए उन दिनों कथित तौर पर रह रहे थे। रणछोड़लाल व्यास, जो ख़ुद का पंडित गंगाराम जोशी के उत्तराधिकारी के रूप में दावा करते हैं, ने 1915 में तुलसीदास पर एक मोनोग्राफ़ प्रकाशित किया जिसमें उन्होंने मोनोक्रोम में इस पेंटिंग को भी शामिल किया था। उनके अनुसार, यह चित्र जयपुर के एक कलाकार द्वारा सम्राट जहाँगीर (1569-1627) के संरक्षण में बनाया गया था। उन्होंने इस पेंटिंग पर अपने कॉपीराइट का दावा भी किया क्योंकि उनके अनुसार यह पंजीकृत था और बाद में इस तसवीर को व्यापक रूप से सम्पादित, सुशोभित, संशोधित कर कई प्रतियाँ तैयार की गईं। काशी नागरी प्रचारिणी सभा ने पहले इसको बड़ा किया और कुछ सक्षम कलाकारों से इसके पीलिया रंग-रूप को ठीक कराकर 'तुलसी ग्रन्थावली' में प्रकाशित किया। लेकिन पुस्तक के तीसरे

खंड में बताया गया है कि प्रकाशित चित्र प्रसिद्ध कला संग्रहकर्ता और मर्मज्ञ राय कृष्णदास से प्राप्त किया गया था। बाद में ज्ञानमंडल कार्यालय में इसे एकवर्णी (मोनोक्रोम) और प्रतिष्ठित हिन्दी पत्रिका 'माधुरी' में रंगीन प्रकाशित किया गया। राय कृष्णदास के अनुसार यह तुलसीदास के दो सबसे पुराने चित्रों में से एक है। दूसरा चित्र भारत कला भवन, काशी के संग्रह में है। वह इस तथ्य पर ज़ोर देते हैं कि प्रहलाद घाट वाले चित्र में इमारत की शैली इतनी पुरानी नहीं लगती और यह स्पष्ट है कि चित्रित स्थापत्य शैली मोहम्मद शाह (1719-48) के बहुत बाद में विकसित हुई।[4]

तुलसीदास की एक और महत्त्वपूर्ण चित्र-रचना जो वाराणसी के संकट घाट की है। (चित्र 2) यह चित्र संकट घाट, वाराणसी के महन्त राधावल्लभ शरण के परिवार से सम्बन्धित है और उनके अनुसार, जैसा कि विश्वनाथ प्रसाद मिश्र ने बताया है कि यह उनके परिवार के अधिकार में शाहजहाँ के समय (1628-1658) से ही है। राधावल्लभ जी ने इस तथ्य पर भी ज़ोर दिया है कि राय कृष्णदास इस तसवीर को कथित तौर पर क़रीब से जाँच के लिए ले गए थे, लेकिन उन्होंने वास्तव में इसमें कुछ संशोधन कर इसकी एक नवीन प्रतिलिपि तैयार करवा ली थी—मुग़ल परम्परा के प्रसिद्ध चित्रकार उस्ताद राम प्रसाद ने तुलसीदास की दाढ़ी हटा दी और चित्र की पृष्ठभूमि भी बदल दी थी।[5] मायाशंकर याज्ञिक संग्रह में भी तुलसीदास की एक

चित्र 1 : तुलसीदास : युवा वैष्णव संत, प्रहलाद घाट, वाराणसी; चित्र 2 : तुलसीदास : वृद्ध वैष्णव संत, संकट घाट, वाराणसी, सौजन्य विश्वनाथ प्रसाद मिश्र, 'गोसाईं तुलसीदास'

पेंटिंग है जहाँ उन्हें मुख्य रूप से वैष्णव संत के रूप में चित्रित किया गया है (चित्र 3)। 'पद्म पुराण' के निर्देशानुसार पंच वैष्णव संस्कारों में एक संस्कार है—शरीर के बारह भागों में तिलक लगाना। यह तुलसीदास का एकमात्र चित्र है जहाँ इन सभी निर्धारित तिलकों को प्रमुखता से प्रदर्शित किया गया है—एक को छोड़कर जो दाहिने पेट पर निशान है क्योंकि यह प्रोफ़ाइल की मुद्रा के कारण छुपा हुआ है। यह स्पष्ट है कि चित्रकार तुलसीदास की वैष्णव पहचान पर बहुत प्रमुखता से ज़ोर देना चाहता था। ऐसा प्रतीत होता है, जैसा कि विश्वनाथ प्रसाद मिश्र ने अनुमान लगाया था कि तुलसीदास के दो मूल चित्र थे—एक उनकी अधेड़ उम्र का और दूसरा वृद्धावस्था का।[6] किशनगढ़ संग्रह का चित्र प्रतिमा-निरूपण (आइकनोग्राफ़ी) की पहली परम्परा का प्रवर्तक है जहाँ तुलसीदास को मध्यम आयु वर्ग के वैष्णव संत के रूप में चित्रित किया गया है—लम्बे बाल, दाढ़ी, तिलक, जनेऊ, कंठी माला और सुमिरनी के साथ (चित्र 4)। प्रतिमा-निरूपण की दूसरी परम्परा का प्रवर्तक संकट घाट वाला चित्र है जहाँ तुलसीदास को सफ़ेद दाढ़ी और सभी वैष्णव पहचान चिह्नों के साथ एक वृद्ध संत के रूप में दर्शाया गया है। लेकिन एक तीसरी परम्परा रामनगर के स्वर्णाक्षरी रामायण के लघु चित्रों में भी दिखाई पड़ती है जहाँ तुलसीदास को दाढ़ी-मूँछ रहित एक वृद्ध के रूप में चित्रित किया गया है। यह सचित्र पांडुलिपि काशी के तत्कालीन राजा श्री उदित नारायण सिंह (1783-1835)

चित्र 3 : वैष्णव संत तुलसीदास : मायाशंकर याज्ञिक संग्रह; चित्र 4 : युवा तुलसीदास : किशनगढ़ का राज्य संग्रहालय

ने तैयार करवाई थी, जिसे बनवाने में लगभग एक लाख साठ हज़ार रुपये और आठ साल (1796-1814) का समय लगा था। इस पांडुलिपि में तुलसीदास कई जगह चित्रित हुए हैं—पद्मासन में कंठी माला के साथ रामचरितमानस का पाठ करते हुए (चित्र 5)। इस पांडुलिपि के कलाकार श्री रामचरण मुग़ल लघु चित्रकला में प्रशिक्षित प्रतीत होते हैं। आनन्द कुमारास्वामी ने इसे 'मुग़ल प्रभावित उत्तर-राजपूत

चित्र 5 : तुलसीदास का रामचरितमानस वाचन, किष्किन्धाकांड; लोकप्रिय मुग़ल शैली, अमेरिकन इंस्टीट्यूट ऑफ़ इंडियन स्टडीज़ (AIIS), गुड़गाँव, हरियाणा

लघु चित्रकला' के रूप में वर्गीकृत किया, जिसे बाद में 'लोकप्रिय मुग़ल शैली' कहा गया।[7] इसी प्रकार अट्ठारहवीं शती की राजस्थानी शैली के एक लघु चित्र में भी तुलसीदास का अंकन मिलता है जिसमें वे मोरपंख-जटित टोपी और पीतवर्णी धोती चादर धारण किये हुए एक महन्त की तरह गाव तकिए के सहारे गद्दी पर विराजमान दिखाए गए हैं (चित्र 6 ख)। इस लघु चित्र में तुलसीदास से जुड़ी एक कथा कही गई है (चित्र 6 क) जिसमें बादशाह के यह पूछे जाने पर कि हिन्दू पत्थर क्यूँ पूजते हैं, वे 'कवितावली' का यह छन्द उद्धृत करते हैं :

काढ़ि कृपान, कृपा न कहूँ, पितु काल कराल बिलोकि न भागे।
'राम कहाँ?', 'सब ठाउँ हैं', 'खंभ में?', 'हाँ' सुनी हांक नृकेहरि जागे॥
बैरि बिदारि भए विकराल, कहैं प्रह्लादहिकें अनुरागे।
प्रीति-प्रतीति बढ़ी तुलसी, तबतें सब पाहन पूजन लागे॥[8]

इन शब्दों को सचित्र पांडुलिपि की परम्परा में पहले शब्द में फिर चित्र में अंकित किया गया है।

चित्र 6 क : तुलसी-बादशाह रांवाद, काग़ज़ पर जलरंग और स्वर्ण, 19.2×44.6 राजस्थानी शैली, उदयपुर, मेवाड़, 1700-1710

चित्र 6 ख : तुलसी-बादशाह संवाद में तुलसीदास का चित्र

अस्सी घाट का चित्र (चित्र 7), जिसे कभी बहुत पुराना माना जाता था, बाद में राय कृष्णदास से पता चला कि "यह एक आधुनिक कलाकार द्वारा बनाया गया है जो पूरी तरह से कृत्रिम है।" यह तुलसीदास का एकमात्र चित्र है जो प्रोफ़ाइल नहीं है और सिख कला शैली से कुछ समानता रखता है। तुलसीदास का एक और उल्लेखनीय चित्र है (चित्र 8) जो पहले लन्दन में प्रकाशित हुआ था और बाद में भारत में प्रसारित हुआ। इस चित्र में वर्णित नदी तट, वनस्पतियाँ, कमंडल और

चित्र 7 : सिख शैली में तुलसीदास, अस्सी घाट, वाराणसी; चित्र 8 : सर्वप्रथम लन्दन में प्रकाशित

तुलसीदास की मुद्रा, आयु, दाढ़ी, केश, जनेऊ, माला को चित्र चार के समान ही चित्रित किया गया है, सिवा इसके कि इसमें वैष्णव तिलक और चिह्न को नहीं दर्शाया गया है। ऐसा हो सकता है कि एक काम दूसरे की नक़ल हो। तुलसीदास का एक और चित्र पहली बार 1889 ई. में खड्गविलास प्रेस, बांकीपुर (चित्र 9) द्वारा प्रकाशित पुस्तक 'तुलसी रामायण' में प्रकाशित हुआ था और इस पेंटिंग की खोज का श्रेय डॉ. ग्रियर्सन (1851-1941) को दिया गया था। यह एकमात्र चित्र है जहाँ तुलसीदास को वज्रासन में बैठे हुए दर्शाया गया है। जयपुर के महाराजा सवाई रामसिंह द्वितीय (1835-1880) ने भी रामचरितमानस की चित्रित पांडुलिपि तैयार करवाई थी जिसमें तुलसीदास को प्रमुखता से चित्रित किया गया है। इस पांडुलिपि के लिए 1857 से 1864 के बीच 134 चित्र बनाए गए। पांडुलिपि में स्वयं तुलसीदास का चित्रण है (चित्र 10) जो एक सिंहासन पर बैठे हैं और फ़र्श पर बैठे अपने साथी भक्तों के एक समूह के बीच अपनी रचना का पाठ कर रहे हैं। यहाँ तुलसीदास को उनके चारों ओर उनके भक्तों की तरह दाढ़ी और लम्बे बालों के

चित्र 9 : खड्गविलास प्रेस का चित्र; चित्र 10 : शिष्यों के मध्य तुलसीदास, उत्तरकांड, पहाड़ी शैली

साथ चित्रित किया गया है। राय कृष्णदास संग्रह (चित्र 11) का तैल-चित्र पिछले कुछ वर्षों में सबसे लोकप्रिय और प्रामाणिक बन गया है, हालाँकि राय कृष्णदास ने कभी भी इसके स्रोत का खुलासा नहीं किया। पर ऐसा लगता है कि यह किसी पुरानी तसवीर पर आधारित था जिसे सुधार कर विभिन्न तरीक़ों से उसके रंग-रोगन पर काम किया गया था। तुलसीदास की स्मृति में डाक टिकट के लिए (चित्र 12) भारतीय डाक विभाग ने इसी चित्र को एकमात्र स्रोत के रूप में अपनाया था।[9] गीता प्रेस के प्रकाशन में प्रयुक्त अधिकांश चित्र भी इसी चित्र पर आधारित हैं।[10] जैसाकि

चित्र 11 : तैल-चित्र, राय कृष्णदास संग्रह, भारत कला भवन; चित्र 12 : तुलसीदास पर डाक-टिकट

आसानी से देखा जा सकता है कि गीता प्रेस के कलाकार बी.के. मित्रा ने राय कृष्णदास संग्रह के चित्र को इस तरह से सुधारा था कि वह अधिक 'वास्तविक' लगे और अन्ततः व्यावसायिक उपभोग के लिए अधिक 'लोकप्रिय' हो जाए (चित्र 13)। यह उनके सम्पादन की सफलता है कि तब से अधिकांश प्रकाशक इस चित्र को तुलसीदास की सबसे मानक तसवीर के रूप में 'उपयोग' करते हैं। गीता प्रेस ने अपने सभी प्रकाशनों में तुलसीदास के प्रतीक को न सिर्फ़ मानकीकृत बल्कि कुछ हद तक दैवीकृत भी कर दिया है और बाद में हिन्दू मन्दिरों में तुलसीदास की मूर्तियों को स्थापित करने से वह एक कवि से अधिक देवता बन गए। गीता प्रेस की 'कल्याण' पत्रिका ने भी उनके दैवी रूप को 'आदर्श सदाचार के उद्घोषक संत' के रूप में प्रचारित-प्रसारित करने में अहम भूमिका निभाई (चित्र 14)। लेकिन आधुनिक

चित्र 13 : गीता प्रेस के लिए बी.के. मित्रा का चित्र; चित्र 14 : कल्याण पत्रिका में इन्द्र शर्मा का चित्र

चित्रांकन में जैसे-जैसे पेंटिंग के आलंकारिक पहलू की केन्द्रीयता धूमिल होने लगी, तुलसीदास को बहुत ही व्यक्तिपरक तरीक़े से चित्रित किया जाने लगा। अब्दुर्रहमान चुगताई (1897-1975) ने तुलसीदास को 1925 में इस तरह से चित्रित किया जैसे आम तौर पर बंगाल स्कूल के कलाकारों द्वारा चैतन्य महाप्रभु को चित्रित करने का प्रयास किया जाता था। उस समय चुगताई अवनीन्द्रनाथ टैगोर (1871-1951) के काम से बहुत प्रभावित थे और यह चित्र इसका प्रमाण है (चित्र 15)। तुलसीदास के आधुनिक चित्रण का एक और उदाहरण बिनोद बिहारी मुखर्जी (1904-1980) का शान्तिनिकेतन का भित्तिचित्र हैं। यह भित्तिचित्र 'मध्यकालीन संतों का जीवन' समकालीन भारत के सबसे विशाल भित्तिचित्रों में से एक माना जाता है जिसे फ्रेस्को बूनो तकनीक में चित्रित किया गया है (चित्र 16) इसे दिसम्बर 1946 और अप्रैल

चित्र 15 : तुलसीदास, अब्दुर्रहमान चुगताई, लाहौर; चित्र 16 क : मणिकर्णिका घाट पर तुलसीदास, विनोद बिहारी मुखर्जी

1947 के बीच शान्तिनिकेतन में विश्व भारती के हिन्दी भवन की तीन दीवारों पर अंकित किया गया था। ग़ुलाम मोहम्मद शेख़ के अनुसार, "पश्चिमी दीवार के गतियुक्त चित्र में तुलसीदास नाटकीय अन्दाज़ में किसी रहस्यमय व्यक्ति सम्भवत: नरहरियानन्द के साथ संवाद में तल्लीन दिखाए गए हैं। प्रार्थना की प्रदर्शनकारी मुद्रा में गोस्वामी की विशाल छवि, एक समान रूप से लम्बे व्यक्ति के समक्ष खड़ी है जिसके एक हाथ में लाठी है और दूसरा हाथ विस्मय की मुद्रा में तना हुआ है। इन दो पात्रों के बीच लपलपाती हुई आग पावन गंगा स्थित मणिकर्णिका घाट जहाँ भक्त मरने की इच्छा रखते हैं, को इंगित करती है। दोनों के चारों ओर बनारस घाट की भीड़भाड़ को दिखाया गया है। बाईं ओर घरों और दुकानों के बीच दैनन्दिन जीवन का नाटक सामने आता है; मृत्यु के कर्मकांडों से ओतप्रोत। मृत्यु के कर्मकांड के साथ निष्कपट जुड़ाव और जीवन की अनुकूलता को एक दार्शनिक आधार दे दिया गया है। या क्या हमें साधु के संसार (नश्वर संसार) के दृष्टिकोण का अनुसरण करने के लिए प्रेरित किया जा रहा है?"[11] जो भी हो, लेकिन यह निश्चित है कि पिछले निरूपणों की तरह तुलसीदास को यहाँ उस तरह नहीं दिखाया गया है मानो वे दैनिक जीवन की हलचल से दूर गंगा या सरयू के एकान्त तट पर चुपचाप ध्यान केन्द्रित कर रहे हों बल्कि उन्हें घटनाओं और ऐतिहासिक समय के बीच साँस लेता हुआ दिखाया गया है। इस तरह के निरूपण का एक अन्य उदाहरण के.के. हेब्बार

चित्र 16 ख : मध्यकालीन संतों का जीवन, विनोद बिहारी मुखर्जी, हिन्दी भवन, शान्तिनिकेतन

चित्र 17 क : रहीम के साथ तुलसीदास, हेब्बार का रेखांकन

की रचना है, जहाँ तुलसीदास की जीवन-कथा को 'जीवन से बड़ा' रवैये के बगैर चित्रित किया गया है। प्रस्तुत चित्र के एक दृश्य में (चित्र 17ख) तुलसीदास को प्लेग पीड़ित बनारस में राहत कार्य करते हुए चित्रित किया गया है और दूसरे में रहीम ऐसे वक़्त में अकबर के दरबार में जाने के निमंत्रण को अस्वीकार करते दर्शाए गए हैं। चित्रकार ने 'सरल रेखाओं' में इस संत के जीवन को चित्रित करने की इच्छा व्यक्त की थी[12] और उनका चित्रण यह दर्शाता है कि कैसे एक कवि

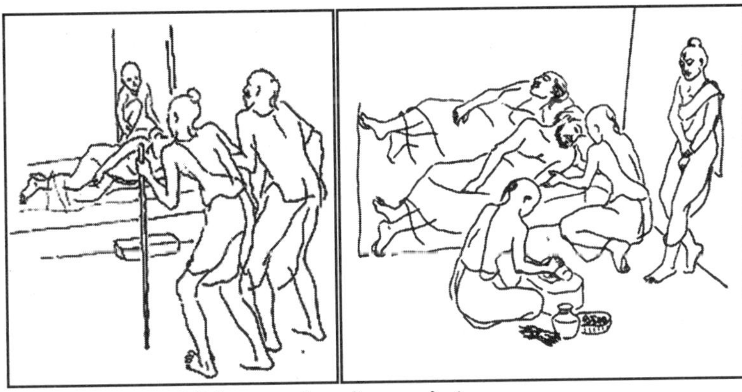

चित्र 17 ख : राहत कार्य में सेवारत तुलसीदास, हेब्बार का रेखांकन

संघर्ष करता हुआ जीवन में विभिन्न प्रकार की बाधाओं को दूर करता है और अन्त में कैसे वह महानता प्राप्त करता है।

किसी व्यक्तित्व की महानता को चिह्नित और स्थापित करने के लिए मूर्तिकला एक प्रभावी माध्यम है और आश्चर्य नहीं कि तुलसीदास के कथित जन्म स्थान ने इसका नेतृत्व किया। सन् 1943 में सोरों में उनकी प्रतिमा स्थापित की गई (चित्र 18) जिसकी पट्टिका पर लिखा गया है, "यहीं सोरों में जन्म। भारत के महान सन्त-कवि, संसार के अनुप्राणित लेखकों में से एक, रामचरितमानस जिसे रामायण के रूप में भी जाना जाता है, के सुप्रसिद्ध लेखक, जिन्होंने भारतीयों के बेहतर भविष्य के लिए अपने हौसले को क़ायम रखते हुए अपने चित्त को उन्नत करने का प्रयास किया।" तुलसीदास की इसी अभय मुद्रा में एक और संगमरमर की दस फ़ीट की आदमक़द प्रतिमा अयोध्या में स्थापित की गई जहाँ कभी ब्रिटेन की महारानी विक्टोरिया की

चित्र 18 : सोरों में तुलसीदास की प्रतिमा, 1943

प्रतिमा हुआ करती थी और जिसे विक्टोरिया पार्क कहा जाता था अब उसे तुलसी उद्यान कहा जाता है। इस प्रतिमा की जिस हथेली पर रामचरितमानस की प्रति थी, वह आज खंडित दशा में है लेकिन तुलसीदास का बलिष्ठ शरीर अब भी आकर्षक बना हुआ है (चित्र 19)। अयोध्या में ही तुलसीदास की एक और संगमरमर की प्रतिमा तुलसी स्मारक में प्रतिष्ठापित है। तुलसी स्मारक की स्थापना 1969 ई. में की गई थी जिसमें अयोध्या शोध संस्थान, एक पुस्तकालय के अलावा रामकथा संग्रहालय भी है। यहाँ स्थापित प्रतिमा में तुलसीदास सुखासन में बैठे हुए हैं और उनकी आँखें सामने बेधक देख रही हैं, हाथ में कंठी माला और ललाट पर विशेष तिलक के सहारे इस प्रतिमा में उनकी वैष्णव पहचान पर ज़्यादा ज़ोर दिया गया है। वे सुखी और सन्तुष्ट दिखाई पड़ रहे हैं (चित्र 20)।

चित्र 19 : संगमरमर की प्रतिमा, तुलसी उद्यान, अयोध्या, 1963; चित्र 20 : तुलसी स्मारक, अयोध्या, 1969

तुलसीदास के प्रतिमा-निरूपण की दृष्टि से 1964 में वाराणसी में तुलसीदास के स्मारक के रूप में बनाया गया सत्यनारायण तुलसी मानस मन्दिर एक मील का पत्थर है। इस भव्य मन्दिर में न केवल संगमरमर व लकड़ी से बनी मूर्तियाँ और तुलसीदास के जीवन के कुछ प्रसंगों को झाँकी के रूप में दर्शाया गया है, बल्कि दीवारों पर 'रामचरितमानस के काशीराज संस्करण' का सम्पूर्ण पाठ और उसके दृश्य भित्तिचित्र पर अंकित हैं। संगमरमर पर उकेरा गया रेखांकन उनके वैष्णव रूप को स्पष्ट करता है (चित्र 21) वहीं अभय मुद्रा में तुलसीदास की संगमरमर की मूर्ति, देव-मूर्ति की तरह परिकल्पित है (चित्र 22)। तुलसीदास की काष्ठ प्रतिमा 'रामचरितमानस' का अहर्निश पाठ करते हुए एक सन्त-कवि के रूप को उजागर करती जान पड़ती है (चित्र 23)। एक अन्य मन्दिर जहाँ तुलसीदास को प्रमुखता से प्रदर्शित किया गया है, वह चित्रकूट के तुलसी पीठ

चित्र 21 : संगमरमर पर रेखांकन, तुलसी मानस मन्दिर, वाराणसी; चित्र 22 : संगमरमर की मूर्ति; चित्र 23 : मानस का पाठ करते तुलसी की काष्ठ प्रतिमा

का मानस मन्दिर है। इस मन्दिर में रामचरितमानस के तुलसी पीठ संस्करण का सम्पूर्ण पाठ दीवारों पर उकेरा गया है। इसका निर्माण 2008 में श्री तुलसी पीठ सेवा न्यास द्वारा किया गया था। यह जानकी कुंड, चित्रकूट स्थित एक धार्मिक और समाजसेवी संस्था है। संस्था की स्थापना गुरु रामभद्राचार्य जी ने तुलसी जयन्ती के दिन 1987 में की थी। मन्दिर तुलसी पीठ के प्रवेशद्वार पर स्थित है, जिसके केन्द्र में संत तुलसीदास की मूर्ति है। गोस्वामी तुलसीदास की प्रतिमा काँच मन्दिर, तुलसी पीठ में स्थापित है; इस मन्दिर में तुलसीदास की आदमक़द मूर्ति है (चित्र 24)। मन्दिर की बाहरी दीवारों पर रामचरितमानस के विभिन्न प्रकरणों के त्रिआयामी चित्र भी स्थापित हैं। 2011 में तुलसी पीठ में मानस दर्शन प्रदर्शनी

चित्र 24 : तुलसी पीठ, चित्रकूट; चित्र 25 : मानस दर्शन प्रदर्शनी, तुलसी पीठ, चित्रकूट

का उद्घाटन किया गया था जहाँ तुलसीदास के रामचरितमानस और कवि मूर्तियों के विभिन्न दृश्यों को दर्शाने वाले आदमक़द मूविंग मॉडल स्थापित किये गए थे। मानस दर्शन प्रदर्शनी चित्रकूट के जानकी कुंड में तुलसी पीठ के प्रवेशद्वार पर है, जहाँ तुलसीदास की प्रतिमा को मानस पाठ करते हुए देखा जा सकता है (चित्र 25)। इसी प्रकार, चित्रकूट में राम दर्शन संग्रहालय में मुख्य द्वार के एक ओर वाल्मीकि और दूसरी तरफ़ तुलसीदास की मूर्ति स्थापित है (चित्र 26)। तुलसीदास की एक और प्रतिमा कामद गिरि, चित्रकूट में भी मौजूद है जहाँ अक्सर बन्दरों का मेला लगा रहता है (चित्र 27)।

चित्र 26 : राम दर्शन संग्रहालय, चित्रकूट; चित्र 27 : कामद गिरि, चित्रकूट

चित्र 28 : रामचरितमानस के नवाह्न पारायण में तुलसी की मृण्मूर्ति, जगतगंज, वाराणसी, 2002

लोकप्रिय प्रतिमा-निरूपण के लिए मूर्तियाँ बहुत आम माध्यम हैं जिसमें विषय के रूप के साथ एक प्रकार की समानता की आवश्यकता होती है क्योंकि यह एक ऐसा कला-रूप है जिसकी प्रकृति मूलत: यथार्थवादी है। मूर्ति अक्सर अपने विषय की श्रेष्ठता को मानकर चलती है और इस दृष्टि से इसकी स्थापना का स्थान भी महत्त्व का होता है। तुलसीदास की अधिकांश मूर्तियाँ हिन्दू मन्दिरों में स्थापित हैं और पत्थर, लकड़ी, मिट्टी आदि से बनी हुई हैं। कुछ मूर्तियाँ, विशेषकर मिट्टी की बनी मूर्तियाँ, रामचरितमानस के मासपारायण, नवाह्न पारायण आदि अवसरों

पर स्थापित करने के लिए भी बनाई जाती हैं (चित्र 28)। ये मूर्तियाँ, उनके चित्रों की तरह, उनके बाहरी स्वरूपों में एक-दूसरे से मिलती-जुलती नहीं हैं, लेकिन उनमें जो बात सामान्य है वह है उनका सन्तनुमा व्यक्तित्व और असांसारिक पर्यावरण। ये चित्र, मोटे तौर पर किसी धर्मनिरपेक्ष कवि के नहीं बल्कि हिन्दू भक्त के जान पड़ते हैं।

कहा जाता है कि तुलसीदास के जीवन में तीन ऐसी घटनाएँ घटित हुईं जो बहुत ही नाटकीय थीं और जिन्होंने तुलसीदास के जीवन को चित्रित करने वाले हर प्रकार के कलाकारों को आकर्षित किया। पहली घटना उनकी पत्नी रत्नावली से सम्बन्धित है, दूसरी सम्राट के साथ उनकी मुठभेड़ की है, और तीसरी जिसमें भगवान शिव स्वयं उनके रामचरितमानस को वेदों और पुराणों के ऊपर स्थान देते हैं। तीनों घटनाएँ शायद पहले-पहल प्रियादास (1712) के भक्तमाल की टीका[13] में वर्णित हुईं और बाद में, जैसा कि माताप्रसाद गुप्त का मानना था कि भवानीदास के 'गोसाईं चरित' और बेनीमाधव दास के मूल 'गोसाईं-चरित' में शामिल हुईं।[14] इन प्रकरणों में अगर तथ्य या कल्पना के प्रश्न को छोड़ दें तो मानना पड़ता है कि इनमें नाटकीय प्रभाव की काफ़ी सम्भावनाएँ हैं—आश्चर्य नहीं कि हर कलाकृति में तुलसी-आख्यान की ये सर्वाधिक मार्मिक सामग्री के रूप में समादृत हैं।

प्रियादास तुलसी-जीवन के प्रथम नाटकीय क्षण का वर्णन इन शब्दों में करते हैं, "उन्हें (तुलसीदास) अपनी पत्नी से बहुत प्यार था। एक दिन वह बिना उन्हें बताए नैहर चली गई, और जब उन्हें यह पता चला तो वह भी सब कुछ भूल-भालकर वहाँ पहुँच गए। वह बहुत लज्जित हुई और क्रोध में यह कहकर चली गई, 'क्या तुझे राम से प्रेम नहीं? मेरा शरीर तो केवल त्वचा और हड्डी का एक ढाँचा है।' जब उन्होंने ये शब्द सुने तो ऐसा लगा जैसे यह कोई छुट्टी का दिन हो; उन्हें अनुताप हुआ और वे उन्हें छोड़कर काशी नगर चले आए।"[15]

सालों-साल से यह प्रसंग इतना प्रचलित है कि तुलसीदास की कोई भी कथा इसे शामिल किये बिना प्रामाणिक नहीं मानी जाती, चाहे वह साहित्य हो, कॉमिक हो या फ़िल्म व रंगमंच हो। अमर चित्र कथा में भी 'भक्तिरसबोधिनी टीका' की ही कथा दुहराई गई है (चित्र 29)। इसी कथा को बिरहा जैसे लोक रूपों में आज भी प्रस्तुत किया जाता है—रामकृपाल यादव की प्रस्तुति 'नारी के ताना से पति को ज्ञान' को ऐसे उदाहरण के रूप में उद्धृत किया जा सकता है। वैसे तुलसीदास की उपर्युक्त जीवन-कथा को संगीत के तीनों रूपों—शास्त्रीय, लोक और लोकप्रिय—में प्रस्तुत किया गया है। तुलसीदास के जीवन के दूसरे नाटकीय प्रसंग का उल्लेख प्रियादास के यहाँ इस प्रकार हुआ है, "दिल्ली के बादशाह ने अपने दूतों को गोस्वामी तुलसीदास जी को लिवाकर ले आने के लिए काशी भेजा। दूतों ने उस प्रान्त के सूबेदार के

चित्र 29 क : तुलसीदास चन्दन घिसें, तिलक देत रघुबीर; चित्र 29 ख : तुलसीदास का मोहभंग, तुलसीदास, अमर चित्र कथा

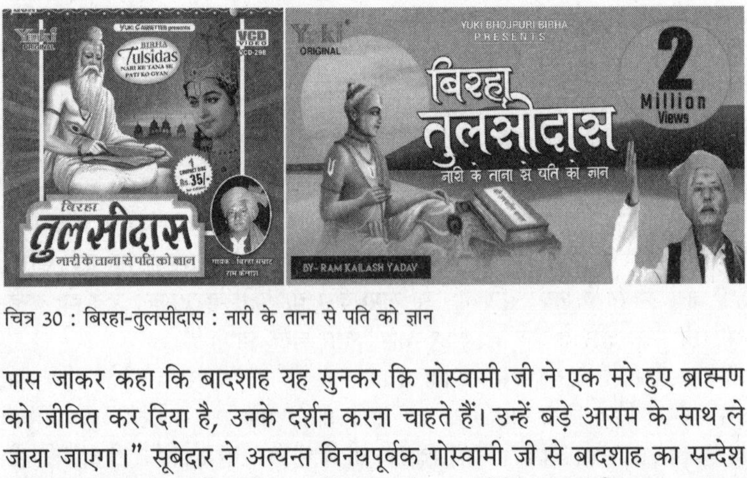

चित्र 30 : बिरहा-तुलसीदास : नारी के ताना से पति को ज्ञान

पास जाकर कहा कि बादशाह यह सुनकर कि गोस्वामी जी ने एक मरे हुए ब्राह्मण को जीवित कर दिया है, उनके दर्शन करना चाहते हैं। उन्हें बड़े आराम के साथ ले जाया जाएगा।" सूबेदार ने अत्यन्त विनयपूर्वक गोस्वामी जी से बादशाह का सन्देश निवेदन किया। गोस्वामी जी के मन में जाने क्या आ गई कि चल दिये। जब बादशाह के सामने पहुँचे तो उसने आपको ऊँचे आसन पर बिठलाया और कहा, "आपकी करामात (चमत्कार) का यश सारे संसार में फैल गया है; कुछ मुझे भी दिखलाइए।" आपने कहा, "यह सब झूठ है; हम पर कुछ नहीं आता। हम तो एकमात्र श्री रामचन्द्र जी का भजन करना जानते हैं।" श्री तुलसीदास जी का यह उत्तर सुनकर कि "हम तो सिवा राम के और कुछ जानते ही नहीं हैं," बादशाह क्रोध में भरकर बोला, "हम अभी देखते हैं कि तेरे राम कैसे हैं।" यह कहकर उसने गोस्वामी जी को क़ैद कर

लिया। अब गोस्वामी जी ने अपने हृदय में श्री हनुमान जी का ध्यान किया और उनसे प्रार्थना की, "हे कृपासिन्धु! अब आप दास पर दया दिखलाइए।" यह कहते ही करोड़ों बन्दर तरह-तरह के रूपों में चारों ओर छा गए और लगे लोगों को नोचने-खसोटने; यहाँ तक कि उन्होंने बेगमों के कपड़ों को भी फाड़कर चीर-चीर कर डाला। उन्होंने किले को जगह-जगह से तोड़ डाला और उसी के पत्थरों से लोगों में ऐसी मार लगाई कि लोट-पोट हो गए। कहीं छिपने की उन्हें जगह नहीं मिली। लोग समझाने लगे कि प्रलयकाल आ गया। यह देखकर बादशाह की आँखें खुलीं। उसने कहा, "अब तुलसीदास ही हमें इस दु:ख-समुद्र में डूबने से बचा सकते हैं। उन्हीं पर हम अपना तन-मन निछावर कर देंगे।" बन्दरों द्वारा किले के तोड़ दिये जाने पर दिल्ली का बादशाह गोस्वामी जी के पास आया और पैरों में पड़कर बोला, "अब तो आप बचावें तभी हमारी जान बच सकती है, अन्यथा नहीं।" गोस्वामी जी ने व्यंग्यपूर्वक

चित्र 31 क : विल्को कॉमिक्स : तुलसीदास के जीवन का द्वितीय नाटकीय प्रसंग

कहा, “थोड़ी सी करामात और देख लो न!” बादशाह यह सुनकर बहुत लज्जित हुआ और अपने किये पर पछताने लगा। तब दया से द्रवित होकर गोस्वामी जी ने उसकी रक्षा की, परन्तु अन्त में यह आज्ञा दी, “अब आपका यह घर और नगर सब रामचन्द्र जी का हो गया, अत: इसे छोड़कर चले जाइए।” आज्ञा पाकर बादशाह ने उस किले को छोड़ दिया और नया किला बनवाकर रहने लगा।[16] इसी प्रसंग को *मूल गोसाईं चरित* में भी प्राय: इसी प्रकार वर्णित किया गया है :

दिल्लीपति बिनती करे दिखरावहु करमात।
मुकरी गए बन्दी किये कीन्हे कपि उतपात॥
बेगम को पट फारेऊ नगन भई सब बाम।
हाहाकार मच्यौ महल पटको नृपहिं धड़ाम॥
मुनिहि मुकुत ततछन किये क्षमाऽपराध कराय।
विदा कीन्ह सनमान जुत पीनस पै पधराय॥[17]

चित्र 31 ख : विल्को कॉमिक्स : तुलसीदास के जीवन का द्वितीय नाटकीय प्रसंग

इस प्रकरण ने वर्षों से चित्रकारों, फ़िल्म निर्देशकों, हास्य लेखकों आदि लोगों की कल्पना को उत्तेजित करने का काम किया। विशेष रूप से कॉमिक पुस्तकों में आख्यान की प्रकृति सामान्य रूप से उपन्यासों या कथा-साहित्य की तुलना में कमोबेश आधिकारिक कही जा सकती है। कॉमिक पुस्तकें अपने विषयों को सच्ची कहानियों के रूप में प्रस्तुत करती हैं जहाँ स्वर की बहुलता को प्रोत्साहित नहीं किया जाता। अमर चित्र कथा और विल्को की पुस्तकें तुलसीदास के जीवन के इस नाटकीय प्रकरण को इस तरह प्रस्तुत करती हैं कि वे ग्राहकों के लिए बहुत विश्वसनीय जान पड़ें। पहले की कथाओं, कहानियों, किंवदन्तियों से अपने पाठकों के आस्वाद के अनुरूप वे अपने तरीक़े से उसे प्रस्तुत करते हैं।

बीसवीं शताब्दी में तुलसीदास के प्रतिमा निरूपण में एक परिवर्तन लक्षित किया जा सकता है—एक स्थिर, द्विआयामी चित्रण के बदले फ़िल्म और प्रदर्शन के माध्यम से उनके जीवन की गतिशील व्याख्या पर ज़ोर दिया जाने लगा। तुलसीदास के अधिकांश जीवन-प्रसंग 'गौतम चन्द्रिका' या मूल 'गोसाईं-चरित' जैसे पूर्व-आधुनिक ग्रन्थों से लिये गए हैं। 'गौतम चन्द्रिका' में तुलसी की दैनिक दिनचर्या और उनके व्यक्तित्व का वर्णन इस प्रकार किया गया है, "तुलसी सुबह बहुत जल्दी उठ जाते थे और कुछ समय गीत गाने, प्रवचन देने या लिखने में बिताते थे। फिर वे गंगा में स्नान करते, संध्या करते और सुस्थिर मन से प्रार्थना करते। इसके बाद, वह उन लोगों को जल चढ़ाते थे जो इसके योग्य थे और सूर्य को अर्घ्य (जल, फूल और अक्षत) देते थे। नियत दिनों में वे विश्वनाथ को बेलपत्र और बिन्दुमाधव को तुलसी के पत्ते चढ़ाते थे। इसके बाद, वह हनुमान की गुफा में प्रवेश करते थे और देवताओं को फल चढ़ाते थे। तत्पश्चात वे सम्पूर्ण अध्यात्म रामायण का पाठ करते थे और फिर जो भी दूसरों से दान या भीख में मिलता था उसका भोग करते थे। वे गेरुए रंग के कपड़े पहनते थे। वे जनेऊ भी धारण करते थे और उनके सर पर चोटी और हाथ में एक सुमिरनी होती थी।"[18] यह देखना दिलचस्प होगा कि प्रदर्शनकारी कलाओं में तुलसी के प्रतिमा निरूपण पर 'गौतम चन्द्रिका' का कितना असर है या कितना असर नहीं है?

तुलसीदास के जीवन पर हिन्दी में 1939, 52, 64, 72 और 2013 में बनी पाँच जीवनीपरक (बायोपिक) फ़िल्में हैं, इसके अलावा मराठी (1939), बांग्ला (1950), गुजराती (1972) और तेलुगु (2012) जैसी अन्य भारतीय भाषाओं में भी कुछ फ़िल्में बनी हैं। पहली जीवनीपरक फ़िल्म 'संत तुलसीदास'[19] को भक्तिपरक मेलोड्रामा की परम्परा में रखा जा सकता है। भारतीय सिनेमा की संस्थापक शैलियों में से एक, जैसा कि फ़िल्म समीक्षक रेचल ड्वायर ने लिखा है, "भक्तिपरक फ़िल्में अक्सर ब्राह्मणवाद के परे होती हैं या उसके कुछ पहलुओं पर सवाल उठाती हैं

और पूजा-पाठ में स्थानीय भाषा के प्रयोग का जश्न मनाती हैं।"[20] इस फ़िल्म में कहानी की नाटकीय धुरी तुलसीदास के इर्द-गिर्द घूमती है, जब बाढ़ और आँधी के बीच पत्नी के ताने से उन्हें जीवन के सही अर्थ का बोध होता है। यह तुलसीदास के जीवन का सबसे नाटकीय और महत्त्वपूर्ण मोड़ साबित हुआ जिसे न सिर्फ़ प्रियादास ने 'भक्तिरसबोधिनी टीका' में लिपिबद्ध किया था बल्कि बाद के सभी फ़िल्म निर्माताओं ने इसकी सिनेमाई सम्भावनाओं को समझने में देर नहीं की। इस घटना के बाद तुलसीदास तपस्वी बनकर बनारस में बस जाते हैं, जहाँ उनकी महान कृति 'रामचरितमानस' की लोकप्रियता से संस्कृत ज्ञान का पुरोधा ब्राह्मणवादी पुरोहित वर्ग तिलमिला उठता है। इस फ़िल्म में तुलसीदास की छवि संतचरित्र की परम्परा में जान पड़ती है।

बालचन्द हरसुख कृत संत तुलसीदास, 1952

दूसरी फ़िल्म 'संत तुलसीदास' 1952 में रिलीज़ हुई थी।[21] समीक्षकों द्वारा प्रशंसित यह फ़िल्म तकनीकी रूप से पहले वाली फ़िल्म की तुलना में बहुत बेहतर थी और इस फ़िल्म की संगीत रचनाएँ उच्च कोटि की थीं, विशेष रूप से मोहम्मद रफ़ी द्वारा गाए गए गाने 'कहाँ छुपे हो राजा राम' और 'महादेव मेरी लाज रहे' आदि बेहद मधुर थे। 'भक्तिरसबोधिनी टीका' में अंकित तुलसीदास के जीवन की तीसरी तथाकथित नाटकीय घटना जिसमें भगवान शिव ने स्वयं उनकी महान कृति 'रामचरितमानस' को वेदों और पुराणों के ऊपर स्थान दिया था, को इस फ़िल्म में प्रमुखता से रेखांकित किया गया था।

तीसरी फ़िल्म 'गोस्वामी तुलसीदास'[22] काफ़ी हद तक पौराणिक कथाओं की शैली में है, जहाँ तुलसीदास को भगवान राम की संस्तुति में संस्कृत छन्दों का

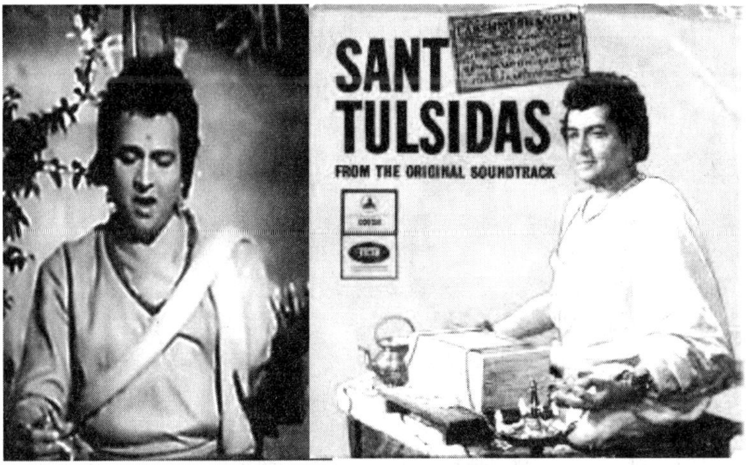

बी.के. आदर्श निर्देशित 'गोस्वामी तुलसीदास', 1964; पंडित बालचन्द्र निर्देशित 'संत तुलसीदास', 1972

पाठ करते हुए चित्रित किया गया है, जिससे क्रोधित होकर कलियुग कामदेव को यह निर्देश देता है कि वह तुलसीदास को इतनी वासना से भर दे कि वह रामभक्ति को छोड़कर पत्नी भक्ति अपना लें। इस फ़िल्म में दर्शकों को 'अविश्वास के स्वैच्छिक निलम्बन' का इतनी बार सहारा लेने के लिए बाध्य किया जाता है कि फ़िल्म अविश्वसनीय लगने लगती है। इसी प्रकार, आठ साल बाद तुलसीदास पर बनने वाली चौथी फ़िल्म 'संत तुलसीदास'[23] केवल भक्तों के लिए बनाई गई थी, जिसमें तुलसीदास न सिर्फ़ भगवान शिव, हनुमान और अन्य पौराणिक पात्रों के साथ बातचीत करते दिखाए गए हैं बल्कि ऐतिहासिक समय-रेखा को पार करते हुए कबीर जैसे पूर्ववर्ती संतों के साथ समान सहजता से बातचीत करते हैं। यह फ़िल्म 1972 में हिन्दी और गुजराती में एक साथ रिलीज़ हुई थी। तुलसीदास पर नवीनतम फ़िल्म 2013 में रिलीज़ हुई 'गोस्वामी तुलसीदास'[24] है। यह फ़िल्म टोन में अधिक यथार्थवादी है और पहले की सभी फ़िल्मों की तुलना में तकनीकी रूप से कहीं अधिक बेहतर है। तुलसीदास के जीवन के ज्ञात प्रसंगों को कुछ इस तरह प्रस्तुत किया गया है कि समकालीन दर्शक कवि के संकट की घड़ी में और उसके उत्थान के वक़्त, उसके दुख में और उसके सुख में उसके प्रति सहानुभूति रख सके। निस्सन्देह यह फ़िल्म तुलसीदास पर अब तक बनी सभी फ़िल्मों में सर्वाधिक प्रभावशाली है।

फ़िल्म के अलावा तुलसीदास के जीवन की घटनाओं को कुछ प्रदर्शनकारी कलाओं जैसे टेलीविज़न धारावाहिकों और रंगमंच पर भी प्रस्तुत किया गया है।

फ़िल्म 'गोस्वामी तुलसीदास', 2013

उपनिषद गंगा का 23वाँ एपिसोड, 2012

'मनुष्य जीवन की महिमा' शीर्षक से 'उपनिषद गंगा' के एक एपिसोड में तुलसीदास को दैवी पुरुष के बजाय मनुष्य रूप में दर्शाया गया है।[25] चन्द्रप्रकाश द्विवेदी के इस धारावाहिक में तुलसीदास के सहारे मनुष्य जीवन की महिमा का प्रभावशाली अंकन किया गया है।

शेखर सेन ने भी 'तुलसी' को एकल अभिनीत संगीत प्रधान नाटक (मोनोएक्ट म्यूज़िकल प्ले) में प्रस्तुत किया। उन्होंने न सिर्फ़ इसका नाट्यालेख और संगीत

तुलसीदास के रूप में शेखर सेन

तैयार किया बल्कि अभिनय और निर्देशन भी उन्हीं का था—यह सच्चे मायने में शेखर सेन की एकल प्रस्तुति थी। इस प्रस्तुति में कवि के सम्पूर्ण जीवन का रेखाचित्र स्वयं कवि की कविताओं के सहारे खींचा गया था। नाटक की शुरुआत तब होती है जब तुलसीदास एक दिन के लिए धरती पर अवतरित होते हैं और अपनी रामकहानी ख़ुद सुनाते हैं। कहानी का मर्म बस इतना ही है कि कैसे एक अनाथ भिखारी बच्चा भारत का सबसे बड़ा कवि बन जाता है। शेखर सेन तुलसीदास को एक समाज-सुधारक के रूप में प्रस्तुत करते हैं, जो संस्कृत जानने वाले पुरोहित वर्ग द्वारा ग़रीब और अज्ञानी लोगों के शोषण के ख़िलाफ़ विद्रोह करता है और स्थानीय भाषा में रामायण लिखता है। 120 मिनट लम्बा यह नाटक 52 सांगीतिक अंशों में प्रस्तुत किया गया था और ये अंश पृष्ठभूमि-संगीत के रूप में नहीं थे बल्कि इस नाटक की संरचना ही ऐसी थी। इसे 1998 में कवि तुलसीदास के जन्म के 501वें वर्ष की पूर्व संध्या पर प्रस्तुत किया गया था। यह अपने ढंग की अकेली प्रस्तुति थी।

निष्कर्षत: यह कहा जा सकता है कि कथा-रूपों में तुलसीदास की प्रतिमाएँ इसके गैर कथा-रूपों से भिन्न हैं। शबीह (पोर्ट्रेट) स्नैपशॉट्स की तरह होते हैं जबकि कथा एक कहानी की परिकल्पना करती है। तुलसीदास की कथा को जीवनी, वार्ता, उपन्यास, कविता जैसे शब्दप्रधान माध्यम और फ़िल्म, रंगमंच,

टीवी धारावाहिक, चित्र, कॉमिक जैसे दृश्य-श्रव्य माध्यम में प्रस्तुत किया गया है। इन प्रस्तुतियों को काल और प्रवृत्ति के आधार पर दो श्रेणियों में वर्गीकृत किया जा सकता है—पूर्व-आधुनिक और आधुनिक। अधिकांश जीवनी लेखक तुलसीदास को किसी प्रकार की अलौकिक शक्ति के स्वामी के रूप में देखते हैं और यह तुलसीदास के पूर्व-आधुनिक प्रतिमा-निरूपण की मुख्य विशेषता मानी जा सकती है जबकि इसके विपरीत आधुनिक प्रस्तुतियों में तुलसीदास के मानवीय पहलुओं को रेखांकित करने पर ज़ोर दिया गया है; जैसे 'गोस्वामी तुलसीदास' जैसी फ़िल्म या शेखर सेन के मोनोएक्ट प्ले 'तुलसी' या डॉ. चन्द्रप्रकाश द्विवेदी के 'उपनिषद गंगा' के अन्तर्गत तुलसीदास पर धारावाहिक या रामकृपाल यादव का तुलसीदास पर बिरहा या अमृतलाल नागर का उपन्यास 'मानस का हंस' या रांगेय राघव की 'रत्ना की बात' या निराला की लम्बी कविता 'तुलसीदास' को उदाहरण के रूप में प्रस्तुत किया जा सकता है। ये सभी रचनाएँ तुलसीदास की मानवीय प्रतिमा गढ़ती हैं और उन्हें एक ऐसे रचनात्मक व्यक्तित्व के रूप में चित्रित करती हैं, जो जीवन की कठिनाइयों से संघर्ष करता हुआ विकसित होता है। लेकिन यह भी सच है कि आधुनिक समय में विषय को मिथक बनाने की पूर्व-आधुनिक प्रवृत्ति भी किसी-न-किसी रूप में जारी है; मसल है कि चीज़ें जितनी बदलती हैं उतनी ही वे पहले जैसी रह जाती हैं।

[स्विट्ज़रलैंड के लुसान विश्वविद्यालय में आयोजित बारहवीं इंटरनेशनल कांफ्रेंस ऑन यर्ली मॉडर्न लिटरेचर इन नार्थ इंडिया के अवसर पर 16 जुलाई, 2015 को अंग्रेज़ी में पावर पॉइंट प्रस्तुति 'आइकनोग्राफ़ी ऑफ़ तुलसीदास' का हिन्दी रूपान्तरण।]

सन्दर्भ

1. *वाल्मीकि रामायण,* प्रथम भाग, गीता प्रेस, चौबीसवाँ संस्करण 2001, पृ. 33
2. *भक्तमाल,* नाभादास, (सं.) सीतारामशरण भगवानप्रसाद रूपकला, तेजकुमार बुक डिपो लि., लखनऊ, 2009, पृ. 756
3. देखें, रघुवरदास का *तुलसी चरित,* बेनीमाधव दास कृत मूल *गुसाईं-चरित,* तुलसी साहिब का आत्मचरित्र और नाभादास कृत *भक्तमाल* और इस पर प्रियादास की टीका तथा वैष्णव दास या नागरीदास कृत *पदप्रसंग माला* या दो सौ बावन वैष्णवन की वार्ता।
4. विश्वनाथ प्रसाद मिश्र, *गुसाईं तुलसीदास,* वाणी वितान प्रकाशन, वाराणसी, 1965, पृ. 314
5. वही, पृ. 315
6. वही।
7. आनन्द कुमारास्वामी, *राजपूत पेंटिंग,* वॉल्यूम 1, मोतीलाल बनारसीदास, नई दिल्ली, 1976, पृ. 1
8. हिरण्यकश्यपु ने प्रहलाद जी को मारने के लिए तलवार निकाल ली, उसके मन में कहीं तनिक भी दया न थी; किन्तु काल के समान भयंकर पिता को देखकर भी प्रहलाद जी भागे नहीं और जब उसने कहा—'बता, तेरा राम कहाँ है?' तो बोले—'सर्वत्र हैं।' इस पर उसने पूछा—'क्या इस खम्भे में भी हैं?' तो प्रहलाद जी ने कहा—'हाँ'। उनकी इस हाँक को सुनते ही नृसिंह जी प्रकट हो गए और शत्रु का नाश कर क्रोधवश बड़े भयंकर बन गए। फिर प्रहलाद जी के प्रार्थना करने पर ही शान्त हुए। तुलसीदास कहते हैं—इससे भगवान के प्रति लोगों का प्रेम और विश्वास बढ़ गया और तभी से लोग पाषाण का पूजन करने लगे। देखें, तुलसीदास, *कवितावली,* गीता प्रेस, गोरखपुर, अट्ठाईसवाँ संस्करण 1985, पृ. 165
9. यह डाक टिकट 01/10/52 को जारी किया गया था और यह भारत में फ़ोटोग्रेव्योर द्वारा मुद्रित पहले उत्सर्जन टिकटों में से एक था और इस प्रकार भारतीय टिकटों के विकास में इसे एक मील का पत्थर माना जाता है।
   देखें, http://www.indianpost.com/viewstamp.php/Issue%20Date/year/1952/TULSIDAS (30 अक्टूबर, 2018 को देखा गया)।
10. गीता प्रेस ने 'कल्याण' के अति लोकप्रिय मानस अंक (1938) के बाद तुलसीदास के इसी चित्र को अपने सभी प्रकाशनों में बड़े पैमाने पर प्रकाशित करना आरम्भ किया।
11. ग़ुलाम मुहम्मद शेख़, रुमिनेटिंग ऑन लाइफ़ ऑफ़ द मिडिवल सेंट्स बाय बिनोद बिहारी मुखर्जी, द नेशनल गैलरी ऑफ़ मॉडर्न आर्ट, दिल्ली, तारीख़ और पृष्ठ अप्राप्य
12. के.के. हेब्बार, *तुलसीदास,* अभिनव पब्लिकेशंस, दिल्ली, 1989 (Acknowledgement)
13. श्रीसीतारामशरण भगवानप्रसाद रूपकला, *श्रीभक्तमाल और प्रियादास प्रणीत टीका-कवित्त,* तेजकुमार बुक डिपो प्रा. लिमिटेड, लखनऊ, 2009
14. माताप्रसाद गुप्त, *तुलसीदास,* लोकभारती प्रकाशन, इलाहाबाद, 2002, पृ. 78
15. *तिया सों सनेह बिन पूछे पिता गेह गई, भूली सुधि देह, भजे याही ठौर आए हैं।/वधू अति लाज भई, रिसि सो निकसि गई, प्रीति राम नई तन हाड़ चाम छाए हैं॥/सुनी जब बात, मानो होई गयौ प्रात, वह पाछे पछितात, तजि काशीपुरी आए हैं। कियौ तहाँ वास, प्रभु सेवा लै प्रकास कीनौ, लीनौ दृढ़ भाव, नैन रूप के तिसाए हैं॥* नाभादास की *श्री भक्तमाल,*

भक्तिरसबोधिनी टीका, निम्बार्काचार्य पीठ, वृन्दावन, 1960, पृ. 752

16. वही, पृ. 757-759
17. माताप्रसाद गुप्त, वही, पृ. 63-64 पर उद्धृत।
18. मदन गोपाल, *तुलसीदास*, द बुकअबोड, एपेंडिक्स xii, पृ. 73
19. जयन्त मूवीटोन द्वारा निर्मित और जयन्त देसाई द्वारा निर्देशित, ज्ञानदत्त और विष्णुपंत पाग्निस द्वारा संगीतबद्ध, कृष्ण गोपाल द्वारा छायांकित, पंडित इन्द्र के संवादों से सजी इस फ़िल्म को 1939 में एक साथ हिन्दी और मराठी में रिलीज़ किया गया था। इसके गीतों को वसन्ती और राम मराठे ने गाया था, जिन्होंने इस फ़िल्म में अभिनय भी किया था। मुख्य अभिनेता विष्णु पन्त पाग्निस (तुलसीदास), लीला चिटनिस (रत्नावली) और केशवराव दाते (भट्टेश्वर शास्त्री) थे।
20. रेचल ड्वायर, *फ़िल्मिंग द गॉड्स*, रूटलेज, लन्दन और न्यूयॉर्क, पहला भारतीय पुनर्मुद्रण 2007, पृ. 65
21. यह फ़िल्म रत्नदीप पिक्चर्स द्वारा निर्मित, भालचन्द्र शुक्ला और हरसुख भट्ट द्वारा निर्देशित, चन्द्र गुप्ता द्वारा संगीतबद्ध, गोपाल सिंह नेपाली के गीत और महिपाल, श्यामा, राजकुमार, दुलारी, सुन्दर, रमेश सिन्हा, उमा दत्त के अभिनय से सज्जित थी।
22. बी.के. आदर्श द्वारा लिखित और निर्देशित यह फ़िल्म 1964 में रिलीज़ हुई थी। इस फ़िल्म में शाहू मोदक, पी. कैलाश, टुनटुन और जयमाला प्रमुख भूमिकाओं में थे, संगीत निर्देशन एस.एन. त्रिपाठी का था और नवल माथुर एवं बी.डी. मिश्रा के संवाद थे, पटकथा भी आदर्श की ही थी।
23. पंडित भालचन्द्र द्वारा निर्मित और निर्देशित तथा रेखा चौहान, दलपत, विजय दत्त, शाहू मोदक, बी.एम. व्यास द्वारा अभिनीत यह फ़िल्म 1972 में रिलीज़ हुई थी।
24. माचा श्रीनिवास राव द्वारा निर्मित और अल्लानी श्रीधर द्वारा निर्देशित इस फ़िल्म के गीत और संवाद डी.के. गोयल द्वारा लिखे गए थे और शशि प्रीतम द्वारा संगीतबद्ध थे। इस फ़िल्म में गोस्वामी तुलसीदास का अभिनय सुनील शर्मा द्वारा किया गया है। पूजा बलूती उनकी पत्नी रत्नावली की भूमिका में और बिन्दु दारा सिंह हनुमान की भूमिका में हैं।
25. इस टी.वी. सीरियल का 23वाँ एपिसोड चन्द्रप्रकाश द्विवेदी द्वारा निर्देशित, चिन्मय मिशन द्वारा निर्मित और 2012 में डीडी नेशनल पर प्रसारित किया गया था।

कविता और राग

कुछ कविताएँ साहित्य की तरह सम्प्रेषित होती हैं तो कुछ संगीत या चित्रकला की तरह। जो कविता साहित्य की तरह सम्प्रेषण करती है वह साहित्यिक उपकरणों का उपयोग करती है जबकि संगीत या चित्र की तरह सम्प्रेषण करने वाली कविताएँ वस्तु-निरपेक्ष उपकरणों का सहारा लेती हैं। लेकिन कभी-कभी इसकी सीमा धुँधली पड़ जाती है और उनके अपेक्षाकृत महत्त्वपूर्ण घटकों के आधार पर किसी कोटि को परिभाषित किया जाने लगता है। आचार्य भरत 'गन्धर्व' को स्वर, ताल और पद (शब्द) की रचना के रूप में परिभाषित करते हैं और इसे 'गान' से इस आधार पर अलग करते हैं कि गन्धर्व 'स्वर' और 'ताल' को अधिक महत्त्व देते हैं जबकि 'गान' मुख्य रूप से 'पद' केन्द्रित रचनाएँ हैं।[1] 'स्वर' और 'ताल' संगीत के उपकरण हैं जबकि 'पद' साहित्यिक होता है। 'अभिनव-भारती' में अभिनवगुप्त (950-1030 ई.) ने इसे और अधिक विस्तार से समझाते हुए कहा कि 'गान' में पद का महत्त्व एक प्रकार का है जबकि 'गन्धर्व' में अलग प्रकार का है। 'गन्धर्व' में स्वर और ताल बहुत महत्त्वपूर्ण होते हैं और चूँकि इसे बिना किसी वाहन के प्रस्तुत करना असम्भव है, इसलिए पद एक वाहन के रूप में उपयोगी हो जाता है—यही कारण है कि पद को स्वर और ताल का अनुभावक कहा जाता है।[2]

इस सन्दर्भ में संस्कृत में एक और कोटि विकसित हुई है जो 'रागकाव्य' की है। इसका पता हमें कम-से-कम कोहल (तीसरी शताब्दी) के समय से मिलने लगता है, जिन्होंने इसे 'उपरूपक' की उपश्रेणी के रूप में परिभाषित और वर्गीकृत किया था और जिसे बाद में अभिनवगुप्त ने 'अभिनव-भारती' में उद्धृत किया है।[3] अभिनवगुप्त इस उपश्रेणी के दो उदाहरण देते हैं—'राघव-विजय' और 'मारीचवधम्', और हमें सूचित करते हैं कि पहली रचना 'थक्का' राग पर आधारित थी और दूसरी को राग 'कुकुभ' में रचा गया था। रागकाव्य मूलतः नृत्य के साथ अभिनय के लिए होता था—लेकिन इसे गीत के रूप में भी गाया जा सकता था। यह एक या एकाधिक रागों में रचा जाता था और इसमें 'ध्रुवक' या 'स्थायी और 'अन्तरा'

का भी प्रयोग किया जाता था...जयदेव की 'गीतगोविंद' रागकाव्य की परम्परा की एक अग्रणी कृति है।[4] लेकिन 'गीत गोविंद' से पहले सिद्ध काव्य (8वीं से 12वीं शताब्दी) का 'चर्यापद' भी राग को इंगित करता है। 'चर्यागीतिकोष' को सामान्यत: नये इंडो-आर्यन देशी साहित्य का सबसे पहला नमूना माना जाता है, जिसमें विभिन्न छन्दों में रचित साहित्य संकलित था और जिसमें प्रत्येक रचना के लिए उपयुक्त राग को भी इंगित किया गया था।[5] यह जानना दिलचस्प है कि भारतीय संगीत पर तेरहवीं शताब्दी का प्रसिद्ध ग्रन्थ, 'संगीतरत्नाकर', चर्यागीतिकोष को उस समूह में वर्गीकृत करता है जिसे वह 'प्रकीर्णकप्रबन्धगीति' कहता है, जिसमें गाने तुकान्त के साथ छन्द में बनाए जाते हैं।[6] सवाल उठता है कि इस तरह की रचना के केन्द्र में सुर होता है या शब्द, या क्या दोनों को एक साथ ध्यान में रखना सम्भव है? प्रारम्भिक पूर्वी न्यू इंडो-आर्यन छन्द का अध्ययन करते हुए नीलरतन सेन ने लिखा है, "...गीतों के सन्दर्भ से यह स्पष्ट हो जाता है कि स्वर की तुलना में गीत का पाठ भी कम महत्त्वपूर्ण नहीं होता था। अतएव संगीतकार रागबद्ध पंक्तियों के साथ-साथ छन्दबद्ध पाठ भी तैयार रखने के इच्छुक होते थे। इसलिए छन्द और स्वर अक्सर परस्पर व्याप्त होते दिखाई पड़ते हैं।"[7]

परिणामत: यह गीति-शैली, गणपति चन्द्र गुप्त के अनुसार, दो धाराओं में विभाजित होकर हिन्दी काव्य में आई, "एक ओर तो अपभ्रंश कवियों से प्रभावित होकर संस्कृत के अनेक कवियों—भागवतकार, क्षेमेन्द्र और जयदेव—ने इसे अपनाया और विकसित किया, यही परम्परा आगे जयदेव से मैथिल कवियों—विद्यापति आदि—को प्राप्त हुई तथा उनके द्वारा इसका प्रचार कृष्णभक्त कवियों में हुआ। दूसरी ओर सिद्धों की गीति-परम्परा नाथपन्थी योगियों एवं महाराष्ट्रीय संतों में होती हुई हिन्दी के संत कवियों को प्राप्त हुई।"[8] इसलिए उत्तर-भारत में ऐसी काव्य-परम्परा स्थापित हो गई जहाँ सम्प्रेषण के लिए राग या संगीत को उपयुक्त माना जाने लगा और इस सम्बन्ध में 'सगुण' और 'निर्गुण' या 'कृष्णभक्त' और 'रामभक्त' या 'प्रेममार्गी' और 'ज्ञानमार्गी' के बीच कोई भेद नहीं था। इस सन्दर्भ में यहाँ आदिग्रन्थ पर विचार करना महत्त्वपूर्ण होगा। इस महान ग्रन्थ की संरचना को विभिन्न रागों के आधार पर वर्गीकृत किया गया है। आरम्भिक तीन वाणियों के बाद इस संकलन की सम्पूर्ण कविताएँ इकतीस रागों में व्यवस्थित की गई हैं।[9] इसी प्रकार का मामला सिन्धी कविताओं का भी है जहाँ आरम्भिक पांडुलिपियों में रहस्यवादी कविताओं और संगीत रागों के बीच विषयगत सम्बन्ध स्पष्ट रूप से दिखाई पड़ता है जिसमें कविताओं को सुर के अनुसार, जिसमें उन्हें गाया जाना था, अध्यायों में व्यवस्थित किया गया है। इस प्रकार का पहला संग्रह मियाँ शाह इनत (इनायतुल्लाह रिज़वी) का था, जिनकी कविताओं को उन्नीस सुरों के अन्तर्गत रखा गया था। सिन्धी रहस्यवादी कविताओं का महान शास्त्रीय संग्रह,

शाह अब्दुल लतीफ़ का 'रिसालो', तीस अध्यायों में व्यवस्थित है और हर अध्याय किसी-न-किसी सुर पर केन्द्रित है जो या तो किसी लोककथा विशेष से सम्बन्धित है या किसी विशेष कथानक से।[10]

जैसा कि 'चर्यागीतिकोष' के उदाहरण से स्पष्ट है उत्तर-भारतीय परम्परा में कविता प्रस्तुत करने के दो तरीक़े प्रचलित थे—एक तरीक़ा पाठ का था और दूसरा था गायन। ऐसा जान पड़ता है कि सम्प्रेषण के बेहतर कौशल हासिल करने की प्रक्रिया में ही ये दोनों परम्पराएँ विकसित हुईं। पाठ के लिए छन्द का ज्ञान आवश्यक है जबकि गायन के लिए राग की जानकारी ज़रूरी है। यह कोई संयोग नहीं है कि अपनी 'काव्य-मीमांसा' में काव्य-पाठ के विभिन्न तरीक़ों को विस्तार से बताने से पहले राजशेखर (10वीं शताब्दी) स्पष्ट शब्दों में काव्य-पाठ के महत्त्व को स्थापित करते हैं, "काव्य-रचना करने में निपुण कवि जैसे-तैसे काव्य रचना तो कर लेता है; लेकिन कविता पाठ करना उसे ही आता है, जिसे सरस्वती सिद्ध हो।"[11] बड़ी रचनाएँ या प्रबन्ध काव्य पाठ के लिए था इसलिए रामचरितमानस जैसे प्रबन्ध में छन्द के नाम का उल्लेख है, राग का नहीं जबकि छोटी रचनाएँ या मुक्तक गायन के लिए था; कोई आश्चर्य नहीं कि कबीर, मीरा, सूरदास या तुलसी की 'विनय-पत्रिका' और 'गीतावली' के अधिकांश पदों में रागों के नाम दिये गए हैं। लेकिन छन्द और राग दोनों का लक्ष्य रस था।[12] क्षेमेन्द्र (990-1065 ई.) ने कवियों को सलाह दी थी कि उन्हें काव्य के विषय और रस के अनुसार छन्द का चयन करना चाहिए।[13] भानु कवि भी काव्य की विषय-वस्तु और रस के अनुकूल और प्रतिकूल छन्दों की एक तालिका प्रदान करते हैं लेकिन वे इस बात पर भी ज़ोर देते हैं कि यह संस्कृत के लिए तो अधिक सत्य है जबकि भाषा में दोहा, चौपाई, सोरठा, सवैया, कवित्त आदि छन्द सभी प्रकार के रस और विषय के लिए उपयुक्त होते हैं।[14] वैसे देखा जाए तो भावानुरूप छन्द, संगीत और रस की बात नाट्यशास्त्र से ही शुरू हो गई थी। भरतमुनि बाईसवें अध्याय में ध्रुवाओं के स्थान या अवसर पर विचार करते हुए कहते हैं :

बद्धे निरुद्धे पतिते व्याधिते मूर्च्छिते मृते।
अवकृष्टा ध्रुवा कार्या भावे च करुणाश्रये॥

अर्थात जब कोई पात्र पकड़ लिया गया हो, बीमार हो गया हो, मूर्च्छित हो गया हो या मर गया हो तो ऐसी अवस्थाओं में करुण रस में या ऐसे भावों में अवकृष्टा ध्रुवा की योजना होनी चाहिए।[15]

"पात्रों के औत्सुक्य, अवहित्था, विलाप, चिन्ता, श्रम, देनी तथा खेद की अवस्था में विलम्बित या स्थित लय में ध्रुवाओं का गान करना चाहिए। इन्हीं भावों

को करुण रस की दशा में प्रस्तुत करने के अवसर पर आवेग से युक्त चेष्टाएँ तथा द्रुत लय में गान किया जाना चाहिए।" इसी प्रकार आगे प्रासादिकी-ध्रुवा, अन्तरा-ध्रुवा के अवसरों का उल्लेख करते हुए भरत यह भी बताते हैं कि कहाँ ध्रुवागान का प्रयोग वांछनीय नहीं होता है और फिर निष्कर्ष देते हैं, "अतएव विषय, स्थान, अवसर, ऋतु, पात्र तथा भावों के संकेत आदि का लक्षणानुसार विचार करने के पश्चात ध्रुवाओं की तदनुकूल योजना करनी चाहिए।"[16]

राग का मानसिक स्थितियों से सम्बन्ध पेचीदा है। आचार्य बृहस्पति अपनी प्रसिद्ध रचना 'भरत का संगीत सिद्धान्त' में स्थायी स्वर, स्थायी भाव और रस के बीच सम्बन्धों की पड़ताल करते हुए कहते हैं, "जिस प्रकार बाह्य प्रकृति के साहचर्य में आकर सहृदय की हृदय-ग्रन्थियाँ विगलित हो जाती हैं, उसी प्रकार नाद-सौन्दर्य उसके हृदय को विगलित कर देता है। ऐसी स्थिति में रस-परिपाक के लिए किसी कथा या घटना की आवश्यकता नहीं होती।"[17] स्वरों का भाव से और भाव का अन्तत: रस से किस प्रकार का सम्बन्ध है, उन्होंने इसे निम्न तालिका (तालिका एक) से स्पष्ट किया है[18] :

स्थायी स्वर	**रस**	**स्थायी भाव**
षडज	वीर, अद्‌भुत, रौद्र	उत्साह, विस्मय, क्रोध
ऋषभ	वीर, अद्‌भुत, रौद्र	उत्साह, विस्मय, क्रोध
गान्धार	करुण	शोक
मध्यम	शृंगार, हास्य	रति, हास
पंचम	शृंगार, हास्य	रति, हास
धैवत	बीभत्स, भयानक	भय, जुगुप्सा
निषाद	करुण	शोक

तालिका 1

आगे वे लिखते हैं, "अनुभव यह सिद्ध करता है कि जिन रागों में मध्यम स्थायी स्वर होता है, वे संयोग शृंगार और जिनमें पंचम अंश स्वर होता है, वे विप्रलम्भ (वियोग) शृंगार के व्यंजक होते हैं।"[19]

20वीं सदी के महान भारतीय संगीतकार ओंकारनाथ ठाकुर ने एक बार टिप्पणी की थी कि यह केवल सुर ही नहीं हैं जो मन:स्थिति या भाव पैदा करते हैं बल्कि कई अन्य कारक भी होते हैं जैसे कि लालित्य, ताल और सप्तक इत्यादि। उनके अनुसार तार सप्तक में विचरने वाले राग कभी भी उदास और गरिमामय नहीं होते; वे क्रोध, उत्तेजना और जोश जैसी भावनाओं को तीव्रता से व्यक्त करते हैं। सा-मा सम्बन्ध

पर ज़ोर देने वाले राग शान्तिपूर्ण और परिपक्व होते हैं। खमाज समूह के राग शृंगारिक और हल्के होते हैं। ऋषभ, धैवत और मध्यम स्वर में मुख्य रूप से करुणा होती है; और ऋ, ध, और म स्वर वाले राग थकान, उत्साह की कमी आदि दर्शाते हैं।[20] अगर रागों के स्वर का भावनाओं से इस प्रकार का सम्बन्ध होता है तो क्या कवियों ने अपनी जिन कविताओं पर रागों का ज़िक्र किया है, उसे उनकी कविताओं की व्याख्या मान लें या इसे कवि की अपनी कविता को सम्प्रेषित करने की किसी समरनीति के रूप में देखें या इसका कोई और अर्थ है? आइए, हम भक्तिकाल के चार प्रमुख कवियों—कबीर, सूरदास, मीरा और तुलसीदास की कविताओं और उनके संकेतित रागों पर विचार करें। कबीर के श्यामसुन्दर दास संस्करण में 403 पद हैं जिनमें 16 रागों का उल्लेख है; मीरा के परशुराम चतुर्वेदी संस्करण में 201 पद हैं जिनमें सत्तर राग संकेतित हैं; तुलसीदास की 'गीतावली' के गीता प्रेस संस्करण में 330 पद हैं जिनमें 143 राग संकेतित पद हैं और उनकी 'विनय-पत्रिका' (गीता प्रेस संस्करण) जिसमें 279 पद हैं, जिसमें से 46 पदों में राग बताया गया है; इसी प्रकार अगर 'सूरसागर' का पहला सर्ग (प्रथम स्कन्ध) लें, तो इसके सभी 343 पदों में राग का उल्लेख किया गया है।

कवि	संस्करण	पदों की कुल संख्या	राग संकेतित पदों की कुल संख्या	कुल रागों की संख्या
कबीर (1400-1520)	कबीर ग्रन्थावली, श्यामसुन्दर दास (सं.), लोकभारती प्रकाशन, इलाहाबाद, द्वितीय संस्करण 2011	403	403	16
सूरदास (1479-1582)	सूरसागर सटीक, हरदेव बाहरी, राजेन्द्र कुमार (सं.), लोकभारती प्रकाशन, इलाहाबाद, 1991	343 (प्रथम स्कन्ध)	324	28
मीरा (1498-1562)	मीराबाई की पदावली, परशुराम चतुर्वेदी (सं.), हिन्दी साहित्य सम्मलेन, प्रयाग, उन्नीसवाँ संस्करण 1993	201	115	70
तुलसीदास (1532-1623)	गीतावली, गीता प्रेस, गोरखपुर, चौदहवाँ संस्करण संवत् 2041	330	143	22
	विनय-पत्रिका, गीता प्रेस, गोरखपुर, 52वाँ संस्करण संवत् 2057	279	46	23

तालिका-2

जैसा कि तालिका-2 से पता चलता है, अन्य तीन कवियों की तुलना में मीरा ने रागों के विभिन्न प्रकारों का सर्वाधिक उपयोग किया था, जबकि उन्होंने सबसे कम संख्या में पद लिखे थे। अगर हम मीरा की उन आलोचनाओं पर ध्यान दें जहाँ उनकी कविता में उनके सीमित अनुभव और एकरस होने की बात कही जाती है[21], तो उनकी कृतियों में रागों की विविधता का अर्थ काफ़ी कुछ समझ में आ सकता है। इसके विपरीत कबीर को बहुश्रुत माना जाता है[22] और वे नरसिम्हा की तरह विविध और अत्यन्त असम्भव स्थितियों के साक्षी माने जाते हैं[23] लेकिन इसमें कोई आश्चर्य नहीं कि वे अन्य तीन कवियों की तुलना में सबसे कम संख्या में रागों का प्रयोग करते हैं। क्या इस उदाहरण से हम यह निष्कर्ष निकाल सकते हैं कि रागों के संकेत का अलग-अलग कवियों के लिए अलग-अलग अर्थ था। मीरा जैसे किसी व्यक्ति के लिए यह मानो अपने सीमित अनुभवों की क्षतिपूर्ति के लिए एक साधन हो सकता है, चूँकि प्रत्येक राग का एक विशिष्ट स्वरूप होता है जो रचना की संवेदनाओं को एक विशिष्ट तरीक़े की व्याख्या या रंग देता है, परिणामस्वरूप रागों की विविधता, संवेदनाओं की विविधता बन जाती है। जहाँ कबीर, तुलसी या सूरदास जैसे कवि इस ओर इसलिए कोई अतिरिक्त तवज्जो या ध्यान नहीं देते क्योंकि उन्हें संवेदना के विस्तार के लिए सम्भवत: इसकी आवश्यकता नहीं पड़ती। इस तर्क को कवि के व्यक्तिगत पसन्दीदा रागों की संख्या से भी प्रमाणित किया जा सकता है—मीरा के यहाँ इनकी संख्या पचास है जबकि सूरदास के यहाँ छह और कबीर और तुलसी के यहाँ तीन-तीन है। (तालिका-3)

कवि		**प्रयोग की दृष्टि से कवियों के पाँच सर्वाधिक पसन्दीदा राग**				**चारों कवियों के सामान्य रागों की संख्या**	**कवि के व्यक्तिगत पसन्दीदा रागों की संख्या**
कबीर	गौड़ी (152)	आसावरी (60)	रामकली (49)	सोरठ (38)	भैरव (37)	09	03
सूरदास	धनाश्री (83)	सारंग (55)	बिलावल (35)	केदार (26)	कान्हड़ा (19)	09	06
मीरा	पीलू (6)	सारंग (5)	विहाग (4)	सोरठ (4)	बिलावल (3)	09	50
तुलसी	केदार (29)	बिलावल (16)	कान्हड़ा (13)	गौरी (13)	जैतश्री (11)	09	03

तालिका-3

भक्तिकाल के इन चार प्रमुख कवियों की रचनाओं के सामान्य राग हैं: धनाश्री, आसावरी, सारंग, सोरठ, रामकली, बिलावल, मल्हार, मारू और तोड़ी (तालिका-4)।

सामान्य राग	कबीर (1400-1520)	सूरदास (1479-1582)	मीरा (1498-1562)	तुलसी (1532-1623)
धनाश्री	06	83	01	08
आसावरी	60	09	01	10
सारंग	02	55	05	09
सोरठ	38	12	05	14
रामकली	49	11	01	07
बिलावल	12	35	03	16
मल्हार	02	10	01	06
मारू	03	07	01	06
तोड़ी	02	03	01	09

तालिका-4

यहाँ दो मुद्दे हैं : पहला, या तो हम किसी राग विशेष की संरचना को देखें कि वह अपने घटक स्वरों द्वारा क्या 'अभिव्यक्त' करता है और फिर एक कविता विशेष के कथ्य के साथ समकालिक तरीक़े से उसका सामंजस्य देखने का प्रयास करें या दूसरे, किसी राग विशेष और उससे सम्बन्धित कविता को काल सापेक्ष दृष्टि से समझने का प्रयत्न करें क्योंकि न तो राग की संरचना और न ही कविता का अर्थ स्थिर या समय निरपेक्ष होता है। लेकिन इस ऐतिहासिक दृष्टिकोण के लिए आँकड़े प्राप्त करना बहुत कठिन है—मध्ययुगीन प्रदर्शनों के दौरान रागों की संरचना का पता लगाना और हमारे भक्त कवियों ने अपनी कविता की सम्प्रेषणीयता को निर्धारित करने के लिए उस समय इसे कैसे आयत्त किया, यह पता लगाना लगभग असम्भव है।[24] बीसवीं सदी की शुरुआत से, जब ग्रामोफ़ोन कम्पनियों ने यहाँ रिकॉर्डिंग शुरू की, हमारे पास पर्याप्त आँकड़े हैं जो दर्शाते हैं कि गायकों ने भक्त कवियों की प्रस्तुति के लिए शायद ही संकेतित रागों का पालन किया हो। हो सकता है समय के साथ संवेदनाओं में बदलाव ने कविताओं के अर्थ या रागों की व्याख्या या शायद दोनों को बदल दिया हो। एक उदाहरण से इस बात को समझा जा सकता है। राग बिलावल सुबह 6 से 9 बजे के बीच गाया जाने वाला

राग है, विशेषकर बरसात के मौसम में गहरी भक्ति और विश्रान्ति की भावना के साथ। यह मध्यकाल में एक लोकप्रिय राग था। इसमें कोई आश्चर्य नहीं कि गुरु नानक, गुरु अमरदास, गुरु रामदास, गुरु अर्जन और गुरु तेग बहादुर द्वारा आदि-ग्रन्थ में इस राग पर 170 से अधिक भजन लिखे गए थे। यह बाद में हिन्दुस्तानी शास्त्रीय संगीत में एक बुनियादी थाट बन गया था। अधिकांश लोग बिलावल को सम्पूर्ण-सम्पूर्ण जाति का मानते हैं। हालाँकि, कुछ लोगों का मत है कि आरोहण में इसके 'ग' के कमज़ोर होने के कारण इसे षाडव-सम्पूर्ण माना जाना चाहिए। इसके आरोह में सा, रे, गा, मा, पा, धा, नि, सा, स्वर और अवरोह में सा, नि, धा, पा, मा, गा, रे, सा स्वरों का प्रयोग किया जाता है; इसकी वादी है—ध और संवादी—ग और चलन या पकड़ है—ग, रे, ग, म, ध, प, म, ग, म, रे, सा। इसलिए बिलावल के मूल्यांकन में कुछ अनिश्चितताएँ हैं, लेकिन कुछ स्वीकृत सामान्यीकरण भी हैं।

अब अगर हम अपने महान भक्त कवियों की बिलावल पर आधारित चार वास्तविक रचनाओं पर विचार करें तो हम क्या पाते हैं?

तुलसीदास की 'विनय-पत्रिका' इसी राग बिलावल में भगवान गणेश के एक भजन से शुरू होती है :

गाइए गणपति जगबन्दन। शंकर-सुवन भवानी-नन्दन॥
सिद्धि-सदन, गज-बदन, विनायक।कृपा-सिंधु, सुन्दर, सब-लायक॥
मोदक-प्रिय, मुद-मंगल-दाता। विद्या-बारिधि, बुद्धि-बिधाता॥
मांगत तुलसीदास कर जोरे। बसहिं रामसिअ मानस मोरे॥[25]

सूरदास ने भी अपना मंगलाचरण राग बिलावल में ही शुरू किया है :

चरण कमल बंदौ हरि राई।
जाकी कृपा पंगु गिरि लंधै अन्धे कौ सब कछु दरसाई॥[26]

मीरा का राग बिलावल यूँ शुरू होता है :

आवो मनमोहनाजी मीठी थारो बोल॥ टेक॥
बालपन की प्रीत रमैया जी, कदे नहीं आयो थारो तोल।
दरसन विण मोहि जकन परत है, चित्त मेरो डाँवाँडोल।
मीराँ कहै मैं भई बावरी, कहि बजाऊँ ढोल॥[27]

राग बिलावल में कबीर का पद इस प्रकार है :

बार-बार हरि का गुण गावै, गुर गमि भेद सहर का पावै॥ टेक॥[28]

यदि हम इन पंक्तियों का विश्लेषण करें, तो उनके कथ्य के साथ-साथ उनके रूप में भी संकेतित राग से एक प्रकार की समानता दिखाई पड़ती है लेकिन वर्तमान समय में ऐसा दिखाई नहीं पड़ता; उदाहरण के लिए, तुलसीदास का पहला गणेश भजन लें जो आज संगीत की सभी शैलियों में बहुत लोकप्रिय है, इसे आज शायद ही कोई राग बिलावल में गाता हो। इस भजन की राग बिलावल और आज की कुछ प्रसिद्ध प्रस्तुतियों—अश्विनी भिड़े का राग बिहाग में प्रस्तुतीकरण[29], पंडित राजन और साजन मिश्रा का राग किरवानी में[30] या अहमद हुसैन और मुहम्मद हुसैन का राग मारवा[31] का विवरण कुछ यूँ है : (तालिका 5)

राग	**प्रकृति**	**जाति**	**गायन का समय**
बिलावल	भक्ति	सम्पूर्ण-सम्पूर्ण	सुबह
बिहाग	गम्भीर	आडव-सम्पूर्ण	रात्रि का अन्तिम प्रहर
किरवानी	निरानन्द	सम्पूर्ण-सम्पूर्ण	अर्द्ध-रात्रि
मारवा	चिन्तनशील	षाडव-षाडव	सूर्यास्त

तालिका-5

जैसा कि तालिका से स्पष्ट है कि राग बिलावल से इन तीनों रागों की प्रकृति बहुत भिन्न है फिर सवाल यह उठता है कि इन प्रस्तुतियों में क्या इन रागों को पाठ की अलग-अलग व्याख्या माना जाए? क्या राग पाठ की प्रस्तुति मात्र नहीं होता बल्कि उसकी व्याख्या होता है? क्या *गाइए गणपति जगबन्दन। शंकर-सुवन भवानी-नन्दन॥* की व्याख्या भक्तिपरक हो सकती है तो समय के साथ-साथ इसका रूप गम्भीर, निरानन्द या चिन्तनशील भी हो सकता है? क्या कवियों के पक्ष से अगर राग या संगीत अपने कथ्य को सम्प्रेषित करने का मात्र साधन है[32] तो वहीं दूसरी तरफ़ संगीतकारों के पक्ष से कविता या साहित्य सुरों को साधने का एक साधन मात्र है?[33] प्रसिद्ध संगीतकार कुमार गन्धर्व ने एक स्थल पर कहा है कि "स्वरों द्वारा चित्त को अनुरंजित करने का कार्य गायक करता है। स्वरों के ही माध्यम से एक ही चित्र अनेक रूपों में प्रस्तुत किया जा सकता है। श्रोताओं को नये चित्र, नई-नई भावनाएँ एक ही चित्र में अनुभव होने लग सकती हैं। अतएव शब्द या काव्य का महत्त्व संगीत में अवश्य है, परन्तु उसकी एक सीमा है। इस आधार पर हम एक भवन खड़ा करते हैं। काव्य द्वारा गायक अनेक चित्र का विषय प्रस्तुत करता है, इसलिए उसका भी महत्त्व अवश्य है। काव्य द्वारा चित्र अनुभव होते ही शब्दों का महत्त्व समाप्त होकर गायक की कसौटी आरम्भ होती है। वह स्वरों के जरिये पहचानी जाती है।"[34] अर्थात काव्य और राग का सम्बन्ध

एक हद तक अन्योन्याश्रित तो है लेकिन आत्यन्तिक नहीं है। निष्कर्ष यह कि काव्य सम्प्रेषण के लिए राग या संगीत का जिस प्रकार उपयोग करता है या कर सकता है उसी प्रकार संगीत या राग काव्य या साहित्य का इस्तेमाल करता है या कर सकता है।

[इंडियन इंस्टीट्यूट ऑफ़ एडवांस्ड स्टडीज़ शिमला में आयोजित ग्यारहवें इंटरनेशनल कॉन्फ्रेंस ऑन अर्ली मॉडर्न लिटरेचर के अवसर पर 6 अगस्त, 2012 को अंग्रेज़ी में पठित लेख का हिन्दी रूपान्तरण।]

सन्दर्भ

1. *गन्धर्व त्रिविधं विद्यात् स्वरतालपदात्मकम्* डॉ. आर.एस. नागर (सं.), *भरतमुनि का नाट्यशास्त्र*, अभिनव भारती टिप्पणी के साथ, खंड 4, 28/11, परिमल प्रकाशन, दिल्ली, 1998
2. 'किन्त्वन्यथा तस्य (पदस्य) प्राधान्यं गानेऽन्यथा च गान्धर्वे। तत्र हि स्वरतालौ प्रधानम्। तौ चनाधारौ न शक्यौ प्रयोक्तुमित्याधारया यदुपयोगि तदाह स्वर्तालानुभावकमिति।' (अभिनव-भारती), वही, पृ. 302
3. 'एक एव तु प्रकार: कलाविधिना निबध्यमानो राघवविजयमारीचवधादिकं रागकाव्यभेदमुद्भावयतीति। यथोक्त (कोहलेन)—
   'लयांतरप्रयोगेण रागैश्चापि विवेचितम्। नानारसं सुनिर्वाह्म कथं काव्यमिति स्मृतम्॥
   लयतश्चास्य गीत्याधारत्वेनाप्राधान्ये गीतेरेव प्राधान्यमिति न काव्यार्थविपर्यासवशेन रागभाषादिविपर्यासो नाट्य इव।
   तथा हि राघवविजयस्य हि ठक्करागेणैव विचित्रवर्नीयत्वेऽपि निर्वाह:। मारीचवधस्य ककुभग्रामरागेणैव। अतएव रागकाव्यानीत्युच्यंत एतानि। रागो गीत्यात्मकत्वास्तव (क: स्व) रस्य तदाधारभूतं काव्यमिति।' वही, पृ. 184
4. राधावल्लभ त्रिपाठी, *संस्कृत साहित्य का अभिनव इतिहास*, विश्वविद्यालय प्रकाशन, वाराणसी, प्रथम संस्करण 2001, पृ. 205
5. चर्यागीतिकोष के 47 गीतों में से 36 पादकुलक में, 11 दोहा, चौपाई और अन्य छन्द में रचित हैं और पाठ में निम्नलिखित रागों का संकेत दिया गया है : पटमंजरी, गबडी, मलासी, मलासी गौड़ , अरु, गुर्जरी, कान्हगुर्जरी, देबकरी देशख, भैरवी, कामोद , धनाश्री, रामकरी, गौड़ बदादी, सिबरी, बलाड्डी, मल्लारी, बांग्ला। देखें, *चर्यागीतिकोष* (सं.) नीलरतन सेन, भारतीय उच्च अध्ययन संस्थान, शिमला, प्रथम संस्करण 1977
6. सारंगदेव, *संगीतरत्नाकर*, (अनु.), आर.के. शृंगी और प्रेमलताशर्मा, मुंशीराम मनोहरलाल, नई दिल्ली, 1991, श्लोक 292-294
7. नीलरतन सेन, *अर्ली ईस्टर्न एनआईए वर्सिफ़िकेशन*, इंडियन इंस्टीट्यूट ऑफ़ एडवांस्ड स्टडी, शिमला, प्रथम संस्करण 1973, पृ. 4
8. गणपति चन्द्र गुप्त, *साहित्यिक निबन्ध*, लोकभारती प्रकाशन, इलाहाबाद, छठा संस्करण 1977, पृ. 349

9. देखें आदिग्रन्थ पाँच शताब्दियों (12वीं से 17वीं शती तक) का एक संकलन ग्रन्थ है जिसका अन्तिम प्रारूप 1604 ई. में तैयार हुआ लेकिन सभी पूर्ववर्ती पांडुलिपियों में भी रागों का ज़िक्र है। देखें, *आदिग्रन्थ,* महीप सिंह, राजपाल एंड संस, दिल्ली, प्रथम संस्करण 2009, पृ. 28-29
10. अली एस. असानी, एट द क्रॉस रोड्स ऑफ़ इंडिक एंड इरानियन सिविलाइजेशंस : सिन्धी लिटरेरी कल्चर, : शेल्डन पोलक (सं.), *लिटरेरी कल्चर्स इन हिस्ट्री,* कैलिफ़ोर्निया विश्वविद्यालय प्रेस, बर्कले और लॉस एंजिल्स, कैलिफ़ोर्निया, 2003, पृ. 633
11. करोति काव्यं प्रायेण संस्कृतात्मा यथा तथा।
पठितुं वेत्ति स परं यस्य सिद्धा सरस्वती॥ राजशेखर, *काव्यमीमांसा,* बिहार राष्ट्रभाषा परिषद, पटना, तृतीय संस्करण 2000, पृ. 82
12. यहाँ यह भी उल्लेखनीय है कि रीतिकालीन काव्य में न तो राग के नाम का उल्लेख है और न ही छन्द के नाम का, लेकिन भारतेन्दु ने 19वीं सदी में इसे फिर से आज़माया—वे अपनी कविताओं में कई स्थलों पर न केवल रागों का बल्कि छन्दों के नाम का उल्लेख करते हैं और कभी-कभी एक ही पाठ में दोनों का। छायावाद में सुमित्रानन्दन पन्त और सूर्यकान्त त्रिपाठी 'निराला' दोनों ने अलग-अलग कोणों से ही सही, काव्य में छन्द और रस के सम्बन्धों पर विचार करना आवश्यक समझा।
13. काव्ये रसानुसारेण वर्णनानुगुणेन च।
कुर्वीत सर्ववृत्तानां विनियोगं विभागवित्॥ 7॥ क्षेमेन्द्र, *सुवृत्ततिलकम्,* चौखम्बा संस्कृत *सीरीज़* ऑफ़िस, वाराणसी, प्रथम संस्करण 1968, पृ. 109
14. जगन्नाथ प्रसाद 'भानुकवि', *छन्द प्रभाकर,* श्री वेंकटेश्वर प्रेस, बम्बई, 1931
15. बाबूलाल शुक्ल शास्त्री (सम्पादक और व्याख्याकार), *नाट्यशास्त्र,* खंड 4, चौखम्बा संस्कृत संस्थान, वाराणसी, प्रथम संस्करण 1985, पृ. 309
16. वही, पृ. 311
17. कैलाश चन्द्रदेव बृहस्पति, *भरत का संगीत-सिद्धान्त,* उत्तर प्रदेश हिन्दी संस्थान, लखनऊ, द्वितीय संस्करण 1991, पृ.271
18. वही।
19. वही।
20. Quoted in B.Chaitnaya Deva, *The Music of India: A Scientific Study,* Munshiram Manoharlal Publishers Pvt.Ltd., 1995, p. 142
21. परशुराम चतुर्वेदी (सं.), *मीराँबाई की पदावली,* हिन्दी साहित्य सम्मेलन, प्रयाग, उन्नीसवाँ संस्करण 1993, पृ. 31-32
22. श्यामसुन्दर दास (सं.), *कबीर ग्रन्थावली,* लोकभारती प्रकाशन, इलाहाबाद, द्वितीय संस्करण 2011, पृ. 37
23. हजारीप्रसाद द्विवेदी, *कबीर,* राजकमल प्रकाशन, दिल्ली, 1994, पृ. 144
24. यहाँ हमें विनांद कैल्वर्ट का ध्यान आता है, जिन्होंने कबीर के मूल संस्करण की खोज में 'राग भिन्नता' को बहुत महत्त्वपूर्ण पाया था; वह कहते हैं : "ऐसा प्रतीत होता है कि पहले गायकों ने एक विशेष गीत को एक विशेष राग में गाया, फिर उस राग विशेष में गाए जाने वाले पदों का एक समूह बनाया जिन्हें एक ही राग में गाया जाना था। नतीजतन, मौखिक सम्प्रेषण के आरम्भिक काल में राग एक पहचान-पत्र की तरह था। हालाँकि, एक ही गीत को विभिन्न पांडुलिपियों में विभिन्न रागों में दर्शाया गया है। वर्गीकरण की यह

भिन्नता स्पष्ट रूप से किसी लिपिकार की ग़लती के कारण नहीं है, बल्कि मौखिक काल की स्थिति विशेष के कारण है जब पद अलग-अलग रागों में गाए जाते थे और इसीलिए पांडुलिपियों में वैसे ही दिखाई देते थे।" द *मिलेनियम कबीरवाणी*, मनोहर, दिल्ली, प्रथम प्रकाशन, 2000, पृ. 103

25. तुलसीदास, *विनय-पत्रिका*, गीता प्रेस, गोरखपुर, बावनवाँ संस्करण 2000, पृ. 13
26. हरदेव बाहरी, राजेन्द्र कुमार (सं.), *सूरसागर-सटीक*, प्रथम भाग, लोकभारती प्रकाशन, इलाहाबाद, संशोधित संस्करण 1991, पृ. 1
27. परशुराम चतुर्वेदी, वही, पृ. 129
28. श्यामसुन्दर दास, वही, पृ. 205
29. http://www.youtube.com/watch?v=D01xA03C8yE
31. Bhaktimala: Ganesh, vol. 1, Music Today, 1991
31. Shradha, T-series, 1995
32. भारतेन्दु ने 1879 में भारतवर्ष की उन्नति के लिए जातीय संगीत के माध्यम से समाज को सुधारने का प्रस्ताव रखा था क्योंकि उनका मानना था कि "जितना काव्य को संगीत द्वारा सुनकर चित्त पर प्रभाव होता है उतना साधारण शिक्षा से नहीं होता।" देखें, हेमन्त शर्मा (सं.), *भारतेन्दु समग्र*, हिन्दी प्रचारक संस्थान, वाराणसी, तृतीय संस्करण 1989, पृ. 1028
33. कुमार गन्धर्व के अनुसार, "...कहने का अधिकार राग को है,अक्षर को नहीं" अशोक वाजपेयी (सं.), *कला विनोद*, नेशनल पब्लिशिंग हाउस, दिल्ली, प्रथम संस्करण 1982, पृ. 14; और किशोरी अमोनकर के अनुसार, 'शब्द राग की ताक़त और शक्ति को कम कर देते हैं', देखें, https://sukhadagholb-medium-com.translate.goog/kishori-amonkars-raag-yaman-and-her-complete-submission-to-shastriya-sangeet b8dd8a3157ca?x_tr_sl=en&_x_tr_tl=hi&_x_tr_hl=hi& _x_tr_pto=tc&_x tr_hist =true(accessed on 26.1.2024)
34. कुमार गन्धर्व, *स्वरमुद्रा*, भाग 2, अंक 1, अप्रैल-जुलाई 2023, पृ. 33

बिंदादीन महाराज और कथक की विकासयात्रा

एक आधुनिक नृत्य के रूप में कथक का उभरना एक हालिया घटना है, हालाँकि इसके उद्‌भव और विकास को पुरातन समय में देखा जा सकता है...मोहन जोदड़ो

से लेकर वैदिक काल तक, रामायण-महाभारत युग से लेकर भक्तिकाल तक[1]; लेकिन जैसा कि कथक नृत्यांगना शोभना नारायण कहती हैं, "18वीं शताब्दी के अन्त में ही कुछ चुनिन्दा लोगों की व्यक्तिगत रुचि, विशेष रूप से नवाब आसफ़-उद्-दौला और बाद में अवध के नवाब वाजिद अली शाह, जिनकी राजधानी लखनऊ थी, ने कथक को हिन्दू मन्दिरों की सीमाओं से निकालकर इसके मूल स्वाद को कम किये बिना मुस्लिम दरबार में प्रवेश कराया। ठाकुर प्रसाद, जिनका परिवार मूल रूप से इलाहाबाद के पास हादिया तहसील के एक छोटे से मन्दिर से जुड़ा था प्रसिद्ध होने पर नवाब वाजिद अली शाह के गुरु बने..."[2] यह वह समय था जब केन्द्रीय मुग़ल साम्राज्य के विघटन के बाद क्षेत्रीय शक्ति केन्द्र विकसित हो रहे थे। अब्दुल हलीम शरर (1860-1926) ने 'गुज़िश्ता लखनऊ' में नवाब वाजिद अली शाह के शासनकाल में नृत्य की स्थिति का वर्णन निम्नलिखित शब्दों में किया है, "पुरुष नाचनेवालों के यहाँ दो गिरोह हैं—एक हिन्दू कथक और रहसधारी और दूसरे मुसलमान कश्मीरी भांड। मगर असली नाचनेवाले कथक हैं...

"हिन्दू कथकों में से कोई-न-कोई उस्ताद हर ज़माने में यहाँ मौजूद रहा। ...शुजाउद्दौला और आसफ़-उद्-दौला के शासनकाल में ख़ुशी महाराज नाचने के बड़े जबर्दस्त उस्ताद थे। नवाब सआदत अली खाँ, गाज़ीउद्दीन हैदर और नसीरुद्दीन हैदर के दौर में हिलाल जी, प्रकाश जी और दयालु जी मशहूर नाचनेवाले थे। मुहम्मद अली शाह के ज़माने से वाजिद अली शाह के शासनकाल तक प्रकाश जी के बेटों दुर्गा प्रसाद और ठाकुर प्रसाद के नाच की ख्याति रही। दुर्गा प्रसाद के बारे में कहा जाता है कि नाच में वाजिद अली शाह के उस्ताद थे। उसके बाद दुर्गा प्रसाद के बेटों कालका और बिंदादीन की शोहरत हुई और क़रीब सभी लोगों ने मान लिया कि सारे हिन्दुस्तान में नाचने का उस्ताद इन दोनों से बढ़कर कोई नहीं है। पुराने उस्ताद किसी ख़ास बात में मशहूर होते थे मगर इन दोनों भाइयों, ख़ासकर बिंदादीन ने नृत्यकला के सभी पहलुओं में कमाल दिखाकर अपने-आपको हर हैसियत से बड़ा उस्ताद साबित कर दिया और आजकल के अधिकतर प्रसिद्ध नर्तक इन्हीं दोनों भाइयों के शिष्य हैं और इनका घर हिन्दुस्तान-भर का नृत्य का सबसे बड़ा स्कूल है।

"उनका गत पर नाचना, नाच के उस्तादी तोड़े और टुकड़े असली सूरत में दिख़ाना, घुँघरू बजाने में ऐसा अधिकार प्रकट करना कि घुँघरू चाहे जो बजाए उसके बाद के हर-हर शब्द और हर-हर चीज़ को बताना ऐसी चीज़ें हैं जो बिंदादीन पर ही ख़त्म हो गईं। वे एक-एक चीज़ को सौ-सौ अदाओं, शैलियों, नज़ाकतों और चित्ताकर्षक संकेतों के माध्यम से प्रकट करते और उनमें ऐसी नाज़ुक ख़याली और

नवीनता होती है कि अगर दर्शक जानता न हो तो समझ भी नहीं सकता। आम तौर पर होता यह था कि बिंदादीन नृत्य करते और कालका पास खड़े होकर उसकी व्याख्या करते जाते। उनकी व्याख्या से ही लोगों को पता चलता कि बिंदादीन अपनी कला में कैसा चमत्कार दिखा रहे हैं। नाचते समय उनके पाँव ज़मीन पर इस नज़ाकत से पड़ते कि मशहूर है, "कभी-कभी वह तलवार की बाढ़ पर नाचे और मजाल क्या जो तलवे में घाव आया हो।"[3] यहाँ बिंदादीन महाराज (1830-1918) की कला के बारे में जो वर्णन किया गया है, उससे कथक के विकास के बारे में कुछ पता चलता है।

गत, तोड़ा, टुकड़ा, घुँघरू, ततकार से भावाभिव्यंजना या भाव बताना, नृत्त से नृत्य तक की यात्रा के समान एक प्रक्रिया है। नाट्यशास्त्र में नृत्त एक अ-सादृश्यमूलक कला है जो रस और भाव से रहित होती है और जो सिर्फ़ आंगिक मुद्राओं और गति (या लय और ताल) पर आधारित होता है, जबकि नाट्य और नृत्य क्रमशः रस और भाव को व्यक्त करते हैं।[4] 'अभिनय दर्पण' में नन्दिकेश्वर भी नृत्त को परिभाषित करते हुए कहते हैं, *भावाभिनयाहीन नृतमित्यभिधीयते* अर्थात नृत्त नृत्य का वह रूप है जो रस और भाव से रहित होता है[5] और 'दशरूपक' में धनंजय कहते हैं, *नृत्तं ताललयाश्रम* अर्थात ताल और लय नृत्त की मूल अवधारणाएँ हैं।[6] वर्षों से नृत्त को नृत्य प्रदर्शन के पहले हिस्से में शामिल किया जाता था जिसमें चारी, रेचिका, अंगहार, करण, भ्रमरी, नृत्तहस्त जैसी आंगिक गतिविधियाँ होती थीं और जब इसमें भावाभिनय को शामिल किया गया तो यह अधिक जटिल और सम्पूर्ण हो गया। इस सवाल पर विचार करते हुए कि नृत्य पर रचित बाद के ग्रन्थ क्यों पहले के प्रस्तावों से हटते चले गए, मन्दाक्रान्ता बोस ने निष्कर्ष निकाला है, "नृत्य की समझ में यह बदलाव दिखाता है कि नृत्त और अभिनय की अलग-अलग तकनीकों को नृत्य की संरचना के भीतर एक-दूसरे के पूरक के रूप में माना जाने लगा। इस विकास से पता चलता है कि जैसे-जैसे नृत्यकला विकसित होती गई, यह नृत्य था जिसका विकास सबसे अधिक ज़ोरदार ढंग से हुआ।"[7] यह निष्कर्ष नृत्य पर संस्कृत की सैद्धान्तिक कृतियों के आधार पर निकाला गया था, लेकिन अगर हम कुतुबन की 'मृगावती' (1503) में चित्रित नृत्य-प्रदर्शन की तुलना बिंदादीन के उपरोक्त प्रदर्शन के विवरण के साथ करें तो यह सच लगता है। कुतुबन ने मृगावती के दरबार में नृत्य प्रदर्शन का इन शब्दों में वर्णन किया है :

फुनि पुतरी कछनी कै आई। मान बहुत लावहिं बहु भाई॥
केवल बदन मृगनैनी सुहाई। वर्रे लंक जानु उन्ह लाई॥

हिया सुभर जनु कुंद सँवारी। कदलि खंभ पेड़ न सँभारि॥
चम्पा बरन सुहानी तरुनी, जो देखत सो मोह।
बेगर बेगर भाँ तिन्ह कै, कै आई छोह॥
कछनी दखिन क चीर कै गहीं। चंदर चोलि उर लेइ रहीं॥
अभरन समै कपूर क कीन्हां। घाँघरि बाँधि आई पग दीन्हा॥
चीहुर गूँद बेनी उरबाई। चन्दन रुख पर बिसहर छाई॥
देखत मोहि सभा सब रही। काम चेष्टा तन-मन गही॥
कै जुहार उन्ह आयसु लीन्हा। कुँवर नाँच कँह आयसु दीन्हा॥
गायन गावहिं काढ़ि सुधांग, नाच होई तिह लाग।
माँथा धौरा झूमरा परिबन्ध यह र गीत वै राग॥
सरब नील रूपक चंद औ चाली। देसी जित पँवर इकताली॥
अठतालो पटताली नाचीं। ताल देन्हि जानहु घर ताचीं॥
फुनि नाचइ धर पला सँचारा। नाचहिं गीत होई झनकारा॥
सीस नियर कूदहिं मँह मोतीं। दहा दिहिंह चक्र भँवहि उरधूती॥
सरो अकाँच खरगै धारा। मान लेहिं पर ताल निपारा॥
नाचै ताल सवै उन्ह कँटमारग जहाँ लहि राग।
सुरपति सुरहिं साथ लै, कौतुक अवसर देखै लाग॥

यह 16वीं शताब्दी की शुरुआत थी और वर्णन से यह बहुत स्पष्ट नहीं है कि नर्तक जो प्रदर्शन कर रहे हैं वह नृत्त है या नृत्य? ऐसा लगता है कि उस समय न केवल संगीत की शब्दावली, लय और नृत्य-शैली भिन्न थी बल्कि प्रदर्शन की वेशभूषा भी अलग थी। यदि हम 15वीं शताब्दी के 'कल्पसूत्र' जैसी कुछ सचित्र पांडुलिपियों को देखें तो हम नर्तकियों को घुटनों तक कसी हुई दक्षिण-भारतीय साड़ी और तंग ब्लाउज़ पहने हुए पाते हैं, लेकिन 16वीं शताब्दी के बाद से वे ज़्यादातर घाघरा-चोली या लम्बी स्कर्ट और ब्लाउज़ पहने हुए हैं। इसके अलावा, यहाँ जिन नृत्य शैलियों की बात हुई है—सुधांग, (?) माँथा, धौरा (ध्रुवा?), झुमरा (भ्रामरी?), परिबन्ध (प्रबन्ध, जो कि एक प्रकार का गीत है, जैसा कि 'संगीतरत्नाकर' मानता है?)—या जिन लयबद्ध तालों का उल्लेख हुआ है जैसे...सरब नील (सर्पनीला), रूपक, और चंद-ओ-काली (?), देसी, जाति, तेवारी (?), एक-ताली, अट्ठा-ताल, और पट-ताली...जिसे कटोरे, काँच और तलवार की धार पर, पानी के घड़े और मुँह में मोतियों की माला लिये नृत्य करती युवतियाँ हैं जिनकी जाँघों के चारों ओर पहिये की तरह घूमती हुई साड़ियाँ हैं, कुछ पहेली-सी जान पड़ती हैं। अब ऐसा प्रतीत होता है कि या तो

उस समय के कथक की रीतियाँ, अभ्यास और शब्दावली अब प्रचलन में नहीं है या इस हद तक बदल गई है कि अब इसे पहचानना भी मुश्किल हो गया है। हम ठीक से नहीं जानते कि सरब नील (सर्पनील?) सुधांग, (?) माँथा, धौरा (ध्रुवा?) का क्या अर्थ है; क्या यह एक प्रकार की नृत्य-शैली या संगीत का कोई रूप या रचना है? क्या यह नृत्त या नृत्य का हिस्सा है? मधु त्रिवेदी ने उल्लेख किया है कि, "चौदहवीं शताब्दी के फ़ारसी संगीत ग्रन्थ 'गनयात अल-मुन्या' के लेखक के अनुसार, सर्पनील चतुरंग की तरह था और इसके चार खंड अलग-अलग राग, ताल और भाषाओं में प्रस्तुत किये जाते थे। यह रचना स्पष्ट रूप से प्रचलन से बाहर हो गई होगी क्योंकि हमें मध्यकालीन संगीत साहित्य में इसका कहीं उल्लेख नहीं मिलता है। चतुरंग, हालाँकि, उन्नीसवीं शताब्दी में भी क़ायम रहा और हम इसे अवध दरबार की नर्तकियों द्वारा प्रस्तुत होता देखते हैं।"[8] ऐसा लगता है कि उस समय उपलब्ध सभी प्रकार की प्रस्तुतियों को शामिल करने के लिए सर्पनील या चतुरंग के चारों खंडों की परिकल्पना की गई होगी; आख़िर इसी तरह तो विकास होता है। इस सम्बन्ध में कपिला वात्स्यायन का विचार उल्लेखनीय है, वे लिखती हैं, "कथक का अभिनय भाग मध्य भारत में ज्ञात कई परम्पराओं से विकसित हुआ है। मथुरा और वृन्दावन की रसधारी, गुजरात के नर्तक और बिहार और मैथिली क्षेत्र के नृत्य कीर्तन कथक नृत्य की साहित्यिक सामग्री के अग्रदूत हैं...गीत की संगत के लिए नर्तक हाव-भाव के माध्यम से अर्थ प्रस्तुत करता है जबकि यह निर्णायक रूप से सिद्ध नहीं हुआ है कि वाजिद अली शाह के दरबार में विकसित कथक ने जानबूझकर इस धार्मिक सामग्री को त्याग दिया था। व्यवहार में, अभी हाल तक साहित्यिक गीत का स्थान गौण हो चला था।"[9]

परिवर्तन न केवल नृत्य प्रदर्शन के अभिनय भाग में बल्कि नृत्त में भी आया, ऐसा लगता है कि यह कथक के दो अलग-अलग और विरोधी आकर्षणों—रासलीला और ठुमरी—का एकत्रित परिणाम था। यूँ तो "रासलीला नृत्य और कथक नृत्य-शैली के बीच कलात्मक सम्बन्ध को निर्धारित करने का कोई पर्याप्त ऐतिहासिक साक्ष्य नहीं है; और यह कहना और भी मुश्किल है कि कौन सी शैली किस शैली से उद्भूत है। हालाँकि कुछ बुनियादी तथ्य हैं जो नृत्य की दोनों शैलियों के बीच समानता के कई बिन्दुओं को प्रमाणित करते हैं। भावनाओं और स्थितियों के चित्रण में तथा जीवन्त मूकाभिनय व हाव-भाव की भाषा में कहानी कहने की सामान्य शैली के मामले में दोनों में काफ़ी समानता है। हाव-भाव के अलावा, नृत्य के दौरान रासलीला में पात्रों की गतियों, घुमावों, ठहरावों और प्रसंगों के चित्रण के लिए मूकाभिनय के प्रयोग में हम समानता पाते हैं। ...कुछ मुख्य 'गत'—'मुरली

गत' और 'पनघट गत'—दोनों में समान हैं। इसी प्रकार, कुछ 'कवित्त-बोल' और 'नटवरी बोल' भी दोनों में आम हैं। कथक नृत्य के मूल-शब्द (बीजाक्षर) 'ता थई थई तत' का उल्लेख वैष्णव कवियों ने अपने कीर्तन गीतों में किया है।[10] आश्चर्य नहीं कि कुछ कला समीक्षकों की निगाह में कथक प्रदर्शनों की नृत्य-सूची में कुछ विरोधाभास नज़र आए; मार्गरेट वाकर लिखती हैं, सामान्यत: कथक नृत्य में लयबद्ध पद-संचालन और चक्कर शामिल होता है, जिसे अक्सर घुँघरूओं द्वारा रेखांकित और चिह्नित किया जाता है। इस ऊर्जस्वी पहलू के विपरीत बाँहों, हाथों और शरीर के ऊपरी हिस्सों द्वारा प्रवहमान, मांसल मुद्राओं को मुख्य रूप से कथात्मक या अभिव्यंजनात्मक नृत्यों में उपयोग किया जाता है। कथक नर्तकियों के हाव-भाव और चेहरे के भाव सूक्ष्म होते हैं जो अन्य भारतीय नृत्यों के अधिक अतिरंजित, नाटकीय गतिविधियों के विपरीत हैं। इसका जो सबसे पारम्परिक रूप माना जाता है, उसमें प्रदर्शन रीतियों के माध्यम से उसकी वह विशिष्ट शब्दावली (ऊर्जस्वी और मांसल) अभिव्यंजित होती है जिसमें एकल प्रस्तुति की धीरे-धीरे बढ़ती हुई गति पर प्रकट होने वाले छोटे-छोटे नृत्य टुकड़ों की एक शृंखला बनती है। प्रस्तुति की अलग-अलग इकाई हिन्दू पौराणिक कथाओं से लेकर उत्तर भारतीय ताल वाद्य से सम्बन्धित जटिल लयबद्ध टुकड़ों तक पूर्वोक्त अभिव्यंजक या कथा खंडों से लेकर कविता को दर्शाती है या चित्रित करती है। इस प्रकार कथक नृत्य की प्रस्तुति-सूची में कई विरोधाभास शामिल हैं—लयबद्धता बनाम कथात्मकता, ऊर्जस्वी बनाम प्रवहमान, भक्ति बनाम धर्मनिरपेक्ष, और तत्काल निर्मित बनाम पूर्व-निर्मित—जो इसके समन्वयशील विकास के गवाह हैं।"[11]

यदि यह सूत्रीकरण सच है तो बिंदादीन महाराज के अलावा कथक का कोई अन्य प्रतिपादक इसके उदाहरण के लिए अधिक उपयुक्त नहीं होगा क्योंकि उन्होंने सबसे रचनात्मक तरीक़े से इन द्विभाजनों को बरतने का प्रयास किया है। मोहन खकर ने कहा है कि, बिंदादीन एक धर्मनिष्ठ व्यक्ति थे। इसलिए उस समय जो नृत्य रूप विकसित हुआ, उसने दो आदर्शों के बीच समझौता करने का प्रयास किया : यह चरित्र में धर्मनिरपेक्ष हो गया लेकिन इसने ख़ुद को राधा-कृष्ण के विषय से अलग नहीं किया या इसे दूसरे शब्दों में कहें तो इसने राधा-कृष्ण प्रसंग को प्रस्तुत करना जारी रखा लेकिन मांसलता के साथ।[12] कला समीक्षक आम तौर पर इस समझौते को बदले हुए परिवेश की माँग के प्रतिबिम्ब के रूप में देखते हैं—मन्दिर से राजदरबार या नटवरी से दरबारी नृत्य में बदलाव—जिसने इस तथाकथित समझौते या समायोजन को अपरिहार्य बना दिया था।[13] शायद यही जवाब है कि बिंदादीन महाराज ने इतनी बन्दिशों की रचना क्यों की जबकि इसकी कोई कमी नहीं थी, यहाँ तक कि उनके अपने परिवार में ही उनके दादा

की किताब 'पोथी प्रकाश' में भी 360 गत सहित इतनी सारी चीज़ें शामिल थीं, जिनमें से कहा जाता है वाजिद अली शाह ने अपनी पुस्तक 'सौत-उल-मुबारक' में 16 को शामिल किया था। यह अनुमान लगाया जा सकता है कि शेष गतों को दरबारी संस्कृति के लिए उपयुक्त नहीं माना गया होगा और ऐसे वातावरण में जब बिंदादीन जैसे धर्मनिष्ठ व्यक्ति को अपने और अपने स्कूल को स्थापित करना था तो उन्हें समायोजन और अन्वेषण करना पड़ा होगा। इसलिए उनके नव-प्रवर्तन उनकी आत्मनिष्ठ रचनात्मकता के उतने ही परिणाम थे जितने कि इन बाहरी दबावों के। बिंदादीन और कालका प्रसाद ने कथक की संरचना ही बदल डाली। यह कोई अतिशयोक्ति नहीं है कि कथक में आज हम जो देखते हैं वह 19वीं शताब्दी का संहिताकरण है और यह ज़्यादातर कालका-बिंदादीन की जोड़ी द्वारा किया गया था जैसा कि मधु त्रिवेदी ने कहा है कि, "कथक नृत्य की लगभग सभी विशेषताओं ने इसी समय आकार ग्रहण किया, जैसे आमद, थाट-बन्दी, गत-निकास, गत-भाव और भाव-निकास। ततकार के टुकड़े, नटवरी के टुकड़े और लयकारी जैसी रचनाओं के चित्रण को भी बहुत महत्त्व मिला। बिंदादीन ने इस नृत्य-शैली को जीवन्तता और विविधता प्रदान की। उन्होंने गत को परिष्कृत और विस्तृत किया और उसे शोभा-सम्पन्न बनाया। एक भंगिमा भाषा भी विकसित की गई थी जिसमें सम्पूर्ण शरीर को अभिव्यक्ति के प्रमुख माध्यम के रूप में देखा गया था; आलंकारिक मुख-मुद्राओं की एक श्रृंखला भी प्रस्तुत की गई जो गतों का एक अभिन्न अंग बन गई। कथक में गतबन्धन नृत्य की कोरियोग्राफ़ी करने वालों में वे पहले नहीं तो सबसे आगे ज़रूर थे। वे सभी तालों और संगीत-रूपों—ध्रुपद, ठुमरी, दादरा, ग़ज़ल और भजन—में नृत्य कर सकते थे। ठुमरी उनकी विशेष शक्ति थी जो उन्होंने गौहरजान और ज़ोहराबाई को सिखाई थी, जो उस समय की प्रसिद्ध तवायफ़ें थीं। उन्होंने कथक में ठुमरी का अंग विकसित किया जो लखनऊ और बनारस की तवायफ़ों में बेहद लोकप्रिय हुआ। कथक के भावात्मक रूप को बनाने का श्रेय भी बिंदादीन को जाता है। उन्होंने नाट्यांग के रूप में जानी जाने वाली नाटकीय सामग्री को भी विस्तार दिया।"[14] जब सारा ज़ोर नृत्त से हटकर अभिनय और भावाभिव्यंजना पर चला गया, तो शब्द या साहित्य की भूमिका जो कि नाट्यांग का हिस्सा है, महत्त्वपूर्ण हो गई, आश्चर्य नहीं कि बिंदादीन महाराज ने इतने गीत लिखे और इतनी सूक्ष्म रागात्मकता के साथ इसकी रचना की कि बाद में यह लखनऊ घराने की पहचान बन गई। कहा जाता है कि उन्होंने ठुमरी, भजन, दादरा, सदरा, होली, तराना, ख़याल, टप्पा, पद, झूला आदि विभिन्न संगीत-शैलियों पर लगभग पाँच हज़ार गीतों (बन्दिशों) की रचना की, लेकिन दुर्भाग्य से आज बहुत कम गीत ही बचे

हैं। इन गीतों को बाद में निर्मला जोशी और बिरजू महाराज ने संकलित और प्रकाशित किया। सबसे पहले निर्मला जोशी ने 1959 में 'मार्ग' के कथक विशेष अंक में अपनी छह बन्दिशों को अंग्रेज़ी अनुवाद के साथ प्रस्तुत किया और बाद में 13 और संगीत नाटक अकादमी की पत्रिका में शामिल कीं। बिरजू महाराज ने 'रस गुंजन' (1994) नामक पुस्तक में अपने दादा के बड़े भाई बिंदादीन महाराज के तीस गीतों को संकलित किया। इन दोनों संकलनों में संकलित रचनाओं की सरसरी निगाह से भी विवेचना करें तो बिंदादीन महाराज की परिस्थिति और उनकी नीति थोड़ी-थोड़ी समझ में आ सकती है।

विधा	राग	विषय	ताल
ठुमरी (18)			
सादरा (1)	सोरठ	नायिका-भेद, मुग्धा या मध्य-नायिका	झपताल
दादरा (4)	गारा, छायानट	नायिका-भेद प्रगल्भ नायिका, मुग्धा नायिका, मध्या नायिका	दादरा, एकताल
होरी (3)	गारा, मिश्र खमाज, देश	विरहोत्कंठिता नायिका	चाँचर, अद्धा
झूला (1)	देश		रूपक
भजन (3)	सिन्धुराकाफ़ी, मिश्र गारा, वड़हंस		दादरा, रूपक

बिरजू महाराज सम्पादित 'रस-गुंजन'

'रस गुंजन' के तीस गीतों में से अठारह ठुमरी हैं और निर्मला जोशी के संग्रह की सूची से तुलना करें तो उन्नीस (19) में सात (7) ठुमरी हैं जिनमें तीन (3) दोनों सूची में सामान्य ठुमरी हैं। और सामान्य रचनाओं की कुल संख्या आठ है अर्थात हमारे पास बिंदादीन महाराज की कुल 41 (30+19-7) रचनाएँ हैं। ये गीत मुख्य रूप से हिन्दी साहित्य के लोकप्रिय प्रारम्भिक-आधुनिक ब्रज विषयों पर आधारित हैं, मुख्य रूप से कृष्ण-लीला और नायिका-भेद, हालाँकि ये दोनों विषय भारत के सभी कला-रूपों में जयदेव के 'गीतगोविंद' के बाद से ही काफ़ी प्रभावी हो गए थे। आश्चर्य नहीं, कप्तान ऑगस्टस विलार्ड ने उन्नीसवीं शताब्दी की शुरुआत में ही नोट किया था, "यदि हिन्दुस्तान के गीतों को विषयों के आधार पर वर्गीकृत किया जाए, तो शायद कृष्ण के प्रणयी रूप की सबसे अधिक रचनाएँ निकलेंगी।"[15]

विधा	राग	ताल	विषय
ठुमरी (7)	हमीर	तीन ताल	गोपिकाओं के साथ कृष्ण-लीला, छेड़-छाड़, नायिका-भेद
दादरा (4)	गारा, छायानट	दादरा, एकताल	नायिका-भेद : प्रगल्भ नायिका, मुग्धा नायिका, मध्या नायिका
भजन (3)	सिंदुरा काफ़ी, मिश्र गारा, वड़हंस	दादरा, रूपक	कृष्ण-जन्म, राम-गुण दुःख हरण, राम कृष्ण
होरी (4)		चाँचर, कहरवा	विराहोत्कंठिता नायिका
झूला (1)	देश	रूपक	झूलत राधे नवल किशोर

निर्मला जोशी का संग्रह

यह भी सच है कि इस विषय की लोकप्रियता अलग-अलग उद्देश्य के लिए अलग-अलग भूमिकाओं के अनुकूल अपने को ढाल लेने की योग्यता में है, अगर इस विषय को मन्दिर में प्रस्तुत किया जाता है तो इसका अर्थ पूरी तरह से उससे अलग होता है, जो कि राजदरबार की महफ़िल में होता है। दूसरे शब्दों में कहें तो सन्दर्भ अर्थ को निर्धारित करता है इसलिए बिंदादीन महाराज जैसे कृष्णभक्त राजदरबार में अगर नटवरी नृत्य करते हैं तो इस प्रदर्शन का अर्थ नर्तक, उनके संरक्षक और उनके दरबारियों के लिए अलग-अलग होता है। आइए, हम कल्पना करें कि वाजिद अली शाह के दरबार में बिंदादीन महाराज ठुमरी का प्रदर्शन कर रहे हैं, बन्दिश है :

कान्ह देखो ठाढ़े हैं ब्रज की ओर
कैसे जाऊँ पनिया भरन मोरी आली
मोके सरकी चुनरिया छोर।
नित-नित छेड़ करत हम से, यही डर लागे
जो अपने बस कर मोहे पैये
फिर बिंदा श्याम बनेंगे पति मोर।

अब यह सम्भव है कि जब नर्तक बोल-बनाव के दौरान नायक के प्रति नायिका की भावनाओं को बहुत ही श्रृंगारिक तरीक़े से व्यक्त करता है, तो ऐसा हो सकता है कि दर्शकों को नायिका से साधारणीकरण (निर्वैयक्तिकरण) होकर नायिका के साथ सहानुभूति हो जाए, लेकिन यदि नर्तक राधा की एक ऐसी छवि अभिव्यंजित करना चाहता है जो आध्यात्मिक स्तर पर भगवान कृष्ण के

प्रति भक्तिपूर्ण या अधिभौतिक शिकायत करना चाहती है तो उन दर्शकों का क्या होगा जो भिन्न सांस्कृतिक परिवेश में पैदा हुए और पले-बढ़े हैं। दूसरे शब्दों में, जब कलाकार और दर्शक दो अलग-अलग सन्दर्भों में अवस्थित हों, तो यह एक ऐसी स्थिति पैदा कर सकता है जहाँ नर्तक का रसोद्रेक (रास का उदय) दर्शकों के लिए रसाभास बन जाय। यह निश्चित रूप से कहना मुश्किल है कि पंडित बिंदादीन महाराज ने एक संगीतकार और नर्तक के रूप में कृष्ण के प्रति अपनी भक्ति व्यक्त करने की क्षमताओं के लिए कृष्ण विषय का उपयोग किया या अपने संरक्षकों और रसिक समाज के सामने अपने नृत्य-कौशल को प्रदर्शित करने के लिए इसका एक उपकरण की तरह प्रयोग किया। दूसरे शब्दों में, क्या उन्होंने ऐसा विषय चुना जो उनके प्रदर्शन के लिए बिलकुल उपयुक्त था या यह दोनों लक्ष्यों को एक साथ हासिल करने की एक तरह की रणनीति थी? इसी तरह की स्थिति में प्रारम्भिक-आधुनिक ब्रज कवि भिखारीदास (1725-1760 ई. के बीच सक्रिय) को एक स्वीकारोक्ति करनी पड़ी, जैसा कि वे घोषणा करते हैं, " *आगे के सुकवि रीझिहैं तौ कविताई न तौ/राधिका-कन्हाई सुमिरन को बहानो है*।"[16] निस्सन्देह, भविष्य के नर्तकों और दर्शकों को बिंदादीन का अभिनय पसन्द आया चाहे वह उनके लिए राधा-कन्हाई को याद करने का मात्र बहाना ही क्यों न हो!

[ओसाका विश्वविद्यालय, जापान द्वारा आयोजित चौदहवें इंटरनेशनल कॉन्फ्रेंस ऑन अर्ली मॉडर्न लिटरेचर ऑफ़ नार्थ इंडिया के अवसर पर 19 जुलाई, 2022 को अंग्रेज़ी में ऑनलाइन पठित निबन्ध का हिन्दी रूपान्तरण।]

सन्दर्भ

1. लेकिन कुछ विद्वानों का तर्क है कि यह फ़ारस से आयात किया गया था : उदाहरण के लिए, मन्दाक्रान्ता बोस मुग़ल काल के ग्रन्थ 'नर्तननिर्णय' का हवाला देती हैं, जिसमें एक शैली का वर्णन किया गया है जिसका फ़ारसी नर्तकियों द्वारा अभ्यास किया गया था; इसके विवरण से हम इस शैली को वर्तमान कथक के रूप में पहचान सकते हैं, और अन्य ऐतिहासिक स्रोतों से हम जानते हैं कि यह शैली वास्तव में मुग़ल युग में फ़ारसी दरबारी नर्तकियों द्वारा भारत में आयात की गई थी। देखें, मन्दाक्रान्ता बोस, *मूवमेंट एंड मिमेसिस : द आइडिया ऑफ़ डांस इन द संस्कृटिक ट्रेडिशन*, स्प्रिंगर एंड क्लूवर एकेडमिक पब्लिशर्स, 1991, पृ. 259
2. शोभना नारायण, *कथक*, ए शुभी पब्लिकेशन इंटरप्राइजेज़, फ़र्स्ट इकोनॉमी एडीशन, 2012, पृ. 88-89
3. अब्दुल हलीम शरर, अनुवाद : नूर नवी अब्बासी, *पुराना लखनऊ (गुज़िश्ता लखनऊ)*, नेशनल बुक ट्रस्ट, दिल्ली, चौथी आवृत्ति 1995, पृ. 161-162

4. के.एम. वर्मा, *नाट्य, नृत्त और नृत्य,* ओरिएंट लांगमैन, कलकत्ता, प्रथम प्रकाशित, 1957, पृ. 1
5. आनन्द कुमारास्वामी, *द मिरर ऑफ़ जेस्चर,* मुंशीराम मनोहरलाल, दिल्ली, चौथा संस्करण 1987, पृ. 14
6. धनंजय, *दशरूपकम,* (सं.) श्रीनिवास शास्त्री, साहित्य भंडार, मेरठ, 1994, पृ. 10
7. मन्दाक्रान्ता बोस, वही, पृ. 256
8. मधु त्रिवेदी, *द इमर्जेंस ऑफ़ द हिन्दुस्तानी ट्रेडिशन, थ्री एसेज़ कलेक्टिव,* गुडगाँव, फ़र्स्ट एडीशन 2012, पृ. 166 167
9. कपिला वात्स्यायन, *इंडियन क्लासिकल डांस,* पब्लिकेशन डिवीजन, दिल्ली, सेकंड एडीशन, 1997, पृ. 93-94
10. देखें, मुल्कराज आनन्द (सम्पा.), मार्ग, वॉल्यूम XII, नम्बर 4, सितम्बर 1959, पृ. 55 पर एस. अवस्थी, रासलीला-ए ऑपरेटिव ड्रामा।
11. मार्गरेट वॉकर, *रिवायवल एंड रीइन्वेंशन इन इंडियाज कथक डांस,* म्यूज़िक कल्चर 37, पृ. 173-174
12. मोहन खक्कर, स्कूल ऑफ़ कथक : लखनऊ घराना, *मार्ग,* वही, पृ. 11
13. प्रियादास (1712) द्वारा भक्तमाल की टिप्पणी में वर्णित एक प्रसंग है जहाँ नारायणदास नाम के एक हिन्दू कथक नर्तक को एक मुस्लिम शासक के सामने प्रदर्शन करना है और उसने कैसे अपनी तुलसीमाला चतुराई से सामने रखकर उसके सामने नृत्य किया। देखें, सुनील कोठारी, लखनऊ घराना इन रश्मि वाजपेयी (सम्पा.), *कथक प्रसंग,* राजकमल प्रकाशन, दिल्ली, दूसरा संस्करण पृ. 82
14. मधु त्रिवेदी, *द इमर्जेंस ऑफ़ द हिन्दुस्तानी ट्रेडिशन, थ्री एसेज़ कलेक्टिव,* गुड़गाँव, पहला संस्करण 2012, पृ. 177-179
15. कैप्टन ऑगस्टस विलार्ड, *ए ट्रीटाइज ऑन द म्यूज़िक ऑफ़ हिन्दुस्तान,* बैप्टिस्ट मिशन प्रेस, कलकत्ता, 1834 , पृ. 89
16. भिखारीदास, *काव्य निर्णय,* (सं.), जवाहरलाल चतुर्वेदी, कल्याण दास एंड ब्रदर्स, वाराणसी, प्रथम संस्करण 1956, पृ. 3

गांधी और कला

> ...मेरे बारे में इतने सारे अन्धविश्वास व्याप्त हैं कि अब मेरे लिए उन लोगों से आगे निकलना लगभग असम्भव हो गया है जो उन्हें फैला रहे हैं। नतीजतन, तब मेरे दोस्तों की प्रतिक्रिया लगभग हमेशा एक मुस्कान होती है जब मैं दावा करता हूँ कि मैं ख़ुद एक कलाकार हूँ।[1]

उपर्युक्त उद्धरण में गांधी जी ने दिलीप कुमार राय से जो बात कही, वह आज भी सच है। मुस्कान के रूप में प्रतिक्रिया अभी तक बदली नहीं है क्योंकि हम शायद ही कला के सम्बन्ध में बात करते हुए कभी गांधी जी को याद करते हैं, उनको एक कलाकार के रूप में देखना तो दूर की बात है। हालाँकि उन पर कई तरह से चर्चा की जा सकती है; उदाहरण के लिए, हम गांधीवादी सौन्दर्यशास्त्र पर बात कर सकते हैं; हम यह भी जानने की कोशिश कर सकते हैं कि गांधी सौन्दर्य और कला के बारे में क्या सोचते थे, साहित्य, चित्रकला, संगीत आदि के बारे में उनकी क्या राय थी; हम फ़िल्म, नाटक, चित्रकला, संगीत, मूर्तिकला, साहित्य के उन कार्यों का भी विश्लेषण कर सकते हैं जिनमें गांधी या गांधीवाद विषय रहा है; साहित्यकार और अनुवादक के रूप में भी गांधी ध्यान देने योग्य हैं क्योंकि उनका लेखन गुजराती और अंग्रेज़ी में क़रीब सौ खंडों में व्याप्त है।

गांधीवादी सौन्दर्यशास्त्र : सत्याग्रह का सौन्दर्यशास्त्र

सत्य ही सौन्दर्य है।

दिनांक 23.03.1921 के 'यंग इंडिया' में गांधी जी ने लिखा कि सत्याग्रह का शाब्दिक अर्थ है सत्य पर आग्रह अर्थात सत्य-बल। सत्य आत्मा या अन्तरात्मा है। इसलिए, इसे आत्म-शक्ति के रूप में जाना जाता है।[2] किसी अन्य स्थान पर उन्होंने घोषणा की कि "मैं सत्य में या सत्य के माध्यम से सुन्दरता देखता और पाता हूँ। सभी सत्य, केवल सच्चे विचार ही नहीं, बल्कि सच्चे चेहरे, सच्चे चित्र, या गीत,

अत्यधिक सुन्दर हैं...। सत्य स्वयं को ऐसे रूपों में प्रकट कर सकता है जो हो सकता है कि बाहरी रूप से बिलकुल भी सुन्दर न हों। सुकरात, हमें बताया गया है कि वे अपने युग के सबसे सच्चे व्यक्ति थे लेकिन कहा जाता है कि उनकी शक्ल-सूरत ग्रीस में सबसे बदसूरत थी। मेरे विचार से, वे सुन्दर थे क्योंकि उनका सारा जीवन सत्य के लिए प्रयासरत था, और आपको याद होगा कि उनका बाहरी रूप फ़िडियस को उनके सत्य की सुन्दरता को सराहने से नहीं रोक पाया, हालाँकि एक कलाकार के रूप में वह बाह्य सौन्दर्य को देखने का भी आदी था।"[3] यहाँ गांधी अन्तर्वस्तु (कंटेंट) और रूप (फ़ॉर्म) के द्विभाजन पर ज़ोर देते हैं और अन्तर्वस्तु का पक्ष लेते हैं। बाद में वे रूप को अनैतिकता के साथ भी जोड़कर देखने लगते हैं, और लिखते हैं, "ऑस्कर वाइल्ड को ले लो। मैं उनके बारे में बात कर सकता हूँ, क्योंकि मैं उस समय इंग्लैंड में था जब उनकी बहुत चर्चा हो रही थी...वाइल्ड ने सर्वोच्च कला को केवल बाहरी रूपों में ही देखा इसलिए,अनैतिकता का सौन्दर्यीकरण करने में सफल रहे।"[4] अनैतिकता के सौन्दर्यीकरण की स्वाभाविक परिणति यह सूत्र है, 'कला, कला के लिए' और गांधी जी इसका कड़ा विरोध करते हैं, वे लिखते हैं, "जो लोग 'कला के लिए कला' को आगे बढ़ाने का दावा करते हैं, वे अपना दावा पूरा करने में असमर्थ हैं। ...कला केवल एक साधन हो सकती है, उस साध्य का, जिसे हम सबको अवश्य प्राप्त करना चाहिए।"[5] गांधी के इस कथन पर कि 'सत्य ही ईश्वर है', रोम्या रोलाँ ने टिप्पणी की थी कि "मुझे ऐसा प्रतीत होता है कि इसमें ईश्वर की एक महत्त्वपूर्ण विशेषता—आनन्द—का अभाव—है। और इस पर मैं ज़ोर देता हूँ कि मैं आनन्द के बिना किसी ईश्वर को नहीं पहचानता।" गांधी ने इसका उत्तर देते हुए कहा कि वह कला और सत्य के बीच अन्तर नहीं करते। मैं 'कला के लिए कला' के सूत्र के ख़िलाफ़ हूँ। मेरे लिए सभी कलाएँ सत्य पर आधारित होनी चाहिए। मैं सुन्दर चीज़ों को अस्वीकार करता हूँ, अगर वे सत्य व्यक्त करने के बजाय असत्य व्यक्त करती हों...कला में सत्य प्राप्त करने के लिए मैं बाहरी चीज़ों के हू-ब-हू अनुकरण की अपेक्षा नहीं करता हूँ। केवल जीवित चीज़ें ही आत्मा को जीवित आनन्द देती हैं और आत्मा को ऊपर उठा सकती हैं।"[6] यहाँ ऐसा लगता है कि गांधी, प्लेटो और अरस्तू के अनुकरण सिद्धान्त से सम्भवत: अवगत थे और निश्चित रूप से वे अरस्तू के पक्ष में थे, जिन्होंने प्लेटो के विपरीत अनुकरण की ऐसी अवधारणा परिकल्पित की थी, जो यथातथ्य सत्याभास से परे है[7]; लेकिन वे इस तथ्य के प्रति भी गहराई से सचेत थे जैसा कि उन्होंने कहीं और लिखा है कि "सत्य और असत्य अक्सर साथ-साथ रहते हैं; अच्छाई और बुराई अक्सर एक साथ पाई जाती है। एक कलाकार में भी, चीज़ों की सही धारणा के साथ ग़लत परिप्रेक्ष्य का होना, विरल नहीं है। वास्तव में सुन्दर रचनाएँ तब जन्म लेती हैं जब सही अवबोध

काम कर रहा होता है। यदि ऐसे क्षण जीवन में दुर्लभ हैं, तो वे कला में भी दुर्लभ हैं।"[8] यह एक सत्याग्रही की एक दुर्लभ अन्तर्दृष्टि है, जिसके लिए जीवन और कला दो अलग-अलग वस्तुएँ नहीं थीं, बल्कि जैसा कि एक बार उन्होंने कहा था, "मेरे लिए निश्चय ही सबसे महान कलाकार वह है जो श्रेष्ठ जीवन जीता है।"[9] यह हमें यूनानी सिद्धान्तकार लोंजाइनस के कथन की याद दिलाता है कि महान लेखन महान दिमाग़ की प्रतिध्वनि होता है।[10] निश्चित रूप से यह निर्वैयक्तिकता के आधुनिकतावादी सिद्धान्त के ख़िलाफ़ है जहाँ जीवन और कला को एक नहीं माना जाता है लेकिन गांधी ज़ोर देकर कहते हैं कि "हम लोग इस विश्वास के आदी हो गए हैं कि कला निजी जीवन की शुद्धता से स्वतंत्र होती है। मैं अपने तमाम अनुभव के बल पर कह सकता हूँ कि इससे ज़्यादा झूठी बात और कुछ नहीं हो सकती। अब जबकि मैं अपने सांसारिक जीवन के अन्त के क़रीब पहुँच गया हूँ, मैं कह सकता हूँ कि जीवन की पवित्रता ही सर्वोच्च और सच्ची कला है। सुसंस्कृत स्वर से बढ़िया संगीत उत्पन्न करने की कला बहुतेरे प्राप्त कर सकते हैं, लेकिन शुद्ध जीवन के सामंजस्य से वैसे संगीत को उत्पन्न करने की कला विरले ही प्राप्त कर पाते हैं।"[11] संक्षेप में, सच्चिदानन्द का भी यही अर्थ है। गांधी ने रोम्या रोलाँ को इस शब्द का अर्थ यह कहकर समझाया कि सत का अर्थ है सत्य, चित्त का अर्थ है जीवित और वास्तविक ज्ञान जो सच्चे अवबोध से रहित न हो तथा आनन्द का अर्थ है पारलौकिक आनन्द। इस अवधारणा में सत्य आनन्द से अविभाज्य है।[12]

जो उपयोगी है, वह सुन्दर है

जो उपयोगी है क्या वह सुन्दर है? गांधी ने एक बार टिप्पणी की थी, "आप सब्ज़ियों में रंग की सुन्दरता क्यों नहीं देख सकते?"[13] और फिर एक और जगह उन्होंने ज़ोर देकर कहा था कि "उपयोगिता से रहित सौन्दर्य अकल्पनीय है।"[14] उनके लिए कला में उपयोगिता का अर्थ था, मनुष्य को "नैतिकता के मार्ग पर एक क़दम और आगे ले जाना और उसे उन्नत दृष्टि प्रदान करना।"[15]

प्रकृति के रूप में कला

आम तौर पर कला की चर्चा या तो प्रकृति या संस्कृति के सन्दर्भ में की जाती है। प्रकृति प्रदत्त है जबकि संस्कृति का निर्माण होता है। अगर हम कला को प्रकृति के रूप में देखते हैं तो हम इसका एक प्राकृतिक वस्तु के रूप में मूल्यांकन करना चाहते हैं जबकि संस्कृति के रूप में कला को एक कलाकृति के रूप में देखा जाता

है। गांधी कला को प्राय: प्रकृति के रूप में देखते हैं, यही कारण है कि वे कहते हैं, "मेरे लिए कला को वास्तव में महान होने के लिए उसकी भी अपील प्रकृति की सुन्दरता की तरह, सार्वभौमिक होनी चाहिए...प्रस्तुति में सरल और प्रकृति की भाषा की तरह अपनी अभिव्यक्ति में प्रत्यक्ष।"[16] कोई आश्चर्य नहीं कि जब उनसे पूछा गया कि वे विशेषज्ञता के इतने ख़िलाफ़ क्यों हैं, तो उन्होंने एक जवाबी सवाल किया, "आप उस स्पष्ट तथ्य को क्यों नहीं देखना चाहते कि प्रकृति जो सभी वास्तविक कलाओं की अन्तिम प्रेरणा है, वह कभी सीमा नहीं बाँधती। वह कभी भी कुछ इस तरह का विशेष स्वरूप नहीं बनाती कि केवल कुछ सुसंस्कृत लोग ही उसका आनन्द ले सकें, बाकी विशाल बहुमत को ठंड में ठिठुरता ही छोड़ दे।"[17] एक दूसरी जगह वे सवाल करते हैं कि "क्या कोई ऐसे चित्र की परिकल्पना कर सकता है जो प्रेरणा देने के मामले में नक्षत्र खचित आकाश, राजसी समुद्र, और विशाल पर्वतों से तुलनीय हो? क्या किसी चित्रकार के रंग की उगते भोर के सिन्दूर या ढलते दिन के स्वर्ण रंग से तुलना हो सकती है? नहीं, मेरे दोस्त, मुझे प्रकृति के अलावा और किसी से प्रेरणा नहीं चाहिए। उसने अभी तक मुझे कभी निराश नहीं किया है; वह मुझे विस्मित करती है, रहस्यपूर्ण बनाती है, मुझे परमानन्द का अनुभव कराती है। मुझे मनुष्य की बचकानी रंग-योजनाओं की क्या आवश्यकता है?"[18] यहाँ गांधी हमें प्लेटो के अनुकरण के रूप में कला के विचार की याद दिलाते हैं।[19] लेकिन जब संगीत की बात आती है तो गांधी की प्रतिक्रिया अलग होती है, वे कहते हैं, "मेरे लिए संगीत ऐसी चीज़ है जिससे ख़ुशी और प्रेरणा मिलती है। मुझे अच्छी तरह याद है, जब मैं दक्षिण अफ्रीका के एक अस्पताल में बीमार पड़ा था, कितना आनन्द, शान्ति और आराम मुझे संगीत से मिलता था। मेरे सविनय अवज्ञा अभियान की बढ़ती सफलता के लिए धन्यवाद कहें कि उन दिनों कुछ लोगों ने मेरे पैर तोड़ने की कोशिश की थी और मैं उन्हीं चोटों से उबर रहा था। मेरे अनुरोध पर, मेरे एक मित्र की बेटी, अक्सर मेरे लिए प्रसिद्ध भजन, 'लीड काइंडली लाइट' गाती थी। और यह उपचार एक बाम की तरह काम करता था! मैं अब भी इस गीत को कृतज्ञता के साथ याद करता हूँ।"[20] आश्चर्य नहीं कि संगीत और प्रार्थना उनकी सुव्यवस्थित दैनिकी और योजना के अभिन्न अंग थे जिन्हें उन्होंने अपनी विदेश यात्राओं के व्यस्त कार्यक्रम में भी कभी नहीं छोड़ा। यहाँ दृष्टव्य है लुई फिशर की वह रिपोर्ट जो दिसम्बर 1931 में लन्दन के गोलमेज़ सम्मेलन से लौटने के बाद स्विट्ज़रलैंड में रोम्या रोलाँ के साथ गांधी के प्रवास की है, वे लिखते हैं, "पिछली शाम गांधी ने रोलाँ को बीथोवेन बजाने को कहा। रोलाँ ने पाँचवीं सिम्फनी का 'एंडांटे' (विलम्बित) प्रस्तुत किया और अपनी पसन्द से ग्लुक का 'एलिसियन फ़ील्ड्स' भी। पाँचवीं सिम्फनी का विषय प्राय:

भाग्य के साथ मनुष्य का संघर्ष, भाग्य के साथ मनुष्य का सामंजस्य, मनुष्य का भाईचारा माना जाता है। दूसरा आन्दोलन, एंडांटे, मधुर है और कोमल गीतात्मक भावनाओं से संवलित है, प्रशान्त उदात्तता और आशावाद से भरा हुआ है। रोलाँ ने इसे इसलिए चुना क्योंकि यह गांधी के व्यक्तित्व की उनकी अवधारणा के क़रीब था। यह कोमल और प्रेम से पूर्ण है। ग्लुक की रचना में स्वर्गदूतों को बाँसुरी की धुन पर गाते हुए लगभग सुना जा सकता है। यह दिव्य संगीत है, पवित्रता और स्पष्टता से भरा हुआ। इस पर गीता को बाँधा जा सकता है।"[21] इस घटना को रोलाँ ने ख़ुद अपनी डायरी में नोट किया था कि गांधी चाहते थे कि वह विशेष रूप से बीथोवेन बजाएँ और जब उन्होंने ऐसा किया और उन्हें इस पर टिप्पणी करने के लिए कहा गया तो उन्होंने नटखट की तरह हँसते हुए कहा, "जब आप इसे अच्छा कह रहे हैं तो यह ज़रूर अच्छा ही होगा।"[22] वैसे गांधी कई बार यह निवेदन कर चुके थे कि वह उस कला और साहित्य को पसन्द करते हैं जो लाखों लोगों से बात कर सके। निश्चित रूप से, गांधी कला में 'अभिव्यक्ति' के बजाय सम्प्रेषण पर ज़ोर देते थे। ईसा मसीह के जीवन पर डीन फरार की पुस्तक का हवाला देते हुए उन्होंने लिखा है कि लेखक ने अंग्रेज़ी भाषा में लिखित यीशु के बारे में सब कुछ पढ़ा, और फिर वह फ़िलिस्तीन गया, 'बाइबिल' में वर्णित हर उस जगह और स्थान को ढूँढ़ा जिसे वह पहचान सकता था, और फिर उसने प्रार्थना और विश्वास के साथ इंग्लैंड की सामान्य जनता के लिए एक ऐसी भाषा में पुस्तक लिखी जिसे सभी समझ सकते थे। यह डॉ. जॉनसन की शैली में नहीं बल्कि डिकेंस की आसान शैली में थी। क्या हम लोगों के पास फर्रार जैसे आदमी हैं जो गाँव के लोगों के लिए महान साहित्य तैयार करें? हमारे साहित्यकार कालिदास और भवभूति और अंग्रेज़ी लेखकों पर ध्यान देंगे और उससे प्रेरित साहित्य हमें देंगे। मैं चाहता हूँ कि वे गाँवों में जाएँ, उनका अध्ययन करें और हमें कुछ जीवनदायी तत्त्व प्रदान करें...हमें वैसी कला और साहित्य की ज़रूरत है जो लाखों लोगों से बात कर सके।[23] गांधी हमेशा यह मानते रहे कि चूँकि हमें प्रकृति के मनोरम दृश्य का आनन्द लेने के लिए दुभाषिए की आवश्यकता नहीं पड़ती है—सूर्योदय के रंग औ रोगन या सूर्यास्त के प्रशान्त वातावरण या वसन्त की ठंडी हवाएँ हमें बिना किसी सहायता के सीधे सम्प्रेषित होती हैं, इसलिए वे पूछते हैं कि किसी कलात्मक कृति को समझने के लिए हमें किसी कलाकार की क्यों ज़रूरत होनी चाहिए? इसे सीधे मुझसे ही क्यों नहीं बोलना चाहिए? मैंने वेटिकन कला-संग्रह में क्रूस पर मसीह की एक मूर्ति देखी, जिसने मेरा ध्यान तत्काल खींचा और मुझे मंत्रमुग्ध कर दिया। मैंने इसे पाँच साल पहले देखा था लेकिन यह अभी भी मेरे समक्ष उपस्थित है। मैसूर के बेलूर के एक प्राचीन मन्दिर में मैंने पत्थर की एक छोटी सी मूर्ति देखी

जिसने मुझसे बात की और मैंने बिना किसी मदद के उसे समझ लिया। यह एक अर्ध-नग्न औरत की मूर्ति थी, जो अपने कपड़ों की सिलवटों से ख़ुद को उस कामदेव के बाण से बचाने के लिए संघर्ष कर रही थी, जो आख़िरकार हारकर उसके पैरों तले बिच्छू के रूप में घायल पड़ा था। मैं मूर्ति में उस पीड़ा को देख सकता था—बिच्छू के डंक की पीड़ा।[24]

प्रकृति जैसी कला और इसकी आसान सम्प्रेषण क्षमता के गांधीवादी प्रस्ताव को हम एक ऐसे उदाहरण के प्रतिपक्ष में रखकर विचार कर सकते हैं जिसे रवीन्द्रनाथ ठाकुर ने गांधी के साथ एक बहस में उद्धृत किया था, वे लिखते हैं, "मैं एक वीणावादक की तलाश में हूँ। मैंने उसे पूर्व में ढूँढ़ा और मैंने पश्चिम में भी उसे ढूँढ़ने की कोशिश की है, लेकिन मेरी खोज का वह आदमी नहीं मिला। वे सभी विशेषज्ञ हैं, वे तार में गूँज पैदा कर सकते हैं, वे भारी क़ीमतों की माँग करते हैं, लेकिन उनके अद्‌भुत प्रदर्शन मेरे दिल को छू नहीं पाते। अन्तत: मैं एक ऐसे व्यक्ति से मिला, जिसके पहले ही सुर ने भीतर की मेरी सभी दमित भावनाओं को तिरोहित कर दिया। उसमें आनन्द की अग्नि-शक्ति थी जो अपने स्पर्श से अन्य सभी हृदयों को प्रफुल्लित कर सकती है। मेरे लिए उनकी अपील तत्काल थी और मैं उन्हें उस्ताद के रूप में प्रणाम करता हूँ। फिर मैं एक वीणा बनाना चाहता था। इसके लिए सभी प्रकार की सामग्री और एक अलग तरह के विज्ञान की आवश्यकता थी। मेरे पास साधनों की कमी देखकर मेरे उस्ताद को दया आनी चाहिए थी और उन्हें कहना चाहिए था : 'कोई बात नहीं, मेरे बेटे तुम एक अच्छी वीणा के लिए महँगी कारीगरी और समय में वक़्त गँवाने के बजाय लकड़ी के किसी टुकड़े पर कसे हुए किसी साधारण तार पर अभ्यास करो। कुछ समय में ही तुम पाओगे कि वह वीणा जितना ही अच्छा है।' क्या सचमुच वह वैसा (वीणा जैसा) होगा? मुझे भय है कि ऐसा नहीं होगा।"[25]

कला-विषय के रूप में गांधी और गांधीवाद

गांधी और गांधीवाद को वर्षों से विभिन्न कला-रूपों में—फ़िल्म, रंगमंच, संगीत, चित्रकला, मूर्तिकला, साहित्य और यहाँ तक कि पैरोडी और कंप्यूटर गेम में भी निरन्तर विवेचित-विश्लेषित किया गया है। किसी भी दृष्टि से देखें यह वैविध्यपूर्ण और विशाल काम है जिसे एक लेख में समेटना सम्भव नहीं, इसलिए चयनधर्मी होना ही एकमात्र रास्ता हो सकता है। सबसे पहले हम साहित्य से शुरुआत करते हैं।

साहित्य में गांधी

दुनिया में गांधी जैसे बहुत कम प्रतीक हुए हैं जिन्होंने कलाकारों, साहित्यकारों, अभिनेताओं, रंगकर्मियों जैसे लोगों की कल्पना को इतने बड़े पैमाने पर प्रेरित और आकर्षित किया हो और यह अब भी जारी है, यही कारण है कि उनके व्यक्तित्व और उनकी विभिन्न गतिविधियों पर काम दिन-ब-दिन इस हद तक बढ़ रहा है कि अब उन सभी को एक लेख में तो क्या, एक पुस्तक में भी समेट पाना असम्भव है। अत: आवश्यक है कि रचनात्मक साहित्य के क्षेत्र तक ही सीमित रहा जाय और उसमें भी उन चयनित उपन्यास, कविता, नाटक इत्यादि को आधार बनाया जाय जिनमें गांधी को या तो एक चरित्र के रूप में चित्रित किया गया है या गांधी को सीधे सम्बोधित किया गया है या गांधीवाद या गांधी द्वारा उठाए गए मुद्दों का वहाँ किसी भी तरह से चित्रण हुआ है।[26] यह सामग्री भी इतनी विशाल, प्रभावशाली और महत्त्वपूर्ण है कि भारतीय अंग्रेज़ी साहित्य सहित भारतीय साहित्य के अधिकांश इतिहास-लेखन में 1920 के दशक से स्वतंत्रता-पूर्व के काल को 'गांधीवादी युग' के रूप में चिह्नित किया जाता है। एम.के. नाईक, 'ए हिस्ट्री ऑफ़ इंडियन इंग्लिश लिटरेचर' में लिखते हैं, "गांधीवादी युग का भारतीय अंग्रेज़ी साहित्य अनिवार्य रूप से भारतीय जीवन की इन युगान्तरकारी हलचलों (स्वतंत्रता आन्दोलन) से प्रभावित था। जब गांधीवादी आन्दोलन सम्भवत: अपने सबसे मज़बूत दौर में था, तीस के दशक के दौरान उपन्यास का अचानक फलना-फूलना अत्यन्त महत्त्वपूर्ण घटना थी। ...के.एस. वेंकटरमणी, मुल्कराज आनन्द और राजा राव का काम सम्भवत: सम्भव ही नहीं हुआ होता अगर इस दौरान वह चमत्कार नहीं घटित हुआ होता, जिसे लोग गांधी के नाम से जानते हैं।"[27] यह चमत्कार केवल भारतीय अंग्रेज़ी कथा साहित्य के क्षेत्र में ही नहीं, बल्कि भारत की लगभग सभी भाषाओं और विधाओं में घटित हो रहा था। कावेरीपट्टनम सिद्धनाथ वेंकटरमणी (1891-1952) के 'मुरुगन द टिलर '(1927) और 'कंदन : द पैट्रियट '(1932) और राजा राव (1908-2006) के उपन्यास 'कंथापुरा '(1938) और 'द काउ ऑफ़ द बैरिकेड्स '(1947) नामक लघु कहानियों के संग्रह में गांधीवादी सिद्धान्तों वाले पात्रों की परिकल्पना की गई थी। इसी प्रकार 'अनटचेबल' (1935), 'कुली' (1936), 'टू लीव्स एंड ए बड' (1937), 'द विलेज' (1939) और 'द स्वॉर्ड एंड द सिकल' (1942) में मुल्कराज आनन्द (1905-2004) ने गांधी की दृष्टि के माध्यम से प्रमुख चरित्रों की परिकल्पना की, यही नहीं बल्कि उनकी दो रचनाओं में गांधी स्वयं कुछ दृश्यों में संक्षिप्त रूप से प्रकट हुए। गांधी जी को आर.के. नारायण (1906-2001) के उपन्यास 'वेटिंग फ़ॉर द महात्मा' (1955) और ख़्वाजा अहमद अब्बास के 'इंकलाब' (1958) में

भी कुछ दृश्यों में उपस्थित किया गया था। मनोहर मलगाँवकर की 'ए बेंड इन द गैंगेज़' (1964) में गांधीवादी युग की जटिलताओं का परीक्षण किया गया है। बाद में चमन नहल (1927-2013) द्वारा लिखित उपन्यासों की एक बहुत ही महत्त्वाकांक्षी शृंखला सामने आई—इसका पहला खंड 'आज़ादी' *(फ्रीडम)* 1975 में, दूसरा खंड 'द क्राउन एंड द लॉइनक्लॉथ' 1981 में, तीसरा खंड 'द सॉल्ट ऑफ़ लाइफ़' 1990 में और अन्तिम खंड 'द ट्रायम्फ ऑफ़ द ट्राइकलर' 1993 में प्रकाशित हुआ। यह अपनी व्यापकता में भव्य और प्रस्तुति में ऐतिहासिक था, जिसमें महात्मा गांधी की पूरी शानदार जीवन-यात्रा को समेट लिया गया था, जो हमें टॉल्स्टॉय के महान 'वार एंड पीस' की याद दिलाता है। शशि थरूर की 'द ग्रैंड इंडियन नॉवेल' (1989) में महाभारत के भीष्म पितामह से गांधी की समानान्तरता ढूँढ़ी गई है लेकिन बाद में भारतीय अंग्रेज़ी कथा साहित्य का ध्यान धीरे-धीरे गांधी की आन्तरिक दुनिया पर केन्द्रित होता चला गया, जैसे मनोविश्लेषक सुधीर कक्कड़ का उपन्यास 'द सीकर' (2007), जहाँ गांधी को पत्रों, डायरियों और आत्मकथात्मक वृत्तान्तों के आधार पर, कुछ काल्पनिक और कुछ गैर-काल्पनिक पृष्ठभूमि में रखकर उस तैंतीस वर्षीय ब्रिटिश महिला मैडलिन स्लेड (मीरा बेन) के साथ उनके सम्बन्धों की पड़ताल की गई है जो एक एडमिरल की बेटी के रूप में सुविधा-सम्पन्न जीवन छोड़कर गांधी जी की शिष्या बन गई थी।

यदि हम उस समय के हिन्दी साहित्य का सर्वेक्षण करें तो पाते हैं कि लगभग सभी प्रमुख लेखक गांधी के चुम्बकीय व्यक्तित्व और उनकी पद्धतियों से प्रभावित थे। कथा साहित्य में प्रेमचन्द (1880-1936), भगवतीचरण वर्मा (1903-1981), जैनेन्द्र कुमार (1905-1988), विश्वम्भरनाथ शर्मा 'कौशिक' (1899-1945), सुदर्शन (1895-1967) किसी-न-किसी रूप में गांधीवाद से प्रतिश्रुत थे। रंगभूमि (1924) का नायक सूरदास सत्याग्रह करता है; जब उसके दोस्त हिंसा का सहारा लेने वाले होते हैं, तो वह कहता है, "भाइयो, आप लोग अपने-अपने घर जाएँ। मैं आपसे हाथ जोड़कर कहता हूँ, घर चले जाएँ। यहाँ जमा होकर, हाकिमों को चिढ़ाने से क्या फ़ायदा? मेरी मौत आवेगी, तो आप लोग खड़े रहेंगे, और मैं मर जाऊँगा। मौत न आवेगी, तो मैं तोपों के मुँह से बचकर निकल आऊँगा। आप लोग वास्तव में मेरी सहायता करने नहीं आए, मुझसे दुश्मनी करने आए हैं। हाकिमों के मन में, फ़ौज के मन में, पुलिस के मन में जो दया और धर्म का ख़याल आता, उसे आप लोगों ने जमा होकर क्रोध बना दिया है।"[28] स्पष्ट है कि गांधी जी ने जीवन-भर ऐसी ही भाषा का सहारा लिया था। प्रेमचन्द ने हृदय-परिवर्तन की एक और गांधीवादी अवधारणा को 'प्रेमाश्रम' (1922) में अपनाया और गांधीवादी सविनय-अवज्ञा आन्दोलन की पृष्ठभूमि में 'कर्मभूमि' (1932) की रचना की। एक

सम्पूर्ण चरित्र के रूप में स्वयं गांधी को गिरिराज किशोर ने 'पहला गिरमिटिया' (1999) जैसे उपन्यास में प्रस्तुत किया और गांधीवाद के विभिन्न पहलुओं को कई रचनाओं में उठाया गया, जैसे जैनेन्द्र कुमार के 'सुनीता' (1936), भगवतीचरण वर्मा के 'टेढ़े मेढ़े रास्ते' (1946)और फणीश्वरनाथ रेणु (1921-1977) में 'मैला आँचल' (1954) आदि। जैनेन्द्र कुमार के बारे में अज्ञेय लिखते हैं कि "उन्होंने अहिंसात्मक प्रतिरोध के गांधीवादी दर्शन को रचनात्मक अभिव्यक्ति दी और उसे बुराई के प्रति अप्रतिरोध और पीड़ा को स्वीकार करने के तार्किक चरम तक ले गए।"[29] इसी प्रकार गुजराती में लेखकों के दो समूह थे, एक समूह काका कालेलकर, रामनारायण पाठक, किशोरलाल मशरूवाला का था जिन्होंने गांधीवादी सिद्धान्तों को अपने जीवन में उतारा और उसे अपनी रचनाओं का मुख्य विषय बनाया और दूसरा समूह गांधी से प्रभावित था लेकिन उन्होंने स्वतंत्र विचारधारा अपनाई। के.एम. मुंशी (1887-1971) का उपन्यास 'स्वप्नद्रष्टा' स्वतंत्रता आन्दोलन से सम्बन्धित है और इसी तरह मराठी में वामन मल्हार जोशी (1883-1943) के उपन्यास 'इंदु काले सरला भोले' (1925) में मुख्य पात्र सरला एक सचेत गांधीवादी की पत्नी है और एस.आर. बिवलकर (1919-1972) का प्रसिद्ध उपन्यास 'सुनीता' (1947) नोआखाली दंगों पर केन्द्रित है और शरतचन्द्र मुक्तिबोध (1921-1984) की 'क्षिप्रा' (1942) की पृष्ठभूमि भारत छोड़ो आन्दोलन है। मराठी उपन्यासकार साने गुरुजी (क्रान्ति, 'गॉड शेवट', 'आस्तिक' और 'नव प्रयोग') और प्रेमा कंटक ('काम अनी कामिनी' और 'अग्नि-यान') अपने गांधी-केन्द्रित उपन्यासों के लिए भी जाने जाते थे। ये उपन्यास हमारे देश के उन ऐतिहासिक क्षणों से सम्बन्धित हैं जो गांधी और उनके समय से अनिवार्य रूप से जुड़े हुए हैं। हालाँकि गांधी का जीवन और शिक्षाएँ कन्नड़ साहित्यिक क्षेत्र में बहुत प्रभावशाली थीं, लेकिन ऐसा लगता है कि कथा साहित्य इसके प्रचार-प्रसार के लिए बहुत अनुकूल नहीं था; हालाँकि वी.के. गोकक, बसवराज कट्टीमनी, इनामदार, टी.आर. सुब्बाराव, गोरूर रामास्वामी अयंगर, कोटा शिवराम कारंथ के कुछ उपन्यासों को गांधीवादी कहा जा सकता है। तमिल कथा साहित्य में स्थिति अलग थी क्योंकि मणिक्कोडी समूह के लेखक गांधीवादी मूल्यों का प्रचार करने में बहुत सक्रिय थे और यह अनुमान लगाया गया है कि 'दस वर्षों की अवधि में गांधीवाद से प्रेरित कम-से-कम एक हज़ार किताबें तमिल में प्रकाशित हुईं। महिला रचनाकार वी.एम. कोदैनायकी अम्माल ने सौ से अधिक उपन्यास लिखे जिनमें गांधीवादी प्रभाव स्पष्ट है।[30] कल्कि कृष्णमूर्ति (1899-1954) की 'अलाई ओसाई' तीस और चालीस के दशक के कठिन और अशान्त समय को एक आम आदमी की नज़र से दर्शाती है। यह उपन्यासकार की ओर से राष्ट्रपिता को एक प्रकार की श्रद्धांजलि थी। उड़ीसा में, गोपबन्धु दास

(1877-1928) जो असहयोग आन्दोलन में सक्रिय भागीदार थे, ने हमेशा अपने काम में गांधीवादी आदर्शों को चित्रित किया और उनके कनिष्ठ लेकिन समान रूप से प्रसिद्ध कालिन्दी चरण पाणिग्रही (1901-1991) द्वारा अपने मौलिक उपन्यास 'माटीर मानुष' (1966) में प्रेमचन्द की तरह गांधीवादी हृदय-परिवर्तन में विश्वास व्यक्त किया गया। बांग्ला कथा साहित्य में, ताराशंकर बंदोपाध्याय (विशेष रूप से धातृदेवता), सतीनाथ भादुड़ी ('जागरी', 'ढोढाई चरित मानस'), आनन्द शंकर रे ('सत्यासत्य'), बनफूल, मनोज बसु, नबेंदु घोष, सुमथनाथ घोष, गजेन्द्र कुमार मित्रा, सुबोध घोष आदि के काम में गांधीवादी प्रभाव बहुत स्पष्ट है। ताराशंकर बंदोपाध्याय गांधी के नेतृत्व में स्वतंत्रता संग्राम में सक्रिय रूप से शामिल थे और उनके नायक धातृदेवता की यह घोषणा थी कि, "यह संघर्ष वास्तव में अद्वितीय है। तुम्हें मारना नहीं है, तुम्हें मरना होगा। यह बिना हथियारों का युद्ध है, नंगे हाथ, आप अपने शरीर पर बन्दूक़ के सामने निडर होकर खड़े होते हैं।"[31] इसी प्रकार सतीनाथ भादुड़ी का पहला उपन्यास—जागरी—स्वतंत्रता संग्राम और गांधीवादी जीवन-शैली का वर्णन करता है; इस उपन्यास ('द विजिल') के अंग्रेज़ी अनुवादक भूमिका में लिखते हैं, "द विजिल बंगाल में 1942 के आन्दोलन की राजनीतिक और सामाजिक पृष्ठभूमि पर लिखा जाने वाला पहला उपन्यास है...यह 1944 में लिखा गया था, जिस वर्ष गांधी जी को जेल से रिहा किया गया था, और 1946 में प्रकाशित हुआ था, भारत को औपचारिक रूप से एक मुक्त और स्वतंत्र राष्ट्र घोषित किये जाने से कुछ महीने पहले...यह कहना सुरक्षित है कि इस तरह का कोई उपन्यास पहले न तो लिखा जा सकता था और न ही प्रकाशित किया जा सकता था।"[32] निश्चित रूप से बांग्ला साहित्य पर गांधी का प्रभाव इतना कम नहीं है कि उसे नज़रअन्दाज़ और उपेक्षित किया जा सके। बांग्ला साहित्यिक पत्रिकाओं पर शोध करते हुए सर्वणी गुप्त ने निष्कर्ष निकाला कि "1916-1939 के बीच बंगबानी, भारती, भारतवर्ष, विचित्र और प्रबासी में जो 35 निबन्ध और कविताएँ प्रकाशित हुईं और 1922-1932 के बीच टैगोर-गांधी सम्बन्धों को प्रकाशित करने वाला समाचार-पत्र 'आनन्द बाजार' पत्रिका का समय भी वही था जो भारत में गांधीवादी आन्दोलन का उत्कर्ष काल कहा जा सकता है और इसमें वह बंगाली दृष्टिकोण अभिव्यक्त हुआ है जिसे चर्चा में अक्सर नज़रअन्दाज़ कर दिया जाता है।

"बंगाल के साथ गांधी का रिश्ता उनके महात्मा बनने से बहुत पहले शुरू हुआ था, जब उन्होंने 1902 में दक्षिण अफ्रीका में भारतीय उपनिवेशीकरण पर 'भारती' पत्रिका में अनुवाद और प्रकाशन के लिए एक लेख भेजा था। नियमित कविताएँ और निबन्ध 1921 से छपने लगे—कुछ में उनके व्यक्तित्व की सीधी प्रशंसा होती थी तो कुछ में उनके सत्याग्रह के आदर्श और सत्येन्द्रनाथ दत्त, हेमेन्द्रलाल रॉय,

प्यारीमोहन सेनगुप्ता की 'गांधी बन्दना' और 'खादी और चरखे' पर कविताओं जिसमें काज़ी नज़रूल इस्लाम द्वारा रचित प्रसिद्ध 'चरखा गीत' भी शामिल था, के माध्यम से भविष्य के प्रति आशा जगाई जाती थी और जिसमें बोलपुर के एक उत्साही स्वयंसेवक अक्षय कुमार राय द्वारा दांडी यात्रा और नमक सत्याग्रह पर एक लेख (बिचित्रा, 1931) भी शामिल था।"[33] भारतीय साहित्य पर गांधी के प्रभाव की चर्चा करते हुए शिशिर कुमार दास लिखते हैं, "भारतीय जीवन में गांधी का आगमन भव्य और नाटकीय तरीक़े से हुआ और जिसका प्रभाव गहरा और व्यापक पड़ा, इसे भारतीय साहित्य के इतिहास की सबसे यादगार घटनाओं में से एक माना जाना चाहिए। भारतीय राजनीति में गांधी के आगमन के बाद उभरी नई देशभक्तिपरक राष्ट्रवादी कविता का विषय गांधी बन गए...सत्येन्द्रनाथ दत्त ने 1921 की शुरुआत में लिखा, *देखो, शहर की सड़कों पर कोलाहल को ध्यान से सुनो/गांधी जी, गांधी जी की महातरंग*।"[34]

यह नई देशभक्तिपरक राष्ट्रवादी कविता उस समय भारत की लगभग सभी भाषाओं में प्रमुख प्रवृत्ति के रूप में उभरी; चाहे वह असमिया में अम्बिका गिरि रायचौधरी या कनक चन्द्र सरमा की कविता हो या गुजराती में मेघानी, उमाशंकर जोशी या स्नेहरश्मि की रचना हो या दत्तात्रेय रामचन्द्र बेंद्रे या मस्ती वेंकटेश अयंगर की कन्नड़ में या उड़िया में राधामोहन गड़नायक की कविता हो, या मलयालम में वल्लतोल और शंकर कुरुप या तमिल में रामलिंगम और वी. कल्याणसुन्दरम की कविता हो या तेलुगु में कृष्णा शास्त्री और बसवराजू अप्पाराव या उर्दू में चकबस्त और अकबर इलाहाबादी और हिन्दी में अयोध्या सिंह उपाध्याय 'हरिऔध', मैथिलीशरण गुप्त या सोहनलाल द्विवेदी की कविता हो या यहाँ तक कि अंग्रेज़ी में सरोजिनी नायडू आदि कवि—ये सभी देशभक्त कवि गांधीवादी राष्ट्रवाद से ओत-प्रोत थे। सरोजिनी नायडू ने गांधी को एक शाश्वत कमल के रूप में चित्रित किया, *"हे रहस्यवादी कमल, पवित्र और उदात्त/असंख्य पंखुड़ियों वाली अक्षत गरिमामय/त्रासद भाग्य के क्षणभंगुर झंझावात पर विजयी/शाश्वत समय के जल में हैं जिसकी जड़ें गहरी ...*"[35]

मलयालम कविता में वल्लत्तोल की 'एंटे युरुनाथन' (1923) सबसे लोकप्रिय कविताओं में से एक है जो गुरु—तो स्थानीय गांधी जी—की प्रशंसा में एक (कवि) शिष्य का भजन है, *"जिस देश ने गीता को जन्म दिया/सिर्फ़ वह उन जैसे द्रष्टा को सह सकता है/जो कर्म के उपदेशों को दाँव पर लगाता है; वह भूमि जो विन्ध्य और हिमवन्त की भुजाओं के बीच में है/सिर्फ़ वह उन जैसे शेर को पाल सकता है/जिससे तपस्वी शान्ति प्राप्त करते हैं;/वह भूमि जिसके मध्य गंगा बहती है/सिर्फ़ वही कल्पक को बढ़ा सकती है/जो मनुष्य के लिए शाश्वत कल्याणकारी है।"*[36]

इसी तरह, उर्दू में पंडित बृजनारायण चकबस्त (1882-1926) ने 1913 में दक्षिण अफ़्रीका में नस्लीय भेदभाव के ख़िलाफ़ गांधी के संघर्ष की प्रशंसा करते हुए एक कविता लिखी, जिसका शीर्षक था 'फ़रियाद-ए-कौम' *समझ लिया है कि हमें रंज-ए-दर्द सहना है/मगर ज़बान से कहेंगे वही जो कहना है।* प्रमुख उर्दू आलोचक अली अहमद फ़ातिमी ने अपने एक महत्त्वपूर्ण लेख 'उर्दू साहित्य में गांधी जी' में लिखा है कि उर्दू के पहले राष्ट्रीय कवि चकबस्त गांधी जी के नस्लीय भेदभाव के ख़िलाफ़ दक्षिण अफ़्रीका में शुरू किये गए धर्मयुद्ध से बहुत प्रभावित थे। कवि का जोशीला आग्रह है, *वतन से है तू दूर पर निगाह कर लेना/इधर भी आग लगी है ज़रा ख़बर कर लेना।* गांधी जी को सम्बोधित यह सम्भवत: पहली कविता है।[37] असाधारण उर्दू कवि अकबर इलाहाबादी ने 'शाहनामा' से प्रेरणा लेने के बजाय एक प्रेरक भारतीय व्यक्तित्व पर महाकाव्य लिखने का दावा करते हुए 'गांधीनामा' लिखा। इससे प्रेरणा लेते हुए उर्दू में कई शायरों ने गांधी पर कविताएँ लिखीं जैसे ज़फ़र अली ख़ान, हसरत मोहानी, मोहम्मद अली जौहर, मजाज़, जोश मलीहाबादी, असर लखनवी, जाँ निसार अख़्तर, आनन्द नारायण मुल्ला, वामिक जौनपुरी, इक़बाल सुहैल और जमील मज़हरी।[38] हिन्दी में भी कवियों ने गांधीवादी दर्शन पर उत्साहपूर्वक प्रतिक्रिया व्यक्त की, जिसके परिणामस्वरूप एक नई तरह की देशभक्तिपरक राष्ट्रवादी कविता सामने आई, जैसा कि प्रसिद्ध हिन्दी आलोचक रामस्वरूप चतुर्वेदी ने ठीक ही बताया है कि हिन्दी में पुनर्जागरण ने आध्यात्मिकता को सार्वजनिक सेवा से और फिर सार्वजनिक सेवा को राष्ट्रवाद से जोड़ दिया था।[39] इसका प्रमाण अयोध्या सिंह उपाध्याय 'हरिऔध' ('प्रियप्रवास' : 1914), गोकुल चन्द्र शर्मा ('गांधी गौरव' : 1919), मैथिलीशरण गुप्त ('साकेत' : 1932), गया प्रसाद शुक्ल 'सनेही', सोहनलाल द्विवेदी (1906-1988) ('युगावतार'), सियाराम शरण गुप्त ('बापू' : 1938), मोहनलाल महतो 'वियोगी' ('आर्यावर्त' : 1943) रामचरित उपाध्याय, श्रीधर पाठक, रामनरेश त्रिपाठी, रामधारी सिंह 'दिनकर' ('बापू' : 1947), दुलेराय करानी ('गांधी बवानी' : 1948) रघुवीर शरण मित्रा ('जननायक' : 1949) सुमित्रानन्दन पन्त और हरिवंश राय बच्चन ('खादी के फूल' : 1948), गोपाल शरण सिंह ('जगद्लोक' : 1952), सुमित्रानन्दन पन्त ('लोकायतन' : 1963), भवानी प्रसाद मिश्र ('गांधी पंचशती' : 1969) आदि रचनाकारों की रचनाओं में देखा जा सकता है। इसमें कोई आश्चर्य नहीं कि जब सोहनलाल द्विवेदी ने गांधी जी के सत्तरवें जन्म-उत्सव की पूर्व संध्या पर गांधी अभिनन्दन ग्रन्थ के तहत गांधी पर प्रतिनिधि कवियों का एक काव्य-संग्रह सम्पादित किया, तो इसमें पचास हिन्दी कवि शामिल थे, जबकि उर्दू में पन्द्रह, बांग्ला में बारह, मराठी में बारह, गुजराती में ग्यारह, अंग्रेज़ी में ग्यारह, तेलुगु में पाँच, कन्नड़

में चार, उड़िया में तीन, राजस्थानी में दो, सिन्धी में दो, तमिल में तीन, मलयालम में दो, चीनी में दो और मैथिली में एक प्रतिनिधि कवि शामिल थे।[40] इन प्रतिनिधि कवियों ने गांधी और स्वतंत्रता संग्राम में उनकी ऐतिहासिक भूमिका को उसकी पूरी महिमा के साथ चित्रित किया था, लेकिन गांधी या गांधीवाद को चित्रित करने के अलावा कुछ गांधीवादी सिद्धान्तों को भी कुछ लेखकों ने अपनी रचना-प्रक्रिया में अपनाया। हिन्दी साहित्य के आलोचक का तर्क है कि गांधी के जीवन और दर्शन की सबसे प्रमुख विशेषता उनकी मितव्ययिता रही है, जो उनके धैर्य के आदर्श से जुड़ी हुई है...'कुछ भी अनावश्यक रूप में व्यय नहीं होना है और छोटे से छोटे उपकरण का भी प्रयोग कर लिया जाना है—यह उनका मूल मंत्र था, अपने समय के लिए, देश की अर्थनीति के लिए और राजनीतिक शक्ति के लिए। मुंशी प्रेमचन्द अपने ढंग से, जैसे कि मैथिलीशरण गुप्त अपने ढंग से, किफायतसारी का यह आदर्श अपनी रचना-प्रक्रिया में रखकर चलते हैं।[41] और यदि इसे और भी निदर्शनात्मक ढंग से देखना हो तो इसे नाट्य-कृतियों में देखा जा सकता है। भारतीय अंग्रेज़ी में भारती साराभाई (1912-96) ने नौ वर्षों की अवधि में दो नाटकों की रचना की, पहला 1943 में 'द वेल ऑफ़ द पीपुल' और 1952 में दूसरा 'टू वुमन', जिसमें सामाजिक बुराइयों के गांधीवादी निर्देश शामिल थे। के.एस. रंगप्पा की 'गांधीज़ साधना' (1968), आसिफ करीमभोय (1928-1994) की 'एन एक्सपेरिमेंट विद ट्रुथ' (1972), लखन देव की 'मर्डर एट द प्रेयर' (1972) और एस.के. ओझा की 'राइडिंग द स्टॉर्म' (1990) कुछ उदाहरण हैं जहाँ गांधी और उनके समय की विवेचना की गई। भारतीय भाषाओं में मराठी नाटकों का एक लम्बा इतिहास रहा है जिनमें गांधी के विभिन्न आयामों और व्याख्याओं को मुख्य विषय बनाया गया—कृष्णाजी प्रभाकर खाडिलकर (1872-1948) से लेकर सैफ़त ख़ान की 'गांधी आडवा येतो' (2013) तक। बी.वी. वारेरकर ('अपूर्व बंगाल'), मधुसूदन कालेलकर ('पन्द्रह अगस्त'), डी.एन. शिखरे ('वैष्णव जन'), प्रदीप दलवी ('मैं नाथूराम गोडसे बोलतोय'), अजीत दलवी ('गांधी विरुद्ध गांधी'), प्रेमानन्द गजवी ('गांधी आनी आम्बेडकर') जैसे नाटककारों ने विषय को आत्मनिष्ठ और कभी-कभी विवादास्पद दृष्टिकोण से प्रस्तुत किया। इसी प्रकार, मलयालम में भी कुछ नाटकों की कल्पना गांधीवादी प्रभाव के तहत की गई, जैसे इडास्सेरी गोविंदन नायर (1906-1974) का 'कुट्टुकृषि', एन. कृष्णा पिल्लई (1916-1988) का 'अनुरंजनम', के. सुरेन्द्रन (1921-1997) का 'द हाउस ऑफ़ लैक' आदि। इसी प्रकार कन्नड़ में जी.पी. राजरत्नम (1909-1979) का 'सम्भवामि युगे युगे', असमिया में ज्योति प्रसाद अग्रवाल (1903-1951) का नाटक 'जैसे करेंगर लागिरी' (1937), 'रूपालिम' (1938), 'लोबिटो' (1945) और अतुलचन्द्र हजारिका (1903-86) और सत्य

प्रसाद बरुआ (1919—) की कुछ रचनाओं का हवाला दिया जा सकता है, लेकिन यह सच है कि गांधी पर नाटक अपेक्षाकृत कम लिखे गए। यही हाल हिन्दी नाटक का भी है जहाँ हरिकृष्ण प्रेमी (1908-74) और सेठ गोविन्ददास (1896-1974) जैसे नाटककारों ने क्रमश: 'स्वर्णविहान' (1930), 'रक्षाबन्धन' (1934), 'शिव साधना' (1937) और 'सेवापथ' जैसे कुछ नाटक गांधीवादी मानवतावाद पर लिखे। जयशंकर प्रसाद (1889-1937) का महान नायक स्कन्दगुप्त, नायिका देवसेना, और ध्रुवस्वामिनी भी सम्भवत: गांधीवादी मान्यताओं के बिना शायद सम्भव नहीं थे, लेकिन विषय के रूप में गांधी को हिन्दी नाटक में आम तौर पर नहीं छुआ गया। क्या ऐसा इसलिए है क्योंकि नाटक के विषय के रूप में गांधी, विधा-विशेष की विशिष्ट माँगों को पूरा करने के लिए पर्याप्त नाटकीय नहीं हैं, जैसा कि एक अध्येता ने तर्क दिया था कि "उनके राजनीतिक करियर पर उनकी संत छवि के हावी हो जाने के कारण संघर्ष पैदा करने वाली वह तीव्रता उत्पन्न नहीं हो सकती थी, जिस पर नाटकीय कला पनपती है। उनकी आस्था और विश्वास इतने पक्के थे कि उनमें किसी भी आन्तरिक चारित्रिक संघर्ष के लिए कोई जगह नहीं थी।"[42] इस सूत्रीकरण पर विवाद या बहस हो सकती है, अगर हम गांधी पर जॉर्ज ऑरवेल के विचारों को देखें, तो यह उससे काफ़ी अलग है, वे लिखते हैं, "उनका चरित्र असाधारण रूप से मिश्र था, लेकिन इसमें लगभग ऐसा कुछ भी नहीं था जिस पर आप अपनी उँगली रखकर उसे बुरा कह सकें और मेरा मानना है कि गांधी के सबसे बड़े दुश्मन भी स्वीकार करेंगे कि वह एक दिलचस्प और असामान्य व्यक्ति थे जिन्होंने मात्र जीवित रहकर दुनिया को समृद्ध कर दिया था।"[43] लेकिन यह भी सच है कि पिछले कुछ दशकों में ही गांधी के व्यक्तित्व के नाटकीय तत्त्वों की भारतीय रंगमंच ने सुध लेना आरम्भ किया। फ़िरोज़ अब्बास ख़ान ने 1995 में 'गांधी विरुद्ध गांधी' का मुम्बई में मंचन किया। यह नाटक दिनकर जोशी के गुजराती उपन्यास 'प्रकाशनो पदचायो' (प्रकाश की छाया) पर आधारित था जिसमें गांधी और उनके बड़े बेटे हरिलाल के जटिल सम्बन्धों की पड़ताल की गई थी। यह गांधी को राजनीति के दायरे में नहीं बल्कि उनके निजी क्षेत्र में समझने का प्रयास था। नाटक का मंचन मराठी, गुजराती, हिन्दी और अंग्रेज़ी (अंग्रेज़ी में इसका शीर्षक 'महात्मा वर्सेस गांधी' था) में किया गया और इसे काफ़ी सराहना मिली। गांधी के रूप में भिन्न-भिन्न प्रस्तुतियों में अतुल कुलकर्णी, बोमन ईरानी और नसीरुद्दीन शाह एक ऐसे पिता के मानस की गहराई में उतरने में सक्षम थे, जो लगातार अपने निजी और सार्वजनिक क्षेत्र का अतिक्रमण कर रहा था। इस नाटक का देश-भर में सफल मंचन किया गया। अगले वर्ष जनवरी 1996 में गांधी को छायापुतुल (शैडो पपेटरी) में प्रस्तुत किया गया। संगीत नाटक अकादमी और इन्दिरा गांधी राष्ट्रीय

कला केन्द्र द्वारा संचालित, गांधी के जीवन के तीन महत्त्वपूर्ण प्रसंग—दक्षिण अफ्रीका का रेल प्रकरण, दांडी मार्च और स्वदेशी आन्दोलन को तमिलनाडु के कठपुतली कलाकार मुरुगन राव ने धर्मस्थल, कर्नाटक में होने वाले राष्ट्रीय छायापुतुल महोत्सव में चित्रित करने के लिए चुना था।। लेकिन जैसा कि सलिल सिंह ने अपनी रपट में बताया है कि "कठपुतली कलाकार जिनके हाथों में पौराणिक नायकों की परछाइयाँ नाचती और घूमती थीं, भावुक गीतों और झरते हुए संगीत के साथ, अचानक उन्होंने ख़ुद को एक राष्ट्रीय नायक की प्रेरणाहीन और अप्रेरणास्पद विनीत छवियों के साथ अजीब तरह से संघर्ष करते हुए पाया। उन्होंने अपने काम को पूरा करने के लिए बहादुरी से प्रयास किया, फिर भी यह स्पष्ट था कि इस क़िस्म का 'प्रयोग' केवल इस पारम्परिक कला को 'आगे' ले जाने के प्रयास की निरर्थकता को ही प्रकट कर रहा था।"[44] हाल के वर्षों में मैं 'नाथूराम गोडसे बोलतोय' (1989) और इसकी पुनर्रचना शरद पोंक्षे की 'हे राम...नाथूराम' (2016) और 'गांधी यानी आम्बेडकर' ने समीक्षकों और आम तौर पर व्यापक जनता का ध्यान आकर्षित किया। कुछ लोगों ने विरोध भी किया और फिर प्रतिबन्ध भी लगा क्योंकि प्रदर्शनकारियों के अनुसार यह नाटक गांधी के हत्यारे का महिमामंडन करता था। हालाँकि आलोचक प्रतिबन्ध के समर्थन में नहीं थे, लेकिन उनका मानना था कि पोंक्षे का नाटक हिन्दुत्व की उस विचारधारा का एक स्पष्ट और चिन्ताजनक पुष्टिकरण है जिसके कारण 1948 में गांधी की हत्या हुई थी।"[45] यह विवादास्पद नाटक किसी तरह गोडसे की हत्या की कार्रवाई को उचित ठहराता है क्योंकि इसमें गांधी को देश के विभाजन के लिए ज़िम्मेदार ठहराया गया था। यह अत्यधिक विस्फोटक और निन्दनीय मुद्दा था; इसमें कोई आश्चर्य नहीं कि छह प्रदर्शन के बाद इस पर प्रतिबन्ध लगा दिया गया लेकिन 2002 में इसे फिर से प्रदर्शन की अनुमति दे दी गई। विरोधात्मक स्थिति या एंटी-हीरो की परिकल्पना एक नाटकीय युक्ति है लेकिन किसी आपत्तिजनक कार्रवाई (यानी हत्या) को सीधे तौर पर उचित ठहराना इसे प्रोपेगेंडा या प्रचार के स्तर तक ले जाता है। इस तरह देखा जाए तो प्रेमानन्द गजवी के नाटक 'गांधी-आम्बेडकर' (1997) में अधिक सम्भावनाएँ हैं। चेतन दातार द्वारा निर्देशित और गांधी के रूप में मंगेश भिड़े और आम्बेडकर के रूप में किशोर क़दम द्वारा अभिनीत इस नाटक में दो महान आत्माओं के मत-वैभिन्न्य को...ख़ासकर जाति के मुद्दे के सन्दर्भ में...उजागर करने की कोशिश की गई। हालाँकि यह नाटक आम्बेडकर की ओर कुछ अधिक झुका हुआ है, लेकिन यह गांधी के साथ बर्बरता भी नहीं करता है। यह सच है कि गांधी के प्रति अति-आलोचनात्मक रुख के प्रतिक्रियास्वरूप कुछ मंडलियों ने उनकी आदर्श-विशिष्ट छवि को मज़बूत करना शुरू कर दिया। 'महादेवभाई' (2002) एक ऐसा नाटक है जो गांधी जी के सचिव महादेव देसाई

की डायरी पर आधारित था। रामू रामनाथन द्वारा निर्देशित, यह नाटक जैमिनी पाठक द्वारा प्रभावी ढंग से लिखी गई डायरी का चित्रण करता है और इसके दौरान महात्मा के जीवन के कुछ ख्यात और सकारात्मक तथ्यों पर प्रकाश डालता है। इस नाटक का मंचन पूरे देश में किया गया। 2005 में एक नवस्थापित प्राइमटाइम थिएटर कम्पनी, मुम्बई ने प्रताप शर्मा के दो-अंकीय नाटक का मंचन किया था, जिसका शीर्षक था, 'सैमी! ए वर्ड दैट ब्रोक एन एम्पायर।' नाटक का निर्देशन लिलेट दुबे ने किया था और गांधी का अभिनय जॉय सेनगुप्ता (युवा गांधी) और रवि दुबे (महात्मा गांधी) ने किया था। यह नाटक दो घंटे लम्बा है और गांधी के जीवन की लम्बी अवधि को समेटे हुए है—दक्षिण अफ्रीकी दिनों से लेकर अन्तिम दिनों तक—इसलिए यह तेज़ गति वाला और वृत्तान्तपरक है। हालाँकि, यह गांधी से महात्मा बनने के रूपान्तरण का बहुत गहराई से मनोवैज्ञानिक विश्लेषण नहीं कर पाता लेकिन यह गांधीवाद के मूल विचारों को युवाओं और 'अदीक्षित' के लिए सम्प्रेषणीय बनाता है। 30 जुलाई, 2005 को टाटा थिएटर एन.सी.पी.ए., मुम्बई में इसके प्रीमियर के बाद यह पूरे देश और दुनिया-भर में सफलतापूर्वक मंचित किया गया। 2006 में, मोहन महर्षि ने गांधी को भारत में कम चर्चित डॉक्यूमेंट्री थिएटर या डॉक्यू-ड्रामा में प्रस्तुत किया, यह वह रूप था जिसे मुख्य रूप से पश्चिम में हेनर-मुलर द्वारा लोकप्रिय बनाया गया था, लेकिन मोहन महर्षि ने इसे थोड़ा अलग तरीक़े से प्रयोग किया, जैसा कि उन्होंने बाद में स्पष्ट किया, वे कहते हैं, "मैं हेनर-मुलर की तरह इतिहास के तथ्यों को बदल सकता था और एक बहुत ही काल्पनिक नाटक प्रस्तुत कर सकता था। ऐसा करना बहुत लुभावना भी था, हालाँकि गांधी और नेहरू के पत्राचार पर व्यापक शोध करने के बाद, मैं तथ्यों पर क़ायम रहा।"[46] 21 वर्षों (1927-48) की अवधि में गांधी और नेहरू के बीच बाईस पत्रों के आधार पर, इस अभिनव उद्यम 'प्रिय बापू' ने भारत के राष्ट्रीय इतिहास की सबसे विक्षुब्ध अवधियों में से एक के सार को पकड़ने की कोशिश की। विक्रम साराभाई फाउंडेशन के तत्त्वावधान में यह नाटक दिल्ली के इंडिया हैबिटेट सेंटर में अंग्रेज़ी में एक घंटे पैंतालीस मिनट में खेला गया। पत्र के सन्दर्भों को जोड़ने और एकल नाटकीय संरचना बनाने के लिए निर्देशक ने सबीना मेहता को कथावाचक के रूप में प्रस्तुत किया था, इसके अलावा भास्कर घोष को गांधी के रूप में और सुनीत टंडन को नेहरू के रूप में पेश किया था। यह स्पष्ट है कि निर्देशक को अभिनेता की शारीरिक साम्यता की कोई परवाह नहीं थी जैसा कि उन्होंने बाद में बताया भी कि "इस नाटक में बोले गए सभी शब्द गांधी और नेहरू के थे, लेकिन यहाँ गांधी और नेहरू का प्रतिरूपण नहीं किया गया था। ब्रेख़्त के अलगाव-प्रभाव के अनुसार विचार महत्त्वपूर्ण हैं, चरित्र नहीं। मुझे नेहरू का अभिनय करना, या

गांधी का रूप धारण करना या उनकी नक़ल करना बेहद कष्टप्रद लगता है, क्योंकि कोई कितना भी अच्छा अभिनेता क्यों न हो, जैसा कि फ़िल्म 'गांधी' में बेन किंग्सले था, इससे कोई फ़ायदा नहीं होता। किंग्सले के चित्रण में गांधी के व्यक्तित्व के मनोवैज्ञानिक-आध्यात्मिक गुण ग़ायब थे।"[47] यह एक ऐसा मुद्दा है जिस पर बहस हो सकती है, फिर भी इसके प्रदर्शन ने इस तरह के प्रयोग के लिए मार्ग प्रशस्त किया। शायद इससे संकेत लेते हुए एम.के. रैना ने 2007 में, 'स्टे येट ए व्हाइल' का मंचन किया था : 1915 से 1941 की अवधि में गांधी और टैगोर के बीच पत्रों और बहसों पर आधारित। इस पत्राचार को प्रोफ़ेसर सब्यसाची भट्टाचार्य द्वारा 'द महात्मा एंड द पोएट' नामक पुस्तक में संकलित और सम्पादित किया गया था, जिसमें उन्होंने बताया था कि वे चकित रह गए थे इन पत्रों के महत्त्व को जानकर, विशेषकर जब हम राष्ट्रीय मुद्दों के बारे में उनकी अलग-अलग धारणाओं को देखते हैं, साथ ही साथ इन दो मित्रों और बहस में एक-दूसरे के विरोधी के आपसी सम्बन्धों को इन पत्रों की अन्तरंग रौशनी में देखते हैं।"[48] गांधी (ध्रुव जगसिया) और टैगोर (अविजित दत्त) के अलावा रैना ने दानिश हुसैन को सूत्रधार के रूप में प्रस्तुत किया। मंच को इस तरह से निर्मित किया गया था कि राष्ट्रीय आन्दोलन के दस्तावेज़ी फुटेज की पृष्ठभूमि में पत्रों को पढ़ना एक जीवन्त और संवादात्मक दृश्य में बदल जाय। इसे समीक्षकों द्वारा सराहा गया और यह प्रस्तुति देश-भर में सफलतापूर्वक प्रदर्शित हुई।

लिखित साहित्य के इतर अगर भारतीय लोक साहित्य में गांधी की उपस्थिति ढूँढ़ें तो वह भी विपुल मात्रा में नज़र आती है—भोजपुरी, अवधी, कुमाऊँनी, भोजपुरी, बुन्देली, छत्तीसगढ़ी, गोंडी, हरियाणवी, पंजाबी से लेकर मराठी, ओड़िया, तेलुगु, तमिल, मलयालम के अलावा संथाली, उरांव, बघेली, हलबी जैसे आदिवासी लोक गीतों में भी गांधी और उनकी स्वतंत्रता सम्बन्धी नीतियों की गूँज सुनाई पड़ती है और वह भी लोक गीतों की प्राय: सभी धुनों में, चाहे वह दादरा, टप्पा, बिरहा हो या लावणी, फाग, कजरी या आल्हा, गांधी जी हर स्वरूप में मौजूद हैं। भोजपुरी के इस लोक गीत को देखें, *गांधी के आइल जमाना,/बलम अब रउओ चली जेलख़ाना/अब ना सहब हम जुलमिया/बलम हमहूँ जायब भले जेलख़ाना/फिरंगिया भइल दुश्मनवां/बलम अब रउओ चली जेलख़ाना/फुटलि किरनिया पुरुब असमनवां अब ना रुकी संग्रमवा। या मोरे चरखा के टूटे न तार, चरखवा चालू रहे/गान्ही बाबा बनलै दुलहवा, अरे दुल्हिन बनी सरकार, चरखवा चालू रहे*...इसी प्रकार अवधी के एक लोक गीत में गांधी बाबा से अपनी लगन को इन शब्दों में व्यक्त किया गया है, *अपने हाथे चरखा चलउबै, हमार कोऊ का करिहै/गांधी बाबा से लगन लगउबै, हमार कोऊ का करिहै। सासू ननद चाहे मारैं गरियावैं, चरखा कातब नाहीं छोड़बै,*

हमार कोउ का करिहै। इसी प्रकार एक ओड़िया लोक गीत में देश की स्वाधीनता में गांधी जी की भूमिका को यूँ स्मरण किया गया है, *महात्मा गांधी देश को स्वाधीन करने आए और हमारे कानों में देश की आन का मंत्र फूँका और हम मदत्याग कर इसे हासिल करने के लिए उनके साथ जुट गए।*[49] इसी प्रकार के उदाहरण अन्य भारतीय भाषाओं के असंख्य लोक गीतों में भी बिखरे पड़े हैं। अपने जीवनकाल में ही लोक गीतों का विषय बन जाना निस्सन्देह एक अभूतपूर्व परिघटना है, विशेषकर उस देश के लिए जहाँ बुद्ध जैसे महानायक को भी यह गौरव प्राप्त न हुआ हो।

लेखक के रूप में गांधी

गांधी का सम्पूर्ण लेखन क़रीब पचास हज़ार पृष्ठ और सौ खंडों में है जिसे सन् 1884 से 1948 के बीच लिखा गया। किसी भी दृष्टि से यह एक विशाल वाङ्मय है। उन्होंने लगभग एक लाख पत्र लिखे हैं और अनु बंदोपाध्याय के शब्दों में, "उनके लिखने की ललक ने उन्हें चलती ट्रेनों और हिलते जहाज़ों पर भी लिखने के लिए विवश किया। उन्होंने 1896 में घर लौटते हुए समुद्र-यात्रा के दौरान पूरा ग्रीन पैम्फलेट तैयार किया था। आधुनिक सभ्यता की एक गम्भीर आलोचना 'हिन्द स्वराज' को उन्होंने 1909 में इंग्लैंड से दक्षिण अफ्रीका की यात्रा के दौरान लिखा था जिसे लिखने के लिए उन्होंने स्टीमर स्टेशनरी का इस्तेमाल किया। जब वे अपने दाहिने हाथ से लिखते-लिखते थक जाते थे, तो वे बाएँ हाथ से लिखना शुरू कर देते थे और दस दिनों में उन्होंने किताब पूरी कर दी। टॉल्स्टॉय ने इसे पढ़ा और कहा कि अहिंसक प्रतिरोध का प्रश्न 'न केवल भारत के लिए बल्कि पूरे विश्व के लिए बहुत महत्त्वपूर्ण है'। 'राष्ट्र-निर्माण के लिए रचनात्मक कार्यक्रम' नामक पुस्तिका ट्रेन में लिखी गई थी। उनकी पांडुलिपियों में सुधार के कुछ ही निशान मिलेंगे और शायद ही कभी किसी बदलाव की ज़रूरत महसूस हो। अन्य सभी क्षेत्रों की तरह लेखन के क्षेत्र में भी गांधी किसी भी ऐसी चीज़ का प्रचार नहीं करते जिसको वे स्वयं न आज़मा चुके हों। यदि वे कहते हैं कि "साहित्य प्रकृति की भाषा की तरह अपनी प्रस्तुति में सरल और अपनी अभिव्यक्ति में प्रत्यक्ष होना चाहिए"[50] तो उनका अपना लेखन इसका सबसे बड़ा उदाहरण है—सरल प्रस्तुति और प्रत्यक्ष अभिव्यक्ति। इस पंक्ति को देखें, "खादी गाँव के सौरमंडल का सूर्य है।"[51] या सुभाषचन्द्र बोस को लिखे इस पत्र को पढ़ें, "आप जो विचार व्यक्त करते हैं, वे मुझे दूसरों और मेरे अपने विचारों के इतने विपरीत लगते हैं कि मैं उन्हें पाटने की कोई सम्भावना नहीं देखता...ग़लत यह नहीं है कि हमारे बीच मत-वैभिन्न्य है बल्कि ग़लत यह है कि हममें आपसी सम्मान और विश्वास की कमी है। यह समय के साथ, जो

सबसे अच्छा उपचारक है, ठीक हो जाएगा...मेरी प्रतिष्ठा की तो कोई बात नहीं है। इसका अपना एक स्वतंत्र मूल्य है। जब मेरे मक़सद पर सन्देह हो या मेरी नीति या कार्यक्रम को देश ने ख़ारिज कर दिया हो, तो प्रतिष्ठा अवश्य ही चली जानी चाहिए। भारत अपने कई करोड़ लोगों के योग की गुणवत्ता से ऊपर उठेगा और गिरेगा। व्यक्ति चाहे कितने ही ऊँचे क्यों न हों, तब तक उनका कोई महत्त्व नहीं है जब तक कि वे अधिसंख्य लोगों का प्रतिनिधित्व न करते हों।"[52] सरल प्रस्तुति और प्रत्यक्ष अभिव्यक्ति से उनका यही मतलब था। आश्चर्य नहीं कि वस्तु को सीधे साफ़-सुथरे ढंग से पकड़ने की आदत ने उन्हें अपने समय के सबसे प्रभावी पत्र-लेखकों में से एक बना दिया था। के.एम. मुंशी ने ठीक ही कहा है कि "किसी भी व्यक्ति ने अपने पत्रों के माध्यम से इतना बड़ा प्रभाव नहीं डाला था; और कुछ साहित्यकारों ने ही ऐसी कलाकारी के साथ अपनी रचनाएँ लिखी हैं। ऐसा विरले ही होता है कि किसी को ऐसा अद्वितीय सन्देश सुनने को मिले जैसा कि उन्होंने यरवदा जेल से साबरमती आश्रम के बच्चों को सम्बोधित करते हुए लिखा था, "साधारण पक्षी पंखों के बिना उड़ नहीं सकते। बेशक पंखों के सहारे सभी उड़ सकते हैं। लेकिन अगर तुम बिना पंखों के उड़ना सीख जाओगे तो सचमुच तुम्हारी सारी परेशानियाँ ख़त्म हो जाएँगी। और, मैं तुम्हें यह सिखाऊँगा।

"देखो, मेरे पास पंख नहीं हैं, फिर भी मैं हर दिन ख़यालों में उड़कर तुम्हारे पास आता हूँ। देखो, यह नन्ही विमला है, यह हरि है, और यह धर्मकुमार है। और तुम भी ख़यालों में उड़ते हुए मेरे पास आ सकते हो।

"जो लोग सोचना जानते हैं उन्हें किसी शिक्षक की आवश्यकता नहीं होती। शिक्षक हमारा मार्गदर्शन तो कर सकता है लेकिन वह हमें सोचने की शक्ति नहीं दे सकता। वह हममें छुपा होता है। जो बुद्धिमान होते हैं उन्हें बुद्धिमान विचार आते हैं।"[53]

गांधी ने तीन पत्रिकाओं का सम्पादन किया। पहली 'इंडियन ओपिनियन' (1903-1915) थी जिसे उन्होंने दक्षिण अफ्रीका में शुरू किया था, यह मुख्यत: द्विभाषी थी—अंग्रेज़ी और गुजराती में लेकिन तमिल और हिन्दी में भी एक छोटी अवधि के लिए प्रकाशित हुई थी। अन्य दो 'यंग इंडिया' (1919-1932) अंग्रेज़ी में, (इसका गुजराती संस्करण 'नवजीवन' था) और 'हरिजन' (1933-1948) गुजराती, हिन्दी और अंग्रेज़ी में प्रकाशित हुई और ये सभी पत्रिकाएँ अहमदाबाद से प्रकाशित होती थीं। बी.आर. नन्दा ने ठीक ही दर्ज किया है कि "गांधी की पत्रिकाओं को उनके राजनीतिक विरोधियों और ब्रिटिश अधिकारियों के साथ-साथ कांग्रेसी नेताओं द्वारा भी पढ़ा जाता था क्योंकि गांधी ने अपनी पत्रिकाओं का इस्तेमाल ज़ोरदार ढंग से सोचने के लिए किया था। जैसा कि लुई फिशर ने एक बार कहा था कि गांधी के पास नीली पेंसिल नहीं थी; वे कुछ ही संशोधन करते थे, उन्होंने वैसा ही लिखा जैसे

विचार उनके पास आते थे। गांधी द्वारा सम्पादित पत्रिकाओं—इंडियन ओपिनियन, यंग इंडिया, नवजीवन और हरिजन—का महत्त्व यह है कि उन्होंने इनका उपयोग अनुनय, चर्चा और बहस के माध्यम से अपने विचारों को प्रचारित करने के लिए किया। उन्होंने इन पत्रिकाओं के स्तम्भ अपने आलोचकों के लिए भी खोल रखे थे। उन्होंने उनकी आलोचनाओं को प्रकाशित किया और फिर उनका उत्तर भी दिया। एक बार जमनालाल बजाज ने शिकायत की थी कि महात्मा अपने आलोचकों को अपने अनुयायियों की तुलना में अधिक समय देते हैं; गांधी ने उत्तर दिया कि धर्मान्तरितों को धर्मान्तरित करने की आवश्यकता नहीं है और वे अपने आलोचकों की शंकाओं को दूर करने की कोशिश करना पसन्द करते हैं।"[54] गोलमेज़ सम्मेलन में गांधी के कुछ बयानों का मसौदा तैयार करने में सहायता प्रदान करने वाले ऑक्सफ़ोर्ड विश्वविद्यालय के एक प्रोफ़ेसर ने लिखा है कि : "मैं कभी किसी ऐसे भारतीय से नहीं मिला, जिसने गांधी की तरह कारकों (प्रिपोज़िशन) के प्रयोग में महारत हासिल कर ली हो...मैंने ड्राफ्टिंग को लेकर काफ़ी परेशानी उठाई। श्री गांधी मेरे काम को सरसरी निगाह से देखकर केवल कारक में परिवर्तन कर देते थे जिससे उनका काम बन जाता था। मेरा अर्थ श्री गांधी के अर्थ में बदल जाता था।"[55]

यह ध्यान रखना आवश्यक है कि गांधी के सभी महत्त्वपूर्ण कार्य मूल रूप से उनकी मातृभाषा गुजराती में लिखे गए हैं—चाहे वह 'हिन्द स्वराज' (1909) हो, या 'सत्यनो प्रयोग' ('सत्य के साथ मेरे प्रयोग' 1927 और 1929) या 'दक्षिण अफ्रीका सत्यग्रामो इतिहास' (दक्षिण अफ्रीका में सत्याग्रह, 1924) हो या गीता पर उनके प्रवचन (1930) हों। और ये ऐसी रचनाएँ हैं जिन्होंने गुजराती गद्य में एक ऐसी शैली को जन्म दिया जो किसी भी सजावटी अस्पष्टता या छद्म-अमूर्तता से रहित है और स्पष्ट ही यह एक प्रस्थान की तरह है। यह वह शैली थी जो प्रतिध्वनित होने की अवस्था में ही 'सत्य' को पकड़ती है और आलोचक इसे 'गांधीवादी शैली' कहते हैं। कोई आश्चर्य नहीं कि नर्मदा शंकर, मनसुख राम त्रिपाठी, नवल राम और के.एम.मुंशी के साथ उन्हें आधुनिक गुजराती गद्य का अग्रणी माना जाता है। के.एम. मुंशी कहते हैं कि "महात्मा गांधी ने गुजराती गद्य को एक नई शक्ति का एहसास कराया है। उनकी शब्दावली के कई स्रोत हैं। उनकी शैली, हालाँकि कभी-कभी शिथिल रूप से बुनी हुई होती है लेकिन यह सटीक सोच का परिणाम होती है जो बयानबाज़ी और कुतर्कता के कुटिल रास्तों से बचने के निरन्तर प्रयास के परिणामस्वरूप सीधी, स्पष्ट और सहज सम्प्रेषणीय होती है। अनुपात की त्रुटिहीन समझ के कारण अभिव्यक्ति और कल्पना दोनों को विवेकपूर्ण संयम के अधीन रखा जाता है। साहित्यिक तत्त्व हमेशा लेखक के मुख्य उद्देश्य—पाठक के दिल के जीवित तार को छूना और उसे कर्म करने के लिए प्रेरित करना—के अधीन होता है।"[56]

गांधी ने गुजराती गद्य की गुणवत्ता में सुधार के लिए गुजराती में कुछ अनुवाद करके एक और तरीक़े से भी योगदान दिया है। उन्होंने रस्किन की 'अनटू दिस लास्ट', प्लेटो की 'डिफ़ेंस एंड डेथ ऑफ़ सुकरात', 'लाइफ़ ऑफ़ कमाल पाशा' और कार्लाइल की कुछ कृतियों का गुजराती में अनुवाद किया है। उनका शाब्दिक अनुवाद पर ज़ोर नहीं था, बल्कि उभरते हुए गद्य की माँग के अनुरूप बहुत सचेत ढंग से पाठ को ग्रहण किया गया था; यही कारण है कि 'अनटू दिस लास्ट', 'सर्वोदय' और 'डिफ़ेंस एंड डेथ ऑफ़ सुकरात', 'सत्यवीर सोक्रिटिस' बन गया। गांधी जी ने मध्यकालीन संत कवियों की कुछ भक्ति रचनाओं का अंग्रेज़ी में भी अनुवाद किया है। गांधी जी बच्चों के नैतिक उत्थान और उनके लिए पठन सामग्री की कमी को लेकर भी बहुत चिन्तित थे, इसलिए अन्य सभी क्षेत्रों की तरह उन्होंने स्वयं एक उदाहरण स्थापित किया; उन्होंने उनके लिए दो पुस्तकें लिखीं—एक प्राइमर, 'बालपोथी' और दूसरी 'नीतिधर्म'। यह उनकी सुविचारित सोच थी कि "अगर हमें इस दुनिया में वास्तविक शान्ति हासिल करनी है और अगर हमें युद्ध के ख़िलाफ़ संघर्ष जारी रखना है, तो हमें बच्चों से शुरुआत करनी होगी; और यदि वे अपनी स्वाभाविक मासूमियत में बड़े होंगे, तो हमें संघर्ष नहीं करना पड़ेगा, हमें निरर्थक निष्क्रिय संकल्प पारित नहीं करने पड़ेंगे। लेकिन हम प्रेम से प्रेम और शान्ति से शान्ति की ओर जाएँगे, जब तक कि अन्ततः दुनिया के सभी कोने उस शान्ति और प्रेम से आच्छादित न हो जाएँ, जिसके लिए चेतन या अवचेतन रूप से पूरी दुनिया भूखी है।"[57]

एक तरह से देखा जाए तो यह सच है कि न केवल 'बालपोथी' या 'नीतिधर्म' बल्कि सम्पूर्ण गांधी-वाङ्मय हमें अपनी प्राकृतिक मासूमियत में विकसित होने में मदद करता है!

फ़िल्मों में गांधी

यह कोई रहस्य नहीं है कि गांधी न केवल फ़िल्मों को नापसन्द करते थे, बल्कि इसे घुड़दौड़, शराबखोरी और अफ़ीमखोरी जैसी बुराइयों के साथ 'समाज के दुश्मन' के रूप में देखते थे।[58] जयप्रकाश नारायण और अन्य लोगों के साथ बातचीत के दौरान एक जगह पर गांधी ने कहा, "अगर मेरा वश चलता तो मैं यह सुनिश्चित करता कि भारत के सभी सिनेमाघरों और थिएटरों को कताई हॉल और सभी प्रकार के हस्तशिल्प के कारख़ानों में बदल दिया जाए।"[59] इसलिए यह दिलचस्प और एक तरह से विडम्बनापूर्ण है कि सिनेमा के प्रति उनका तिरस्कार-भाव भी फ़िल्म उद्योग को न केवल उन पर फ़िल्में बनाने, बल्कि उनके नाम और उनके मूल्यों का

उपयोग, प्रत्यक्ष या अप्रत्यक्ष रूप से अपने व्यावसायिक उद्यमों के प्रचार के लिए करने से रोक न सका। कभी-कभी यह केवल फ़िल्म के बीच में गांधी पर एक लघु वृत्तचित्र डालकर भी किया जाता था, जैसा कि 1933 की फ़िल्म 'चिन्तामणि' के निम्नलिखित विज्ञापन से स्पष्ट है, "महात्मा गांधी के आज़ाद मैदान में दिये गए भाषण की टॉकी फ़िल्म, जिसका निर्माण विशेष रूप से कृष्णा कम्पनी द्वारा किया गया है। इसके साथ ही साथ स्टीमर पिल्सना से मणि भवन तक उनके भव्य स्वागत की फ़िल्म भी चल रही है। महात्माजी के दर्शन का सौभाग्य पाने और उनका स्पष्ट भाषण सुनने के लिए परिवार सहित अवश्य पधारें।"[60]

व्यवस्थित तरीक़े से गांधी के फ़िल्मांकन की शुरुआत ए. करुप्पन चेट्टियार (1911-1983) से होती है, जिन्होंने 1937 में उन पर एक वृत्तचित्र बनाने की शुरुआत की थी। उन्होंने भारत, लन्दन और दक्षिण अफ़्रीका से 50,000 फ़ीट की फ़िल्म फुटेज एकत्र की, जिसमें उनके स्वयं के गांधी पर फ़िल्माए गए समकालीन दृश्य भी शामिल थे। अन्ततः इसे सम्पादित किया गया और 23 अगस्त, 1940 को 'महात्मा गांधी : ट्वेंटिएथ सेंचुरी प्रोफेट' नामक 12,000 फ़ीट की डॉक्यूमेंट्री फ़िल्म रिलीज़ की गई। इसे भारतीय प्रेस और 'न्यूयॉर्क टाइम्स' जैसे कुछ अन्तरराष्ट्रीय समाचार-पत्रों से अच्छा कवरेज मिला। डॉक्यूमेंट्री में मूल रूप से तमिल में वॉयस-ओवर था और बाद में इसे तेलुगु में भी डब किया गया था। प्रारम्भिक स्क्रीनिंग के बाद फ़िल्म को रोक दिया गया क्योंकि औपनिवेशिक सेंसरशिप द्वारा इसे सार्वजनिक देखने के लिए उपयुक्त नहीं पाया गया। स्वतंत्रता के बाद, वृत्तचित्र को हिन्दी में डब किया गया और 1947 में पुनः जारी किया गया।[61]

1948 में गांधी जी की हत्या के बाद पश्चिम में कई फ़िल्मों की घोषणा हुई लेकिन हॉलीवुड की 'नाइन आवर्स टू रामा' पहली फ़िल्म थी जो 1963 में प्रदर्शित हुई थी। यह फ़िल्म कैलिफ़ोर्निया विश्वविद्यालय में इतिहास के प्रोफ़ेसर, मिस्टर स्टेनली वोलपर्ट के काम पर आधारित थी। फ़िल्म में गांधी जी की हत्या करने वाले नाथूराम गोडसे के जीवन के नौ घंटों को दर्शाया गया था। जे.एस. कश्यप ने गांधी के रूप में, होर्स्ट बुखोल्ज़ ने गोडसे के रूप में, जयराज ने जी.डी बिड़ला के रूप में तथा बासदेव पांडे (जो बाद में त्रिनिदाद और टोबैगो के प्रधानमंत्री बने) ने एक छोटी भूमिका में अच्छा अभिनय किया था और लगभग पूरी फ़िल्म भारतीय लोकेशन पर फ़िल्मायी गई थी। इस फ़िल्म का निर्देशन और निर्माण मार्क रॉबसन (1913-78) द्वारा किया गया था। फ़िल्म ऐतिहासिक स्थिति के तनाव और नाटकीयता तथा मैल्कॉम अर्नोल्ड के भावपूर्ण संगीत के माध्यम से एक महान मानव त्रासदी की प्रतिध्वनि को पकड़ पाने में सक्षम तो साबित हुई लेकिन दूसरी ओर यह उसी मानवीय त्रासदी के मूल को विकृत भी करती है। गोडसे नायक की तरह दिखने लगता है

और फ़िल्म 'थोड़े से इतिहास और बहुत अधिक कल्पना के एक मादक मिश्रण' के सहारे मेलोड्रामैटिक मोड में पेश की गई रोमांस से भरपूर एक थ्रिलर बनकर रह जाती है।[62] आश्चर्य नहीं कि इसकी भारत में कड़ी प्रतिक्रिया हुई और परिणामस्वरूप राष्ट्रपिता पर बनी पहली फीचर फ़िल्म पर प्रतिबन्ध भी लगा दिया गया।

दूसरा महत्त्वपूर्ण उद्यम जिसमें गांधी को वृत्तचित्र में प्रस्तुत किया गया था वह है—'महात्मा : लाइफ़ ऑफ़ गांधी, 1869-1948'। पाँच घंटे लम्बी फ़िल्म का निर्माण 1968 में भारत के फ़िल्म प्रभाग के सहयोग से गांधी राष्ट्रीय स्मारक निधि द्वारा किया गया था। यह न्यूज़रील, पुरानी अभिलेखीय सामग्री और विभिन्न भाषाओं में प्रिंट पर आधारित थी। इस 33 रील की श्वेत-श्याम फ़िल्म का निर्देशन पटकथा और कमेंट्री विट्ठलभाई झावेरी (1916-1985) की थी। इस फ़िल्म के कई संस्करण हैं—अंग्रेज़ी में एक 5 घंटे का संस्करण है, दूसरा छोटा संस्करण है जो 2 घंटे और 16 मिनट तक चलता है, और इससे भी एक छोटा संस्करण है जो एक घंटे तक चलता है। 1 घंटा 44 मिनट का जर्मन संस्करण और 2 घंटे 20 मिनट का हिन्दी संस्करण भी मौजूद है। प्राय: माना जाता है कि आज तक गांधी पर जितनी भी फ़िल्में बनी हैं उनमें सर्वाधिक महत्त्वपूर्ण रिचर्ड एटनबरो की 'गांधी' (1982) है, जिसे अब क्लासिक का दर्जा दिया जाने लगा है। बेन किंग्सले (गांधी), रोहिणी हटंगडी (कस्तूरबा गांधी), रोशन सेठ (जवाहरलाल नेहरू), सईद जाफ़री (सरदार वल्लभभाई पटेल), एलेक पद्मसी (जिन्ना) द्वारा अभिनीत और जॉन ब्रिली द्वारा लिखित, रविशंकर और जॉर्ज फेंटन द्वारा संगीतबद्ध, यह 188 मिनट लम्बी फ़िल्म, 22,000,000 की लागत पर बनी थी, जो अपनी प्रस्तुति में सचमुच भव्य थी। इस फ़िल्म को सफलता भी ख़ूब मिली और इसने बाफ़्टा, नेशनल बोर्ड ऑफ़ रिव्यू और गोल्डन ग्लोब्स के पुरस्कारों के अलावा आठ अकादमी पुरस्कार भी जीते थे। आम तौर पर इस फ़िल्म को ऐतिहासिक रूप से सही माना जाता है, लेकिन जहाँ तक नायक (गांधी) के चित्रण का सम्बन्ध है, कुछ लोगों का मानना था कि गांधी यहाँ अति-आदर्शवादी दिखाए गए हैं और यह सन्तचरित्र चित्रण (Hagiography) होकर रह गया है।[63] लेकिन फ़िल्म का दृष्टिकोण पहले से ही बिलकुल स्पष्ट था, आरम्भ इन शब्दों के साथ होता है, "किसी भी व्यक्ति के जीवन को एक कथा में प्रस्तुत नहीं किया जा सकता...कम-से-कम गांधी जैसे व्यक्ति के जीवन को, जिनकी जीवन-यात्रा, राष्ट्र के स्वतंत्रता-संघर्ष के साथ इस तरह जुड़ी हुई हो। कोई तरीक़ा नहीं है कि सभी घटनाओं को उचित महत्त्व दिया जा सके और उन सभी महापुरुषों और महिलाओं के कार्यों और बलिदानों का वर्णन किया जा सके जिनके प्रति वे और भारत इतने ऋणी हैं। जो किया जा सकता है वह है उनकी जीवन-यात्रा के प्रति निष्ठावान होना और उस व्यक्ति के हृदय तक पहुँचने की कोशिश करना..."

फ़िल्म अपने इस शुरुआती दावे को ज़्यादातर सही ठहराती है, हालाँकि यह सवाल उठाया जा सकता है कि इस फ़िल्म की पश्चिमी-यथार्थवादी विधा और इसकी तेज़तर्रार भव्य शैली 'गांधी' जैसे विषय के लिए कितनी उपयुक्त है? इस दृष्टिकोण को ध्यान में रखते हुए प्रसिद्ध भारतीय निर्देशक श्याम बेनेगल ने 1996 में गांधी जी के दक्षिण अफ्रीका के इक्कीस वर्ष के जीवन पर 'द मेकिंग ऑफ़ द महात्मा' शीर्षक से एक फ़िल्म बनाई। फ़ातिमा मीर की किताब 'द अप्रेंटिसशिप ऑफ़ ए महात्मा' पर आधारित यह फ़िल्म एन.एफ.डी.सी. इंडिया और एस.ए.बी.सी. ऑफ़ साउथ अफ्रीका का संयुक्त उपक्रम था। इस फ़िल्म में रजित कपूर को गांधी के रूप में और पल्लवी जोशी को कस्तूरबा के रूप में प्रस्तुत किया गया और दक्षिण अफ्रीका के उन वास्तविक स्थानों पर फ़िल्माया गया जहाँ गांधी जी वास्तव में रहते थे, जिनमें लूप स्ट्रीट का उनका पुराना घर भी शामिल था। यह 144 मिनट लम्बी फ़िल्म एक उन्नीस वर्षीय शर्मीले, डरपोक अधिवक़्ता के चालीस वर्षीय, निरन्तर विकसित होते व्यक्ति के बनने की प्रक्रिया और उसके सार को पकड़ने में सफल रही थी।

महात्मा गांधी द्वारा नाज़ी जर्मन तानाशाह एडॉल्फ़ हिटलर को लिखे गए पत्रों पर आधारित, फ़िल्म 'डियर फ्रेंड हिटलर' (हिटलर टू गांधी) 2011 में रिलीज़ हुई। राकेश रंजन कुमार द्वारा निर्देशित और अनिल कुमार शर्मा द्वारा निर्मित इस फ़िल्म में गांधी के रूप में अविजित दत्त, एडॉल्फ़ हिटलर की भूमिका में रघुवीर यादव तथा इवा ब्रौन की भूमिका में नेहा धूपिया थीं लेकिन यह फ़िल्म हिंसा पर अहिंसा की अभिप्रेत नैतिक श्रेष्ठता का संचार न कर सकी।

गांधी जी के बचपन पर बनी फ़िल्म 'मोहनदास' उनकी 150वीं जयन्ती पर रिलीज़ हुई थी। कन्नड़ लेखक बोलवार महम्मद कुन्ही की कहानी 'बापू गांधी आदा कठे' ('महात्मा गांधी की कहानी') और महात्मा गांधी की आत्मकथा 'सत्य के साथ मेरे प्रयोग' पर आधारित इस फ़िल्म की पटकथा और निर्देशन पी. शेषाद्रि ने किया था और इसे तीन भाषाओं में रिलीज़ किया गया था—अंग्रेज़ी, हिन्दी और कन्नड़ में एक साथ, सन् 2019 में। फ़िल्म में गांधी के बचपन की—6 साल से 14 साल की उम्र की—घटनाओं को शामिल किया गया था। एक बच्चे के रूप में गांधी की भूमिका परम स्वामी और किशोर गांधी के रूप में समर्थ होम्बल ने की थी। यह फ़िल्म उन्नीसवीं सदी के सबसे नवोन्वेषी व्यक्ति के आठ वर्षों के बाल-जीवन के माध्यम से न केवल बाल दर्शकों को बल्कि सभी दर्शकों को जीवन की अनिवार्य सच्चाइयों से अवगत कराने में सफल रही।

2012 में ए. बालाकृष्णन निर्देशित 'मुधलवर महात्मा' (वेलकम बैक गांधी) तमिल और अंग्रेज़ी में रिलीज़ हुई थी। बाद में इसे हिन्दी में भी रिलीज़ किया गया। यह फ़िल्म राम जन्मभूमि संकट सहित आज के भारत की समस्याओं के प्रति गांधी

की सम्भावित प्रतिक्रिया का अनुमान लगाने की कोशिश करती है। फ़िल्म इलैयाराजा के संगीत, भरत आचार्य के गीत और गांधी के रूप में एस. कनगराज और मुख्यमंत्री के रूप में अनुपम खेर के अभिनय से विश्वसनीय लगती है।

हॉलीवुड फ़िल्म 'द गांधी मर्डर' (2019) करीम ट्रैडिया और पंकज सहगल द्वारा निर्देशित एक ऐतिहासिक-राजनीतिक थ्रिलर फ़िल्म है। यह फ़िल्म महात्मा गांधी की हत्या से जुड़ी घटनाओं की जाँच करती है। यह फ़िल्म केवल मोहनदास करमचन्द गांधी के अन्तिम दिनों पर केन्द्रित है, जिसके कारण उनकी हत्या हुई और यह फ़िल्म इस विचार को प्रदर्शित करना चाहती है कि सरकार के उच्च अधिकारियों द्वारा हिन्दू राष्ट्रवादी गोडसे को गांधी की हत्या में सहायता दी गई थी जिससे नव स्वतंत्र, खंडित राष्ट्र भारत एकजुट हो सके। यह कष्टकल्पित विचार स्पैनियार्ड जीसस सैन्स द्वारा निभाए गए गांधी के चरित्र की वजह से और भी अविश्वसनीय लगता है। महात्मा गांधी की हत्या के बारे में एक और बायोपिक ड्रामा फ़िल्म 2017 में बनाई गई थी जिसका नाम था 'व्हाई आई किल्ड गांधी' ('मैंने गांधी को क्यों मारा') लेकिन इसे 30 जनवरी, 2022 को एक ओ.टी.टी. प्लेटफ़ॉर्म पर रिलीज़ किया गया था। अशोक त्यागी द्वारा निर्देशित, कल्याणी सिंह द्वारा लिखित और निर्मित, 45 मिनट की यह लघु फ़िल्म नाथूराम गोडसे द्वारा अदालत में मुकदमे के दौरान गांधी की हत्या के समर्थन में दिये गए तर्कों पर आधारित है। एन.सी.पी. के लोकसभा सांसद अमोल कोल्हे ने नाथूराम गोडसे की भूमिका निभाई थी। फ़िल्म में प्रोपेगेंडा फ़िल्मों का रंग और ढंग है।

इन फ़िल्मों के अलावा, गांधी को उन फ़िल्मों में भी चित्रित किया गया, जहाँ उनके समकालीन मुख्य चरित्र थे—जैसे एम.ए. जिन्ना ('जिन्ना', 1998, निर्देशक : जमील देहलवी, सैम दस्तोर गांधी के रूप में), वल्लभभाई पटेल ('सरदार', 1993, निर्देशक : केतन मेहता, अनु कपूर गांधी के रूप में), विनायक दामोदर सावरकर ('वीर सावरकर', 2001, निर्देशक : वेद राही, सुरेन्द्र राजन गांधी के रूप में), बाबा साहब आम्बेडकर ('डॉ. बाबासाहेब आम्बेडकर', 2000, निर्देशक : जब्बार पटेल, मोहन गोखले गांधी के रूप में) और सुभाषचन्द्र बोस ('नेताजी सुभाषचन्द्र बोस : द फ़ॉरगॉटन हीरो', 2005, निर्देशक : श्याम बेनेगल, सुरेन्द्र राजन गांधी के रूप में) आदि। ये फ़िल्में अलग से ध्यान देने लायक हैं लेकिन यहाँ एक बात ज़ोर देकर कही जा सकती है कि ये फ़िल्में गांधी के सापेक्ष नायक के ऐतिहासिक स्थान को सही ठहराने में अक्षम साबित हुई हैं। कुछ फ़िल्में ऐसी भी बनीं जिनमें गांधी की संक्षिप्त उपस्थिति थी, जैसे 'हे राम' (निर्देशक : कमल हसन, 2000, गांधी के रूप में नसीरुद्दीन शाह), 'वाटर' (निर्देशक : दीपा मेहता, 2005, गांधी के रूप में मोहन झंगियानी), 'लगे रहो मुन्नाभाई' (निर्देशक : राजकुमार हिरानी, 2006, गांधी

के रूप में दिलीप प्रभावलकर) या फिर कुछ ऐसी फ़िल्में बनीं जिनमें गांधी के अल्पज्ञात, अविवेचित पहलुओं को आधार बनाया गया था, जैसे चन्दूलाल भगूभाई दलाल की 'हरिलाल गांधी : ए लाइफ़' (निर्देशक : फ़िरोज़ अब्बास ख़ान, 2007, गांधी के रूप में दर्शन जरीवाला) के काम पर आधारित 'गांधी : माई फ़ादर' जैसी फ़िल्म। जाह्नु बरुआ की 'मैंने गांधी को नहीं मारा' (2005) और केतन मेहता की 'मंगल पांडे : द राइजिंग' (2005) में कथा और इसकी प्रामाणिकता के लिए गांधी के कुछ वास्तविक फुटेज का भी उपयोग हुआ है।

फ़िल्मों में गांधीवाद

गांधी को गांधीवाद से अलग करना मुश्किल है क्योंकि गांधी ने ख़ुद एक बार टिप्पणी की थी कि उनका जीवन ही उनका सन्देश है; लेकिन यह भी सच है कि कुछ फ़िल्में ऐसी बनीं जिनमें गांधी को चित्रित करने के बजाय गांधीवाद के कुछ घटकों को पेश किया गया। एक फ़िल्म समीक्षक ने सही कहा कि फाल्के, शान्ताराम, महबूब ख़ान, राज कपूर, हिरानी आदि के कार्यों में महात्मा का प्रभाव स्पष्ट है। ये फ़िल्में गांधीवादी विचारधारा के मूल विषयों को उठाती हैं, जैसे अहिंसा, प्रेम और बलिदान, हिन्दू-मुस्लिम एकता, ग्रामीण-शहरी विभाजन, घोर व्यावसायिकता की अस्वीकृति, स्त्री-मुक्ति और नैतिक पतन का डर आदि। उनकी फ़िल्मों के माध्यम से ही गांधी एक विशाल नैतिक शक्ति के रूप में उभरे। हालाँकि इन फ़िल्म निर्माताओं ने उनके विचारों को सचेत रूप से आत्मसात नहीं किया होगा, फिर भी उनकी फ़िल्मों ने उनके प्रभाव को उजागर किया और यह सफलता की गारंटी बन गया। गांधीवाद आख़िरकार आदर्शवादी फ़िल्म निर्माताओं के लिए इतना प्रभावशाली विचार था कि वे इससे प्रभावित होने से बच नहीं सकते थे।[64]

पहली तमिल-तेलुगु सवाक् फ़िल्म 'कालिदास' (1931) जो पहली भारतीय सवाक् फ़िल्म 'आलमआरा' के कुछ ही महीने बाद रिलीज़ हुई थी, उसमें मदुरै भास्कर दास का एक गाना था, जिसे टी.पी. राजलक्ष्मी ने गाया था : 'रत्तीनामाम गांधी काई बाण माँ'। सम्भवतः यह पहला फ़िल्मी गाना है जिसमें गांधी जी के नाम का उल्लेख किया गया है। शान्ताराम (1901-90) की फ़िल्म 'महात्मा' (1935) में नायक गांधी जी जैसा था, इसलिए अंग्रेज़ों ने उसका शीर्षक बदलकर 'धर्मात्मा' कर दिया। उनकी अगली फ़िल्म 'अमर ज्योति' (1936) ने पितृसत्तात्मक मानदंडों पर सवाल उठाया और स्त्रियों के मुद्दे को उठाया और 'दुनिया ना माने' (1937) और 'डॉ. कोटनिस की अमर कहानी' (1946) को भी गांधीवादी प्रभाव के प्रमाण के रूप में उद्धृत किया जा सकता है। शान्ताराम की तरह

के. सुब्रह्मण्यम (1904-71) भी गांधी द्वारा प्रचारित सिद्धान्तों के समर्थन में फ़िल्में बनाने वाले शुरुआती फ़िल्म निर्माताओं में से एक थे। 1936 में उन्होंने 'बालयोगिनी' नाम की एक तमिल फ़िल्म बनाई, जिसने जाति-व्यवस्था पर हमला किया, और इसके बाद 1938 में उन्होंने मुंशी प्रेमचन्द की 'सेवासदन' बनाई, जो भारत में वेश्याओं और स्त्री-मुक्ति के सवाल पर आधारित थी। 1939 में उनकी अगली फ़िल्म कल्कि कृष्णमूर्ति के प्रसिद्ध उपन्यास 'त्यागभूमि' पर आधारित थी। यह उपन्यास स्पष्ट रूप से गांधी जी के स्वतंत्रता के आह्वान को प्रतिध्वनित कर रहा था और परिणामस्वरूप औपनिवेशिक सरकार द्वारा प्रतिबन्धित कर दिया गया था।

अस्पृश्यता के ख़िलाफ़ गांधी के आन्दोलन के कारण देश में बने सामाजिक माहौल ने कई फ़िल्म निर्माताओं को सामाजिक रूप से प्रासंगिक फ़िल्में बनाने के लिए प्रेरित किया। ऐसी ही एक फ़िल्म थी फ्रांज़ ओस्टेन (1876-1956) की 'अछूत कन्या' (1936) और दूसरी थी हिन्दी और गुजराती में चन्दूलाल शाह की 'अछूत' (1940), जहाँ अस्पृश्यता का सवाल समझदारी से और गांधी की अन्तर्दृष्टि के साथ उठाया गया था। महबूब ख़ान की 'औरत' (1940) एक और उदाहरण है जहाँ स्त्री की पहचान स्थापित की गई थी और 'मदर इंडिया' (1957) के रूप में इसके रीमेक ने समकालीन भारत में महिलाओं की एजेंसी को और अधिक मज़बूती से पुष्ट किया। राज कपूर (1924-1988) की प्रारम्भिक निर्देशित फ़िल्में जैसे 'बरसात' (1949), 'आवारा' (1951) और 'श्री 420' (1955) जहाँ उन्होंने अपने लिए चार्ली चैपलिन जैसे निष्पाप आवारागर्द की छवि निर्मित करने की कोशिश की, जिनमें गांधीवादी सादगी के भी कुछ लक्षण मौजूद थे। यह सुरक्षित रूप से कहा जा सकता है कि 40 और 50 के दशक की शुरुआत में बनी सामाजिक रूप से प्रासंगिक फ़िल्मों पर निश्चित रूप से गांधीवादी प्रभाव थे।

गांधीवाद की प्रासंगिकता या यों कहें कि हमारे समकालीन भारतीय समाज में इसकी अनुपस्थिति पर गर्मागर्म चर्चा होती रही है। आशुतोष गोवारिकर की 'स्वदेश' (2004) गांधी के इन शब्दों के साथ शुरू होती है, *कार्य करने में इसलिए झिझकना क्योंकि हो सकता है कि समग्र रूप से उपलब्धि हासिल न हो या क्योंकि अन्य लोग इसे अभी तक साझा करना पसन्द नहीं करते हैं, यह एक ऐसा दृष्टिकोण है जो प्रगति में केवल बाधा डालता है।* ऐसा कहा जाता है कि फ़िल्म निर्देशक रजनी बख्शी की किताब 'बापू कुटी' से प्रेरित थे, जिसके माध्यम से उन्हें अरविन्द पिल्ललमारी और रवि कुचिमांची की कहानी के बारे में पता चला, जो अनिवासी भारतीय दम्पती थे और जो ग़रीब ग्रामीणों के लिए बिजली उत्पादक पेडल पावर जनरेटर विकसित करने के लिए भारत लौटे थे। तुषार गांधी ने ठीक ही कहा है कि "फ़िल्म गांधी के मूल्य का प्रतीक है। दुर्भाग्य से जो एक वृत्तचित्र की तरह बन

गई। इसे बॉक्स ऑफ़िस पर वह सफलता नहीं मिली जिसकी वह हक़दार थी। इस फ़िल्म को कम उपदेशात्मक और अधिक विनोदी होना चाहिए था। मैंने गोवारिकर से कहा कि 'स्वदेश' हर शिक्षण संस्थान में दिखाई जानी चाहिए।"[65] इसी तरह जाह्नु बरुआ ने हमारे समाज में गांधीवाद के प्रति रुचि की कमी या उदासीनता का फ़िल्म 'मैंने गांधी को नहीं मारा' (2005) में परीक्षण करने का प्रयास किया है। लेकिन वह फ़िल्म जिसने गांधीवाद को 'गांधीगिरी' के रूप में परिभाषित किया और व्यापक लोकप्रियता हासिल की, वह थी राजकुमार हिरानी की 'लगे रहो मुन्नाभाई' (2006)। न केवल अपने नूतन पद गांधीगिरी के लिए बल्कि प्रचलित गांधीवादी व्यवहारों के साथ कॉमेडी के बहुत ही अछूते मिश्रण ने इस फ़िल्म को काफ़ी चर्चित और विवादास्पद बना दिया था। इसलिए अगर किसी ने यह कहकर आलोचना की कि यह "फ़िल्म गांधी को सतही बनाती है"[66] जबकि "गांधीवादी दर्शन गम्भीर अध्यवसाय की माँग करता है और 'लगे रहो मुन्ना भाई' इसे दिख़ाने का सही तरीक़ा नहीं है"[67] तो कुछ लोगों ने इसे अभूतपूर्व फ़िल्म के रूप में भी सराहा और कहा कि "सच है, महात्मा गांधी पर रिचर्ड एटनबरो और श्याम बेनेगल जैसे प्रतिष्ठित निर्देशकों द्वारा यादगार फ़िल्में बनाई गई हैं जिनमें एक सम्मानजनक सिनेमाई अनुभव की पेशकश करती है और दूसरी उपदेशात्मक और प्रेरणाप्रद है लेकिन पूरी ईमानदारी के बावजूद दोनों फ़िल्मों में किसी ने भी लोकप्रिय कल्पना को उस तरह नहीं उकसाया जैसा 'लगे रहो मुन्ना भाई' ने उकसाया है।"[68] गांधी और गांधीवादी फ़िल्में लोकप्रियता और गम्भीरता के जटिल सम्बन्ध को भी नये सिरे से विचार करने के लिए आमंत्रित करती हैं।

हास्यानुकृति (पैरोडी) में गांधी

एम टी.वी. कार्टून 'क्लोन हाई' में गांधी के प्रतिरूप (क्लोन) को मुख्य पात्र के रूप में दिखाया गया है। फिल लॉर्ड, क्रिस्टोफर मिलर और बिल लॉरेंस द्वारा बनाई गई इस एनिमेटेड वयस्क सिटकॉम श्रृंखला के तेरह धारावाहिक नवम्बर 2002 से फ़रवरी 2003 तक एम टी.वी. पर प्रसारित किये गए थे। 'क्लोन हाई' को संयुक्त राज्य अमेरिका के एक काल्पनिक शहर के हाई स्कूल में स्थापित दिखाया गया है, जिसे

'सीक्रेट बोर्ड ऑफ़ शैडोई फ़िगर्स' नामक एक सरकारी संस्था द्वारा गुप्त रूप से सैन्य प्रयोग के रूप में चलाया जा रहा है। स्कूल पूरी तरह से प्रसिद्ध ऐतिहासिक व्यक्तियों के प्रतिरूपों (क्लोनों) से भरा हुआ है, जिन्हें 1980 के दशक में संयुक्त राज्य अमेरिका की सेना द्वारा उनकी विभिन्न शक्तियों और क्षमताओं का उपयोग करने के इरादे से बनाया गया था। 'क्लोन हाई' के मुख्य पात्र लिंकन, जोन ऑफ़ आर्क और गांधी के प्रतिरूप हैं। धारावाहिक का अधिकांश कथानक क्लियोपेट्रा के कामुक क्लोन को लुभाने के सिलसिले में लिंकन के प्रयासों के इर्द-गिर्द घूमता है, जबकि वह इस तथ्य से बेख़बर है कि उसकी दोस्त जोन ऑफ़ आर्क उसकी ओर आकर्षित है। इस बीच कैनेडी का क्लोन क्लियोपेट्रा को लुभाने का प्रयास कर रहा है, जिसकी लिंकन के साथ लम्बे समय से प्रतिद्वंद्विता है। गांधी, लिंकन और जोन ऑफ़ आर्क के मित्र हैं। हालाँकि, उनमें झूठ बोलने और धोखा देने की प्रवृत्ति है, लेकिन बाद में वह अपना तरीक़ा बदलकर उनके लिए एक वफ़ादार और सहायक दोस्त बन जाते हैं। गांधी के प्रतिरूप को यहाँ एक मौज-मस्ती करने वाले आलसी तथा अति उत्साही किशोर के रूप में दिखाया गया है, जो क्षणजीवी है और जो धारावाहिक के तनावपूर्ण हिस्सों में हास्यपूर्ण राहत प्रदान करने का प्रयत्न करता है। गांधी जी के प्रतिरूप की इस छवि ने भारत में कई लोगों को नाराज़ कर दिया, जिनमें भारत की संसद के प्रमुख सदस्य भी शामिल थे। एम टी.वी. के भारतीय मुख्यालय पर भूख-हड़ताल के कारण 'क्लोन हाई' का पहला सीज़न समय से पहले ही रद्द कर दिया गया था। इसी प्रकार, अमेरिकी धारावाहिक 'फ़ैमिली गाय' (1999) के एक एपिसोड में गांधी को एक क्लब में स्टैंड-अप कॉमेडी करते हुए दिखाया गया

है। कार्टून नेटवर्क पर 'टाइम स्क्वाड' के एक एपिसोड में गांधी जी को भारत की स्वतंत्रता में भाग लेने के बजाय करियर के रूप में टैप डांसिंग करने की इच्छा व्यक्त करते हुए दर्शाया गया है। टी.वी. शो 'स्क्रब्स डॉ. कॉक्स' में डोनाल्ड फैसंस के चरित्र को 'गांधी' कहकर बुलाया जाता है। यूएचएफ़ में दिखाई गई कॉमेडी फ़िल्म 'गांधी II' के एक पैरोडी ट्रेलर में गांधी को *नो मोर मिस्टर पैसिव रेसिस्टेंस* कहते हुए धुआँधार बन्दूक़ चलाने वाले व्यक्ति के रूप में दिखाया गया है। गांधी का 'सिटकॉम सीनफ़ील्ड' के तीन एपिसोड में भी उल्लेख किया गया है—दूसरे सीज़न के एक एपिसोड 'द चाइनीज रेस्तराँ' में, जब जॉर्ज कोस्टान्ज़ा को पीटे जाने पर ऐलेन बेन्स, जेरी से पूछता है, *क्या गांधी बावले हो गए हैं?* अगले सीज़न के 'द सुसाइड' एपिसोड में ऐलेन सोचती है कि *गांधी उपवास करने से पहले क्या खाते होंगे?* जैरी जवाब देता है : *ओह, हाँ, गांधी को ट्रिस्किट बहुत पसन्द थे।* गांधी का अन्तिम सन्दर्भ चौथे सीज़न में 'द ओल्ड मैन' एपिसोड में आता है, जब ऐलेन एडी मैकक्लर्ग द्वारा अभिनीत एक बूढ़ी महिला श्रीमती ओलिवर से मिलने जाती है, जो दावा करती है कि उसका 'मोहनदास' के साथ सम्बन्ध था। श्रीमती ओलिवर याद करती हैं : ओह...वह जुनून था! और ऐलेन को गांधी के साथ अपनी एक तसवीर दिख़ाने के लिए आगे बढ़ती हैं। 'द सिम्पसन्स' के 'माउंटेन ऑफ़ मैडनेस' एपिसोड में होमर सिम्पसन के साथ महात्मा गांधी और अन्य ऐतिहासिक चरित्रों को साज़िश करते हुए दर्शाया गया है। इसके अलावा एपिसोड 'होमर और आपू' से पता चलता है कि अपू ख़ाने से पहले हमेशा एक प्रार्थना करता है, जिसके बोल हैं : *अच्छा चावल, अच्छी करी, अच्छा गांधी, चलो जल्दी।* 'साउथ पार्क' धारावाहिक में जहाँ केनी जब नर्क में होता है तब वह जॉर्ज बर्न्स और एडॉल्फ़ हिटलर के साथ गांधी के भूत से भी बात करते हुए दिखाया गया है। 'जिमिनी ग्लिक इन ला ला वुड' में जिमिनी को 'ग्रोइंग अप गांधी' नामक फ़िल्म देखते हुए दर्शाया गया है, जिसमें युवा गांधी को एक मुक्केबाज़ के रूप में दिखाया गया है। स्टॉप-मोशन एनिमेटेड शृंखला 'रोबोट चिकन' में बेंजामिन फ्रैंकलिन को राइट ब्रदर्स से 'एजुकेशनल रेसलिंग फ़ेडरेशन' (डब्ल्यू.डब्ल्यू.ई. की पैरोडी) में गांधी को बीच-बचाव करते हुए दिखाया गया है। एक मोनोलॉग में, रॉबिन विलियम्स मज़ाक़ में सुझाव देता है कि गांधी जींस नामक कपड़ों का एक ब्रांड होना चाहिए (साइज़ वन एंड बिलो)। वार्नर ब्रदर्स के कार्टून 'बग्स बनी राइड्स अगेन' में मूल रूप से योसेमाइट सैम जो ख़ुद को "रियो ग्रांडे को पार करने वाला सबसे कठोर, सबसे कठिन, सबसे अदम्य साहसी मानता है—और आगे जोड़ता है कि *मेरा मतलब महात्मा गांड-ई से नहीं है!*" हालाँकि मेल ब्लैंक ने बाद में, गांधी की हत्या के कारण, पंक्ति के इस भाग को बदल दिया था।[69] स्पष्ट है कि पश्चिमी, विशेषकर अमेरिकी टेलीविज़न और

डी.वी.डी. की हास्यानुकृतियों में गांधी जी के नाम और व्यक्तित्व का यदा-कदा इस्तेमाल तो हुआ है लेकिन उसकी कोई रचनात्मक उपलब्धि नहीं दिखाई पड़ती।

कम्प्यूटर गेम में गांधी

गांधी को वीडियो गेम शृंखला 'सिविलाइज़ेशन' में भारतीय सभ्यता के एकमात्र नेता के रूप में प्रस्तुत किया गया है। वह पहले तीन खेलों में अकेले सभ्यता नेता के रूप में दिखाई दिये, लेकिन चौथे में उन्हें अशोक के साथ दिखाया गया। सेलिब्रिटी डेथमैच में गांधी को चंगेज़ ख़ान के आमने-सामने रखा गया है।

संगीत में गांधी

दुनिया-भर के संगीतकारों ने गांधी या गांधी के विचार के सार को अलग-अलग ढंग से पकड़ने की कोशिश की थी। भारत में कुछ महान शास्त्रीय गायकों ने गांधी पर नये रागों की रचना की थी जैसे अलाउद्दीन ख़ान का 'गांधी बिलावल', रविशंकर का 'मोहन कौंस', बाला मुरलीकृष्ण द्वारा निर्मित 'मोहन गांधी', कुमार गन्धर्व का 'गांधी मल्हार' या अमज़द अली ख़ान का 'बापू कौंस'। इन रागों को गांधी के व्यक्तित्व या उनके विचारों पर संगीतकार की टिप्पणी के तौर पर देखा जा सकता है, प्रत्येक राग मानो गांधी या गांधीवाद की एक व्यक्तिगत व्याख्या है।

पश्चिम में फिलिप ग्लास (1937) ने गांधीवादी सत्याग्रह के सार को ओपेरा के रूप में पकड़ने की कोशिश की थी। यह एक तीन अंकीय ओपेरा है जिसमें ऑर्केस्ट्रा, कोरस और एकल कलाकार शामिल हैं, जिसमें ग्लास और कॉन्स्टेंस डी जोंग द्वारा लिब्रेटो भी शामिल है। यह नीदरलैंड के रॉटरडैम शहर द्वारा कमीशन किया गया था, और पहली बार वहाँ के म्यूनिसिपल थिएटर में 5 सितम्बर, 1980 को नीदरलैंड्स ओपेरा और क्रिस्टोफर कीने द्वारा संचालित यूट्रेक्ट सिम्फनी ऑर्केस्ट्रा द्वारा प्रस्तुत किया गया था। बाद में इसे यू.के., यू.एस.ए. और पश्चिमी जर्मनी में भी प्रस्तुत किया गया।[70] गांधी जी की 60वीं पुण्यतिथि (30 जनवरी, 2008) के अवसर पर एम्स्टेलवीन थिएटर में गांधी नाम के एक नये डच संगीत का भी प्रदर्शन किया गया था। वास्तव में यह संगीत कई निर्माताओं—बर्लिन में गांधीसर्व फाउंडेशन, एम्स्टेलवीन का थिएटर और एम्स्टेलवीन कॉलेज—के बीच सहयोग का परिणाम था। गांधी से सम्बन्धित कुछ अन्य प्रकार के संगीत भी हैं, विशेष रूप से लोकप्रिय संगीत के क्षेत्र में, जो दुनिया के कई हिस्सों में रचे गए, जैसे गांधी को याद करते हुए या गांधीवाद के प्रभाव में बॉब डिलन की रचना 'दे किल्ड हिम', कैपिटल स्टेप्स की 'द गांधी

मैन', पीट मॉर्टन रचित 'गांधी एंड जीसस', सिल्कनोज की 'गांधी टेंटेकल सॉन्ग', ब्रायन स्पेंस की 'गांधी (वी विल राइट)', 'मानव : महात्मा', मैनहट्टन गांधी की 'सत्याग्रह', पट्टी स्मिथ की 'गांधी', मार्टी वॉकर की 'कम्पैशन', बॉब लिविंगस्टन की 'एम. गांधी और सिटिंग बुल', 1001 वेज़ की 'थ्रू माई सेंसेज', 'गांधी' (रेडियो मिक्स), ब्रायन बॉयडेल की 'इन मेमोरियम महात्मा गांधी', बैराज की 'महात्मा', हुफिसेन रचित 'डेर टेम्पल', प्लम लैट्रावर्स की 'ला बल्लाडे दे संडेल एट गांधी' (फ्रेंच), एंज : 'एट गांधी ल' इंडॉक्स डिट टॉट डॉक्स' (फ्रेंच), ऑफ़विंड : 'इम रेड डेर जैत', 'हरिजन', 'कोरेक्ट करप्ट', 'अहिंसा', 'गुट अन बोस', 'सत्याग्रह', 'मंत्र महात्मा' (जर्मन), हॉवर्ड कारपेनडेल : 'गांधी' (जर्मन), बर्नड स्टेल्टर रचित 'महात्मा' (जर्मन), ए म्यूज़िका डू ओल्डोडम : 'महात्मा ओलोडम' (पुर्तगाली) इत्यादि।

फ़िल्मी गानों में 'बापू की अमर कहानी' (1948) का मोहम्मद रफ़ी के स्वर में राजिन्दर कृष्ण के बोल—*सुनो सुनो ऐ दुनिया वालो, बापू की ये अमर कहानी* में वह बापू जो पूज्य है इतना जितना गंगा माँ का पानी—एक मील का पत्थर है। इस लम्बे गाने को संगीत निर्देशक हुस्नलाल-भगतराम ने कीर्तन की धुन में इस तरह प्रस्तुत किया मानो गांधी जी के पूरे जीवन को झाँकी की शक्ल में दिखाया जा रहा हो। इसकी प्रस्तुति में श्रद्धांजलि का भाव है—कहा जाता है कि इस गाने को गांधी की हत्या के बाद एक दिन में ही रिकार्ड कर रिलीज़ कर दिया गया था और चन्द दिनों में ही इसके लाखों रिकॉर्ड्स बिक गए थे। वैसे तो महात्मा गांधी पर हिन्दी फ़िल्मों में कई गाने हैं लेकिन फ़िल्म 'जागृति' (1954) का कवि प्रदीप द्वारा रचित और हेमन्त मुखर्जी द्वारा संगीतबद्ध और आशा भोंसले के गाए गीत—*साबरमती के संत तूने कर दिया कमाल/दे दी हमें आज़ादी बिना खड्ग बिना ढाल/साबरमती के संत तूने कर दिया कमाल/आँधी में भी जलती रही गांधी तेरी मशाल/साबरमती के संत तूने कर दिया कमाल। जिस दिन तेरी चिता जली रोया था महाकाल/साबरमती के संत तूने कर दिया कमाल*—ने जितना आम जनमानस को छुआ है सम्भवतः अन्य किसी गीत को वह प्रसिद्धि नहीं मिल पाई। इसी प्रकार, फ़िल्म 'गुण धाम हमारे' (1960) में एस.डी. बर्मन द्वारा रचित और उनके द्वारा ही गाया गाना—*गुण धाम हमारे गांधीजी—शुभ नाम हमारे गांधी जी* भले ही उतना लोकप्रिय न हुआ हो लेकिन अपनी प्रस्तुति में यह भी कम उल्लेखनीय नहीं है। सचिन देव बर्मन की ठेठ पूर्वी तरंगित आवाज़ में गांधी-वन्दना प्रामाणिक बन पड़ी है। हाल के वर्षों में 'लगे रहो मुन्ना भाई' (2006) का गाना 'बन्दे में था दम/वन्दे मातरम' भी एक उल्लेखनीय रचना है जो फ़िल्म की तरह ही एक अलग क़िस्म के नवाचार पर आधारित है—संगीत निर्देशक शान्तनु मोइत्रा ने स्वानन्द किरकिरे के बोल को सोनू निगम, श्रेया घोषाल, प्रणव कुमार विश्वास के स्वर में गांधी के आह्वान से गान आरम्भ कर इसे प्रयाण-गीत (मार्च सॉन्ग) के

धरातल तक ले जाने का प्रयास किया है। गीत *आजा रे आजा रे/माटी पुकारे, तुझे देश पुकारे/आजा रे, आजा रे/भूले हम राहें, हमें राह दिखा जा रे,* से आरम्भ किया गया है फिर गांधी जी का चित्रण है—*ऐनक पहने लाठी पकड़े, चलते थे वो शान से/जालिम काँपे थर-थर-थर सुनकर उनका नाम रे/क़द था उनका छोटा सा और सरपट उनकी चाल रे/दुबले से पतले से वो चलते सीना तानके।* गांधी जी के इस चित्रण के बाद समकालीन भारत की तसवीर खींची गई है—*भाई-भाई का दुश्मन है बना रे/नफ़रत की आँधी बहती रे/वहशी दिलों को अब प्यार सिखा दे/आजा रे बापू आजा रे/झूठ का बढ़ता जाए राज ओ बापू/अपने ही हो गए धोखेबाज़/आज हमें अपनों से बचाने आजा रे बापू मेरे/पाई-पाई में इनसान बिका रे/जान ये हो गई सस्ती रे/सोया जमीर बापू फिर से जगा दे आजा रे बापू मेरे* और इस सभी के बीच में—गांधी के आह्वान और गांधी-चित्रण के बीच—*बन्दे में था दम वन्दे मातरम,* को एक अलग लय में गीत की टेक की तरह लेकिन वृन्दगान की शक्ल में पिरोया गया है। यह सांगीतिक रचना फ़िल्म के दृश्य के साथ अधिक असरदार मालूम पड़ती है लेकिन अलग से सुनने पर यह कुछ-कुछ विश्रृंखल जान पड़ती है।

चित्रकला में गांधी

गांधी बीसवीं सदी के सबसे अधिक चित्रित व्यक्तियों में से एक हैं, हालाँकि उन्होंने हमेशा कलाकारों के लिए बैठने या पोज़ देने से इनकार किया। अपने जीवनकाल में ज़्यादातर उनके समकालीन कलाकारों ने उन्हें अधिकतर 1918 से 1948 के बीच की अवधि में चित्रित किया, जैसे नन्दलाल बोस (1882-1966), रविशंकर रावल (1892-1977), मुकुल डे (1895-1989), विनायक एस. मासोजी (1897—), छगनलाल जादव (1903-1987), कानू देसाई (1907—), फ़ेलिक्स टोपोलस्की (1907-1989) और धीरेन गांधी। जब वे दक्षिण अफ्रीका से लौटे तो शान्तिनिकेतन के कलाकार मुकुल डे, जो भारत में ड्राई पॉइंट्स की शुरुआत करने वालों में अग्रणी थे, ने 1918 में मद्रास में उनका चित्र बनाया। मुकुल डे दक्षिण-भारत के महान व्यक्तित्वों को चित्रित करने के लिए यात्रा पर थे, जब उन्होंने गांधी के बारे में सुना, जो उस समय भारत में बहुत प्रसिद्ध नहीं थे। मुकुल डे ने लिखा है, "मेरी किताब 'ट्वेल्व पोर्ट्रेट्स' अभी-अभी (1917 के अन्त में) निकली थी और दक्षिण भारत के महापुरुषों के चित्रों का संग्रह बनाने की दृष्टि से, मैं 1918 में मद्रास गया था। वहाँ मैंने सुना कि दक्षिण अफ्रीकी भारतीयों के एक महान नेता कुछ दिनों के लिए मद्रास में रहने आए हैं...श्रीमती नायडू ने फिर मुझे गांधी जी से मिलवाया और उन्हें मेरे काम के बारे में बताया। गांधी जी मुझ पर मधुर मुस्कान बिखेर रहे थे, मानो उनका

चित्र बनाने के लिए अपनी सहमति का संकेत दे रहे हों। वह कमरे में लोगों से बातें करने में मशगूल थे और मैं अपनी पेंसिल के साथ उलझा हुआ था। मैंने एक घंटे के भीतर चित्र बना लिया। गांधी जी ने इसे देखा और कहा, 'क्या मैं वास्तव में ऐसा दिखता हूँ? बेशक मैं उस कोण से अपना चेहरा नहीं देख सकता।' फिर उन्होंने

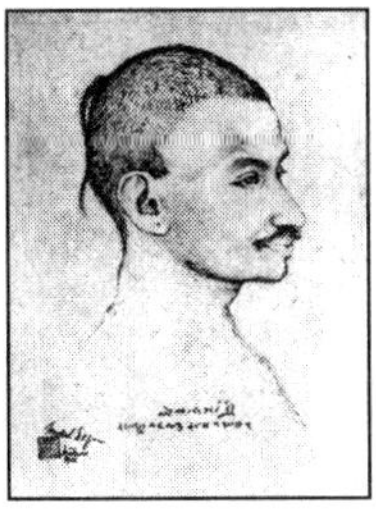

मुकुल डे : महात्मा गांधी के व्यक्ति-चित्र

उसे वहाँ एकत्रित लोगों को दिखाया। मेरे अनुरोध पर उन्होंने गुजराती में उस पर निम्नलिखित शब्द लिखे, *मोहन दास गांधी, फागुन बदी 3, संवत् 1975।*"[71] इस पेंसिल स्केच में गांधी के सिर पर शिखा और बहुत छोटे-छोटे बाल हैं। उन्होंने गांधी को दो और बार चित्रित किया, एक बार 1928 में साबरमती में—चार ड्राईपॉइंट्स और कुछ पेंसिल के रेखांकन और फिर 1945 में पुणे में, जहाँ उन्होंने पेंसिल और क्रेयॉन तथा पेन और स्याही से गांधी के चित्र बनाए। कानू देसाई भी गांधी को चित्रित करने वाले शुरुआती कलाकारों में से एक हैं, जिसे वेरियर एल्विन द्वारा एक निबन्ध के साथ 1932 में प्रकाशित किया गया था, जिसका शीर्षक था 'महात्मा गांधी : पिक्चर्स इन पेन, पेंसिल और ब्रश'। गुजरात में कला के अग्रदूतों में से एक

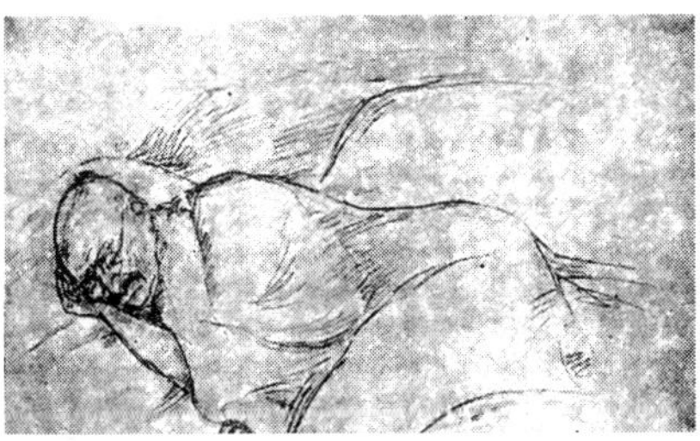
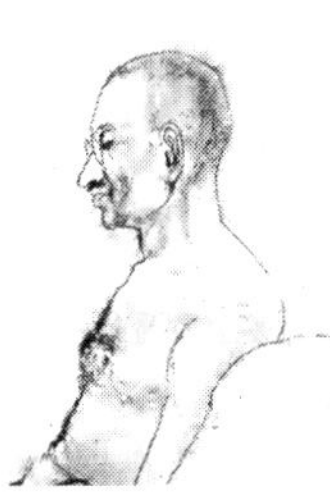

कानू देसाई : महात्मा गांधी : पिक्चर्स इन पेन, पेंसिल और ब्रश

रविशंकर रावल ने महात्मा गांधी के 1922 के मुक़दमे को—जो अहमदाबाद के सर्किट हाउस में आयोजित किया गया था—चित्रित किया और इस चित्र को उनके

काम में मील का पत्थर माना जाता है। मुक़दमे का तैल-चित्र उनके द्वारा कोर्ट में ही बनाए गए रेखांकनों पर आधारित था इसलिए इसे ऐतिहासिक भी कहा जा

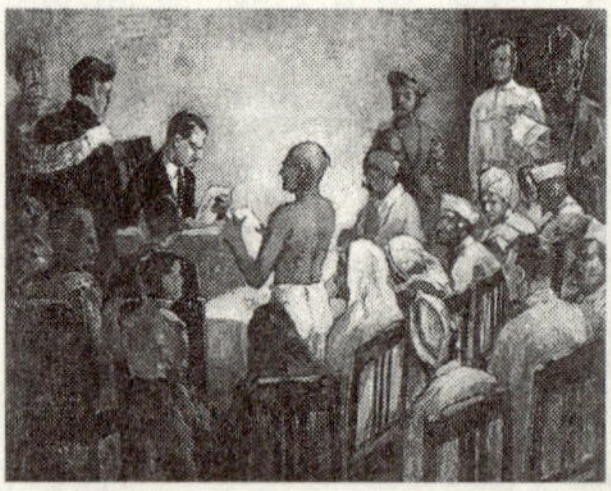

रविशंकर रावल : महात्मा गांधी के 1922 के मुक़दमे का चित्र

सकता है। अन्य भारतीयों की तरह कलाकार भी गांधी जी और उनके दांडी मार्च से बहुत प्रभावित थे, विशेषकर नन्दलाल बोस और विनायक एस. मासोजी, जिन्होंने इस महाकाव्यात्मक आन्दोलन को इसकी पूरी महिमा में चित्रित किया था। अपनी प्रसिद्ध पेंटिंग 'द मिडनाइट अरेस्ट' में मासोजी ने दांडी से लौटने के दौरान गांधी की गिरफ़्तारी की तुलना गेथसेमेन्स के बग़ीचे में आधी रात को ईसा मसीह की गिरफ़्तारी के साथ की थी। कांग्रेस की आर्ट गैलरी में राजकुमारी अमृत कौर ने जब

विनायक एस. मासोजी : आधी रात की गिरफ़्तारी

इस पेंटिंग को देखा तो उन्होंने गांधी जी से पूछा कि क्या यह पेंटिंग कलाकार की कल्पना पर आधारित है या वास्तव में ऐसा ही घटित हुआ था? गांधी ने ख़ामोशी

से एक मुस्कान के साथ कहा, "हाँ, हाँ, बिलकुल, वे बिलकुल ऐसे ही आए थे।"[72] लेकिन सबसे लोकप्रिय पेंटिंग नन्दलाल बोस की गांधी की श्वेत लिनोकट छवि 'बापू जी' है जिसे 12 अप्रैल, 1930 को बनाया गया था। उन्होंने गांधी जी के निमंत्रण पर हरिपुरा कांग्रेस (1938) के लिए पटुआ शैली में 83 पैनल भी बनाए, जिन्हें अब 'हरिपुरा पोस्टर' कहा जाता है। गांधी के निमंत्रण पर नन्दलाल बोस ने

नन्दलाल बसु : दांडी मार्च

गांधी के नाज़ुक दिखने वाले शरीर में लोहे की दृढ़ता की कल्पना की थी। एक अन्य शान्तिनिकेतन कलाकार रामकिंकर बैज ने भी गांधी के दांडी मार्च को अमर कर दिया है। गांधी जी के भतीजे धीरेन गांधी ने भी उन्हें बहुत सारे रेखाचित्रों में

धीरेन गांधी : प्रार्थना और महात्मा गांधी के अन्य रेखाचित्र

चित्रित किया था, जो बाद में 'प्रार्थना और महात्मा गांधी के अन्य रेखापित्र' शीर्षक से प्रकाशित भी हुए।[73] ये रेखाचित्र चिन्तन करते गांधी जी के कुछ अन्तरंग रूप प्रकट करते हैं। जब गांधी जी दूसरे गोलमेज़ सम्मेलन (सितम्बर 1931—दिसम्बर 1931) में भाग लेने के लिए लन्दन गए तो यूरोप और अमेरिका के कई कलाकारों ने उन्हें चित्रित करने का प्रयास किया, जिनमें एलियास मंडेल ग्रॉसमैन (1898-

1947), जो डेविडसन (1883-1952), नैंसी कॉक्स-मैककॉर्मैक (1885-1967), क्लेयर शेरिडन (1885-1970) और क्लेयर लीटन (1898-1989), का नाम लिया जा सकता है। क्लेयर लीटन के चित्र ने एक एकाकी नेता के उस ऐतिहासिक क्षण को पकड़ने की कोशिश की, जो दूसरे गोलमेज़ सम्मेलन के दौरान न केवल अपने विरोधियों को, बल्कि अपने हमवतन लोगों को भी सहमत करने के लिए संघर्ष

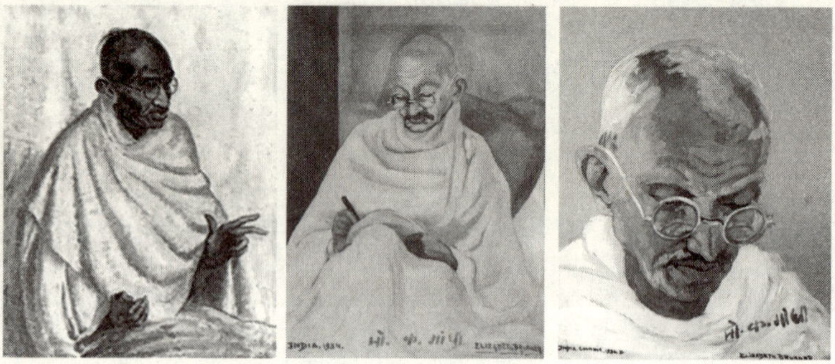

क्लेयर लीटन (1931), एलिज़ाबेथ ब्रूनर (1934), एलिज़ाबेथ ब्रूनर (1934)

कर रहा था। दूसरी ओर, हंगेरियन कलाकार एलिज़ाबेथ ब्रूनर (1910-2001) ने कुन्नूर में अपेक्षाकृत अधिक आरामदायक परिस्थिति में महात्मा से मुलाक़ात की, वह लिखती हैं, "जब चित्र तैयार हो गया, तो मैंने उन्हें सौंप दिया। उनका चेहरा अनुमोदन से चमक उठा और उन्होंने स्वेच्छा से उस पर अपने हस्ताक्षर किये। पूरे

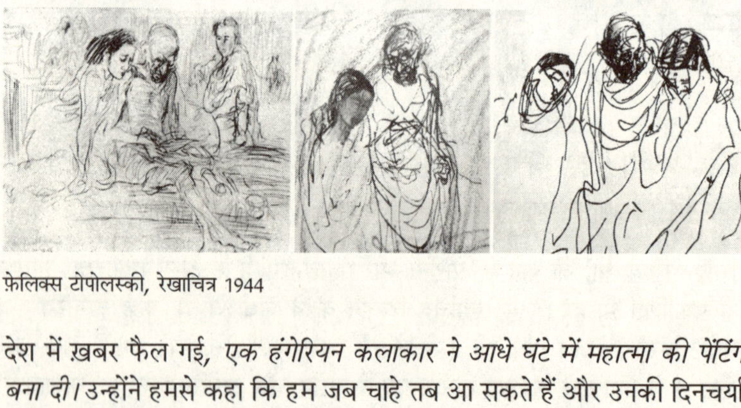

फ़ेलिक्स टोपोलस्की, रेखाचित्र 1944

देश में ख़बर फैल गई, *एक हंगेरियन कलाकार ने आधे घंटे में महात्मा की पेंटिंग बना दी।* उन्होंने हमसे कहा कि हम जब चाहे तब आ सकते हैं और उनकी दिनचर्या को आराम से देख सकते हैं।"[74] पोलिश चित्रकार फ़ेलिक्स टोपोलस्की, जो बाद

में ब्रिटिश नागरिक बन गए थे, 1944-46 में भारत आए और उन्होंने गांधी जी को पेंसिल, पेन और ब्रश के माध्यम से चित्रित किया। ऐसा लगता है कि ये चित्र गांधी की हत्या का पूर्वानुमान करते हैं और इस तरह कलाकारों के भविष्यद्रष्टा होने की बात में कुछ-कुछ सच्चाई नज़र आती है। राष्ट्रपति भवन में, जहाँ यह पेंटिंग प्रदर्शित

फ़ेलिक्स टोपोलस्की : (क) 1948 की पुन:निर्मित पेंटिंग भारत के राष्ट्रपति भवन में प्रदर्शित; (ख) मिस्टीरियस स्ट्रोक्स: टोपोलस्की द्वारा 1946 में चित्रित गांधी; (ग) चलते हुए महात्मा गांधी

है, निम्नलिखित जानकारी दी गई है—इसमें दिखाया गया है कि ख़ून से लथपथ महात्मा गांधी दो युवतियों पर झुके हुए हैं और शान्ति से ज़मीन पर गिर रहे हैं। इसे 1946 में चित्रित किया गया था, मानो दो साल बाद गांधी जी की हत्या का सटीक पूर्वाभास हो। बाद में इसे 'द ईस्ट 1948' शीर्षक से एक बड़ी चार-पैनल वाली पेंटिंग के हिस्से के रूप में फिर से तैयार किया गया, जिसे जवाहरलाल नेहरू ने 1949 में लन्दन-यात्रा के दौरान हासिल किया था। 30 जनवरी, 1948 को महात्मा गांधी की हत्या हुई फिर सवाल यह उठता है कि टोपोलस्की ने हत्या के सटीक विवरण की कल्पना कैसे की? यहाँ दो चित्र हैं—एक 1946 में बनाया गया और दूसरा 1948 में दोबारा तैयार किया गया संस्करण। कला इतिहासकार के अनुसार इन दोनों संस्करणों में कुछ समानताएँ और कुछ अन्तर हैं। सुमति रामास्वामी ने दिखलाया है कि, *1946 की पेंटिंग में कैनवस के नीचे दाहिनी ओर एक स्मोक गन के साथ एक अशरीरी हाथ की उपस्थिति पर ध्यान दें जो हमारी ओर तनी हुई है...1948 की पेंटिंग में, ध्यान दें कि बन्दूक़ के पीछे एक काली आकृति बना दी गई है।*[75] यह सच है कि 1946 से ही गांधी जी के जीवन पर ख़तरा मँडरा रहा था, लेकिन चित्र में उस माहौल का चित्रण जो बाद में सचमुच घटित हुआ, इतना अधिक मिलता-जुलता है कि यह वास्तव में अविश्वसनीय लगता है। गांधी की हत्या के बाद, गुजरात के महान पुनर्जागरण कलाकार छगनलाल जादव ने शोक के रूप में तेरह चित्रों की एक अमूर्त श्रृंखला चित्रित की। दांडी मार्च के दौरान गांधी जी और उनके सहयोगियों के उनके द्वारा बनाए गए रेखाचित्रों में बड़ी जीवन्तता

और ओज है। इनमें गांधी जी ऐसे कर्मयोगी के रूप में चित्रित हुए हैं जो मानो सोते में भी राष्ट्रीय स्वतंत्रता संग्राम की योजना में मुब्तिला हों। पिछले कई वर्षों

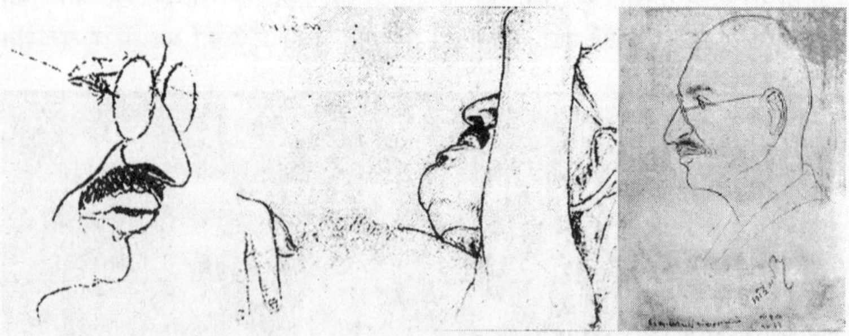

छगनलाल जादव, दांडी मार्च, काग़ज़ पर पेंसिल, 6.5×9.8 से.मी. 1932; 8.6×12.3 से.मी. 1933; 25×33.4 डॉ. रिजवान कादरी संग्रह

से आधुनिक चित्रकारों—के.के. हेब्बार (1911-1996), एम.एफ. हुसैन (1915-2011), के.जी. सुब्रमण्यन (1924-2016), मनु पारेख (1939—) आदि ने गांधी के व्यक्तित्व के कुछ अज्ञात आयामों को चित्रित करने का प्रयास किया है। के.के. हेब्बार के गांधी देखने में बहुत सुखद लगते हैं और कुछ हद तक यह गांधी के

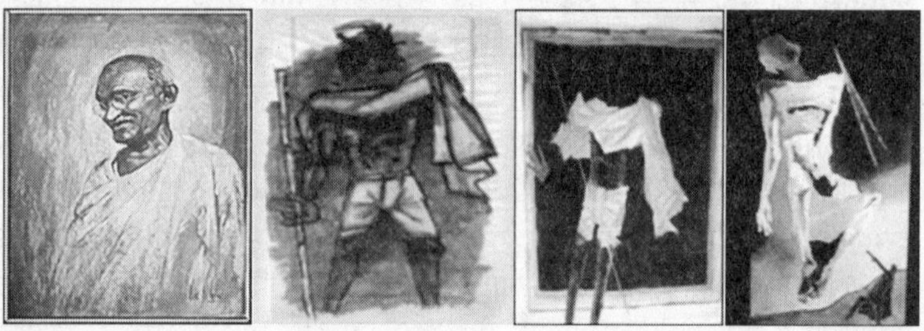

के.के.हेब्बार: कैनवस पर तैलरंग : 163×95 से.मी.; हुसैन, काग़ज़ पर जल रंग और एक्रेलिक 142.2×85.1 से.मी.; कैनवस पर एक्रेलिक, 163×95 से.मी., 1970-1979

आधिकारिक चित्र की तरह प्रतीत होते हैं, जबकि हुसैन उन्हें अपनी विशिष्ट अर्द्ध आकृतिमूलक—सह-अमूर्त शैली में जीवन्त रंगों के साथ प्रस्तुत करते हैं जो उनके और उनकी दुनिया के बारे में उनके विचारों और अवधारणाओं को व्यक्त करते हैं। सुब्रमण्यन ने गांधी दर्शन, दिल्ली के लिए गांधीवाद की अवधारणा पर भित्तिचित्र बनाया जबकि मनु पारेख ने लगातार कई वर्षों से गांधी जी को कई रंगों, कई शैलियों और कई माध्यमों में चित्रित करने का प्रयत्न किया है। वे इतने मोहित थे

कि वे समझते थे कि मानो एक जननेता के सम्प्रेषण कौशल के रूप में भावनाओं को दृश्य रूप में ऐसे अपारदर्शी ढंग से व्याख्यायित किया जा सकता है कि वह एक ऐतिहासिक साक्ष्य बन जाय और साथ ही साथ एक कलात्मक वक्तव्य भी। वे अक्सर कहते थे कि जब मैं एक सिर को चित्रित करता हूँ, तो मैं वास्तव में

मनु पारेख के गांधी

एक सिर को चित्रित नहीं कर रहा होता हूँ, मैं एक अभिव्यक्ति को चित्रित कर रहा होता हूँ। और जब मैं किसी अभिव्यक्ति को चित्रित करता हूँ तो मैं वास्तव में एक

मनु पारेख : 1. बोर्ड पर तैल, 40×29.5, 2004; 2. कैनवस पर तैल, 30×24, 2005; 3. कैनवस पर तैल, 48×48, 2005

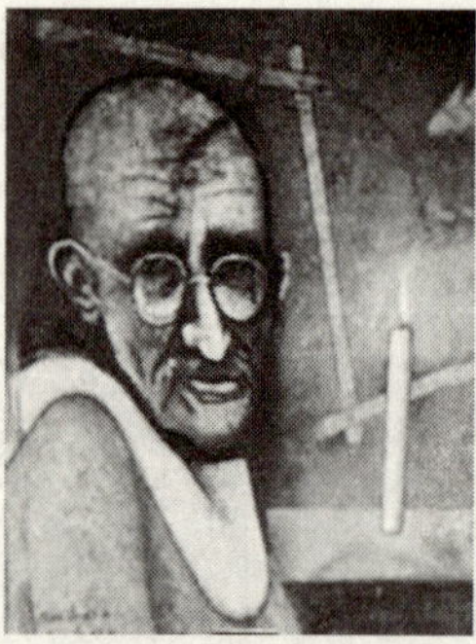  

4. कैनवस पर एक्रेलिक, 48×48, 2005; 5. कैनवस पर एक्रेलिक, 29×23, 2011; 6. काग़ज़ पर मिक्स मीडिया, 40×30, 2014

स्थिति को चित्रित कर रहा होता हूँ।[76] यह बात उनके गांधी के शबीहों से अधिक और कहीं सत्यापित नहीं होती।

अतुल डोडिया (1959) ने गांधी की इस तरह से पुनर्कल्पना की, जिसके कारण रंजीत होसकोटे ने उन्हें अहिंसा के कलाकार के रूप में चिह्नित किया था, वे लिखते हैं, "अतुल के जलरंगों ने महात्मा को इतिहास के उथल-पुथल वाले पन्नों से बाहर निकालकर उन्हें कैनवस के सीपिया-धुले इलाक़े में पहुँचा दिया है। यहाँ गांधी को संवेदनशील तूलिकाघात के माध्यम से एक नया जीवन प्रदान किया गया है। एक दुर्बल अल्पतम शरीर के अन्दर दग्ध गैरिक मिट्टी की समृद्धि, गांधी की ताक़त और जीवटता की पुष्टि करती है। चमकदार पीले-सफ़ेद रंग गहरे कहरुवा में विलीन

अतुल डोडिया : विलाप (1997); अतुल डोडिया : रेने ब्लॉक गैलरी में बापू, न्यूयॉर्क-1974, 1998

हो जाते हैं और अर्थच्छटाओं को क़रीब से अवलोकन के लिए आमंत्रित करते हैं। छायाएँ, हमें यह याद रखना चाहिए कि मानवता का ताना-बाना बुनती हैं। छायाएँ, जिन्हें गांधी जी ने आग्रह किया था, हम सभी एक मनुष्य के रूप स्वीकार करते

हैं।"[77] अतुल डोडिया बचपन से ही गांधी पर काम करते रहे हैं, लेकिन प्रदर्शनी 1999 में केमोल्ड गैलरी, मुम्बई में हुई।

इस प्रदर्शनी में जलरंग में उनकी पेंटिंग कैनवस पर उनके पारम्परिक तैलचित्रों की तुलना में कहीं अधिक व्यक्तिगत और अन्तरंग थीं। यह प्रदर्शन न केवल दर्शकों के लिए बल्कि स्वयं चित्रकार की 'अवधारणात्मक कला' के लिए भी दूरगामी साबित हुआ, जैसा कि अतुल डोडिया कहते हैं, "हर जगह गांधी की छवियाँ हैं। हर दूसरी सड़क का नाम उनके नाम पर है, उनका चेहरा टिकटों पर, मुद्रा पर, सरकारी कार्यालयों में हर जगह है, लेकिन उनकी आत्मा कहीं नहीं है। जैसे ही मैंने उन पर विचार करना आरम्भ किया, मुझे एहसास हुआ कि 'अवधारणात्मक कला' नामक एक नई कला तकनीक के साथ गांधी जी में काफ़ी समानताएँ हैं। चित्र की इस शृंखला ने मेरा जीवन बदल दिया, और मेरी चिन्ताएँ सामाजिक क्षेत्र में स्थानान्तरित हो गईं। आज मुझे लगता है कि गांधी पहले से कहीं अधिक प्रासंगिक हैं।"[78] मानो इस तथ्य पर ज़ोर देने के लिए ही आधुनिक समय में गांधी या गांधीवाद पर विचार करने का सबसे व्यापक प्रयास एक प्रदर्शनी के रूप में आरम्भ हुआ, किसका नाम था—'सत्याग्रह : भारतीय और दक्षिण अफ्रीकी कलाकारों की 9-11-1906

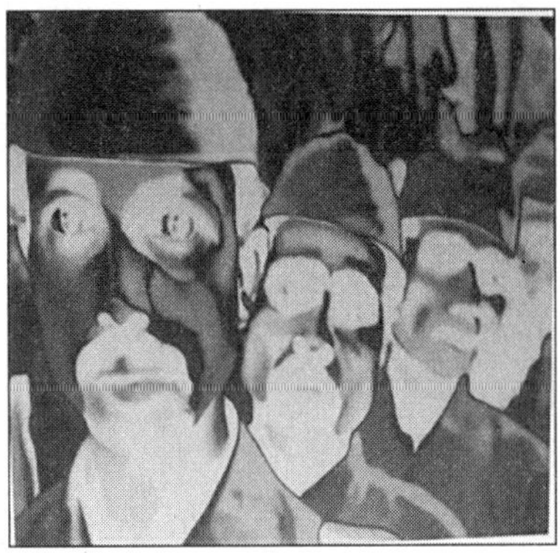

गुलाम मोहम्मद शेख़, उनका सत्याग्रह और हमारा, आर्क पेपर पर गौचे, 2006; टी.वी. सन्तोष (1968—), स्वतंत्रता कितनी दूर है? 2006, कैनवस पर तैल, 99.4×122 से.मी.

की भावना को श्रद्धांजलि' जिसे 2006 में 'अफरीखादी' द्वारा दिल्ली और डरबन में आयोजित किया गया था।[79] यह प्रदर्शनी सत्याग्रह आन्दोलन की शताब्दी की एक स्मारक प्रदर्शनी थी, जिसमें भारत और दक्षिण अफ्रीका के सड़सठ कलाकारों ने भाग लिया था।[80] इस प्रदर्शन की उल्लेखनीय रचनाएँ थीं—के.जी. सुब्रमण्यन की 'पृथ्वी हमें विश्वास में दी गई है', मोहम्मद शेख़ की 'उनका सत्याग्रह और

हमारा', टी.वी. सन्तोष (1968—) की 'स्वतंत्रता कितनी दूर है?', नीलिमा शेख़ की 'ईश्वर', हकु शाह की शीर्षकहीन रचना, लकड़ी और धातु में वाल्टर डिसूज़ा की कृति 'सत्याग्रह' और लकड़ी और कपास में कृष्णमाचारी बोस की 'गद्दी ऑफ़ महात्मा' आदि। टी.वी. सन्तोष (1968—) की कृति स्वतंत्रता कितनी दूर है? 1923 में गांधी और श्री नारायण गुरु, जो केरल के एक क्रान्तिकारी व्यक्ति थे, के बीच हुए एक संवाद से प्रेरित है। गांधी ने उनसे पूछा था कि स्वतंत्रता कितनी दूर है और नारायण गुरु ने उत्तर दिया था कि अभी वह बहुत दूर है, जबकि गांधी ने

हकु शाह : सत्य हस्तनिर्मित काग़ज़ पर सेरिग्राफ़ 34×28 इंच सेरिग्राफ़ : 28×34 इंच

भारतीय स्वतंत्रता आन्दोलन की जीवटता का ज़िक्र करते हुए उसे बहुत नज़दीक और लगभग हस्तामलक ठहराया था। हाल के दिनों में 'सहमत' द्वारा गांधी पर एक और महत्त्वपूर्ण प्रदर्शनी—'गांधी के लिए पोस्टकार्ड'—1995 में अहमदाबाद, बैंगलोर, मुम्बई, कोलकाता, चेन्नई और दिल्ली में आयोजित की गई जिसमें के.जी. सुब्रमण्यन, ग़ुलाम मुहम्मद शेख़, नीलिमा शेख़, शमशाद, विवान सुन्दरम, जहाँगीर सबावाला, जोगेन चौधरी और सुधीर पटवर्धन की कृतियाँ प्रदर्शित हुईं। इन पोस्टकार्डों ने अपने सीमित चित्र स्थान में गांधी की बहुआयामी प्रतिभा को इस तरह उजागर किया कि न केवल विषय का आन्तरिक परिदृश्य सामने आता है, बल्कि रचनाकार की छाप भी अलग से पहचानी जा सकती है। गांधी अभी भी कई युवा समकालीन कलाकारों के लिए प्रेरणा बने हुए हैं जो तीन दिवसीय भारत कला शिखर सम्मेलन (22 से 24-08-2008) में फिर से साबित हुआ। गांधी और पर्यावरण दो विषय थे जो युवा कलाकारों में सबसे लोकप्रिय हुए। प्रगति मैदान, दिल्ली में आयोजित

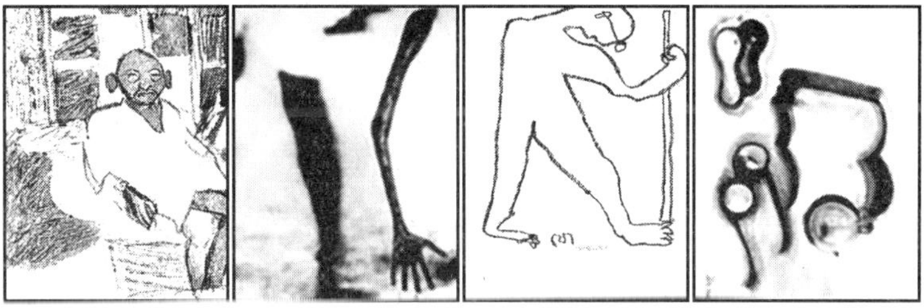

1. के.जी. सुब्रमण्यन; 2. विवान सुन्दरम, फ़ोटो कोलाज; 3. जोगेन चौधरी, पेस्टल और स्याही; 4. ग़ुलाम मोहम्मद शेख़, जल रंग

5. रामकुमार, जलरंग; 6. वासुदेवन अक्कीतम; 7. सुधीर पटवर्धन, पेंसिल; 8. जहाँगीर सबवाला, मिश्र मीडिया

9. अपर्णा कौर, गौचे; 10. राबिन मंडल, स्याही; 11. शमशाद, रंगीन फ़ोटोकॉपी

कला शिखर सम्मेलन के प्रवेशद्वार पर स्मृति अरोड़ा द्वारा एक विशाल चरखा लगाया गया था, जिसे समकालीन कला-परिदृश्य में गांधी की सर्वग्राही उपस्थिति का प्रतीकात्मक रूप कहा जा सकता है। के. खोसा ने चित्रों की एक दिलचस्प श्रृंखला तैयार की। कुछ साल पहले, हकु शाह ने सूखे पत्तों, टहनियों, खादी के टुकड़ों और चरखे जैसी वस्तुओं के प्रतीकात्मक संकेतों के सहारे गांधी और गांधीवाद को रूपायित करने की कोशिश की थी। निश्चित रूप से इसका उद्देश्य गांधीवादी आदर्शों का प्रचार करना था। प्रसिद्ध कार्टूनिस्ट रंगा ने भी गांधी जी को उनकी लाठी के साथ विभिन्न मुद्राओं में चित्रित किया है जो गांधी या गांधीवादी आदर्शों का प्रचार करने के बजाय अपनी सांकेतिकता में एक महान आदर्श के निष्फल हो जाने की करुण कथा कहते हैं।

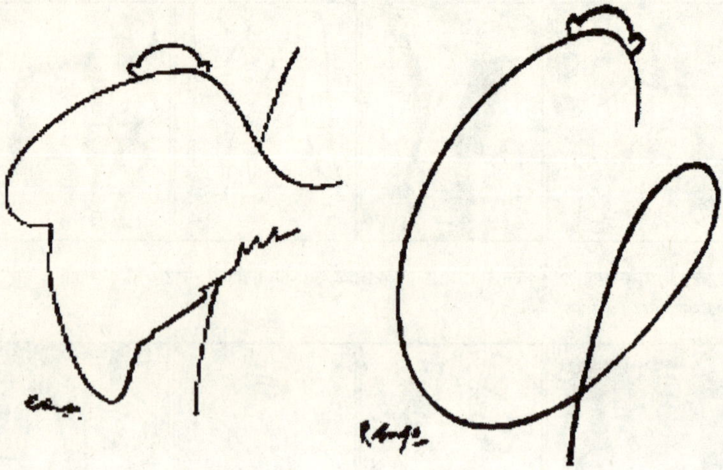

रंगा की रचना

2019 में पूरे भारत के एक सौ बीस कलाकार गांधी जी के 150 साल पूरे होने पर दिल्ली स्थित ललित कला अकादमी में इकट्ठा हुए।[81] इस प्रदर्शनी में सौ से अधिक चित्रों ने लोगों का ध्यान आकर्षित किया, जिनमें सिमरन के.एस. लांबा

सिमरन के.एस. लाम्बा की कोलतार, मोम, धातु नट, वाशर्स और जूट से बनी गांधी एंड इंडस्ट्री; हेमवन्ती गुहा की वुडकट द लीडर 2003; विशाल जोशी की द कॉमन थ्रेड, कैनवस पर एक्रेलिक 2019, 42×60 इंच

की कोलतार, मोम, धातु नट, वाशर और जूट से बनाई रचना 'गांधी एंड इंडस्ट्री', भित्तिचित्रकार और काँच की मूर्तिकार सोनिया सरीन की खादी पर एक्रेलिक से बनाई कृति 'साबरमती के सन्त', विशाल जोशी की कैनवस पर एक्रेलिक के सहारे 'द कॉमन थ्रेड', हेमवती गुहा की 'वुडकट द लीडर', अद्वैत गडनायक की 'चारकोल' तथा जगदीश तम्मिनेनी की काग़ज़ पर वुडकट प्रिंट, 'द बर्थ ऑफ़ ए

नेशन-1', ताज़गी से भरी हुई नूतन रचनाएँ थीं। ये रचनाएँ एक बार फिर साबित करती हैं कि किसी कलाकृति के विषय के रूप में गांधी अक्षय हैं—पीढ़ी-दर-पीढ़ी कलाकारों ने उस व्यक्ति को, उस रहस्य को निरन्तर जानने का प्रयास किया,

सोनिया सरीन की कृति 'साबरमती के सन्त', खादी पर एक्रेलिक, 2019

जिसका नाम मोहनदास करमचन्द गांधी था। उदाहरण के लिए, जगदीश तम्मिनेनी ने राष्ट्र-निर्माण की अवधारणा पर निरन्तर काम किया है और इसके लिए अपनी चित्र-रचनाओं में गांधी जी का निरन्तर इस्तेमाल किया। वे कहते हैं, "गांधी ऐसे व्यक्ति थे जो देश को तोड़े बिना एकजुट रख सकते थे। मेरा मानना है कि आज जब हम साम्प्रदायिक हिंसा से बर्बाद हो रहे हैं, अहिंसा के साथ-साथ राष्ट्र-निर्माण के बारे में उनके विचार 21वीं सदी में भी मान्य हैं। एक लोकतांत्रिक, उदार राष्ट्र के निर्माण की अपनी कठिनाइयाँ हैं और यह रास्ता मुश्किलों से भरा है। गांधी जी के पास इसकी अभी भी चाबी है।"[82] इस कृति में गांधी जी की परिकल्पना एक ऐसे प्रमुदित संचालक (ऑपरेटर) के रूप में की गई है जो बाघ की यंत्रीकृत मशीनी हड्डियों को काम करने के लिए ठीक कर सकता है लेकिन उनके चेहरे की रहस्यपूर्ण अभिव्यक्ति से यह भी पता चलता है कि वह इसकी निरर्थकता और अपने इस काम की सम्पूर्ण विसंगति से परिचित हैं; फिर भी वे इससे उलझना नहीं छोड़ते और न ही संवाद करने से कतराते हैं। इसी प्रकार, सुब्रत कुमार बेहरा, अद्वैत गडनायक और परेश मैती (1965) ने गांधी को अत्यन्त आत्मनिष्ठ तरीक़े से देखा और जहाँ कलाकार की दृष्टि अत्यधिक गहन और प्रतीकात्मक है। इतिहासकार शाहिद अमीन ने जिसे महात्मा गांधी की शक्तियाँ कहा था[83], सुब्रत ने उसे बेहद

जगदीश तम्मिनेनी : द बर्थ ऑफ़ ए नेशन-1, काग़ज़ पर वुडकट प्रिंट, 36×48 इंच, 2017

नाटकीय तरीक़े से पकड़ने की कोशिश की, जबकि किसी गहरे विचार में डूबे अद्वैत गडनायक के गांधी दिखने में तो न्यूनतमवादी हैं लेकिन दर्शक पर इसका असर बहुत मार्मिक और विचारोत्तेजक होता है। परेश मैती के साथ भी यही मामला है, जिन्होंने गांधी को बार-बार ऐसे तरीक़े से चित्रित किया है जो मूल रूप से पारम्परिक है लेकिन अपने प्रभाव में अभिनव है, जैसे श्रद्धांजलि-स्वरूप गांधी के दांडी मार्च को उन्होंने जिस प्रकार मिश्र-मीडिया में रूपायित किया है—नमक और समुद्र की संरचना को प्रत्यक्ष करने की जिस प्रकार की कोशिश की है, वह एक निदर्शन है। जैसा कि उन्होंने बताया, "मैंने जल रंग, तैल, एक्रेलिक, बुरादे, विभिन्न प्रकार के गोंद और सभी प्रकार के माध्यमों को मिलाया और इसके प्रभाव को बढ़ाने के लिए इस कलाकृति के सामने नमक के टीलों को संस्थापित किया। यह संस्थापना (Installation) कलाकृति के दृश्य प्रभाव का विस्तार है।"[84] एक अन्य कलाकृति में उन्होंने गांधी के बजाय गांधीवाद पर ध्यान केन्द्रित किया, जैसा कि उन्होंने स्वयं इसकी प्रदर्शनी के समय बताया था, "मेरी संस्थापन कलाकृति जिसका शीर्षक है, 'द व्हील्स दैट स्पिन इनफ़िनिटी', जिसमें खादी (हमारे स्वतंत्रता संग्राम को दर्शाता है), काग़ज़ (जो प्रकृति के साथ जोड़ता है) और ऑरिगेमी (पेपर फोल्डिंग) का उपयोग हुआ है, महात्मा के तीन विचारों को उजागर करती है। एक तो ग्राम स्वराज पर उनका ज़ोर है, दूसरे में सत्रह मॉडयूल्स—उन्होंने जितनी बार उपवास

किया—वह ज़्यादतियों को कम करने, त्याग करने और पारिस्थितिकी और स्वयं के बीच सन्तुलन बनाने की आवश्यकता पर ज़ोर देने के लिए है। तीसरा विचार

सुब्रत कुमार बेहरा : गांधी, लिथोग्राफ़ी और काग़ज़ पर हस्त-रंग, 19×24.5 इंच, 2019; अद्वैत गडनायक, चारकोल, 1998

आत्मनिर्भरता पर केन्द्रित है। 17 समकालीन चरखे अनन्त को प्रतिबिम्बित करते हैं, एक अवधारणा जिस पर भारत और उसके निवासियों को उसी तरह काम करना

परेश मैती : स्वदेशी, 6.5 फ़ीट-X-13 फ़ीट, ऑयल एक्रेलिक-सॉ डस्ट थ्रेड्स ऑन कैनवस, 2018

चाहिए जैसे उन्होंने शून्य की खोज के लिए अतीत में किया था। यह मेरा पहला काम है जो पूरी तरह से गांधी जी के विचारों को समर्पित है।"[85] एक अन्य वरिष्ठ कलाकार सैयद हैदर रज़ा (1922-2016) ने अपने अन्तिम दिनों में महात्मा और उनके दर्शन के प्रति एक प्रकार से श्रद्धांजलिस्वरूप कुछ चित्रों की एक शृंखला 2013 में बनाई थी जो गांधीवादी दर्शन के कुछ बुनियादी सिद्धान्तों जैसे शान्ति, सत्य, करुणा, सन्मति को अभिव्यंजित करती है। इसका प्रदर्शन रज़ा की मृत्यु के एक साल के बाद 2017 में किया गया। इस शृंखला में सात चित्र हैं, जिनमें गांधीवाद के मूल आदर्शों को कैनवस पर एक्रेलिक के माध्यम से, कलाकार ने अपने लम्बे समय से पोषित आशयों, रूपांकनों और रंग-योजनाओं के सहारे चित्रित करने का प्रयास किया है—एक ऐसे व्यक्ति का सार जिसका जीवन ही उसका सन्देश था। यह एक कविता के सार को पकड़ने जैसा था जहाँ अमूर्तता एक ठोस संरचना की भूमिका निभाती है और ठोस हवा में अनायास पिघल जाता है।

रज़ा : शान्ति, कैनवस पर एक्रेलिक, 59×47; सन्मति, कैनवस पर एक्रेलिक, 59×59; सत्य, कैनवस पर एक्रेलिक, 59×47

गांधी की मृत्यु के बाद इसे कई कलाकारों ने चित्रित किया, लेकिन टॉम वत्ताकुझी की कृति इस मायने में (2019) एक अनूठी रचना है। यह बड़े सूक्ष्म तरीक़े से इतिहास को चित्राधार बनाती है—यहाँ एक दुर्लभ जीवन का एक संगीन क्षण पूरे देश की अन्तरतम भावनाओं को छूता जान पड़ता है जो वास्तविक होने के साथ-साथ अपनी उपस्थिति में सबसे नाटकीय भी है। चित्रकार के लिए यह एक ऐसा क्षण था जिसे हमारे समय में बार-बार दोहराया जाना चाहिए; उनके अनुसार, "जब हमारा इतिहास दाँव पर लगा हो तो हमें कला के माध्यम से इसकी पुष्टि करनी होगी। ऐसे समय में जब गांधी की विचारधारा और उनकी मृत्यु की ग़लत व्याख्या की जा रही हो, हमें इसका दृश्य भाषा के माध्यम से प्रत्याख्यान करना होगा। गांधी हमारे लिए

एक भावना से कहीं बढ़कर हैं। उनके मूल्यों ने हमारे दृष्टिकोण को आकार देने में महत्त्वपूर्ण भूमिका निभाई है। गांधी के बिना भारत की कल्पना करना मेरे लिए कठिन है। वे हमें प्रिय हैं। उनकी कथा और उनके विचार उज्ज्वलता से चमकते रहने चाहिए।"[86] कला समीक्षक उमा नायर ने लिखा है कि "कला इतिहास बताता

गांधी-विचार : कैनवस पर एक्रेलिक, 59×47; पीर पराई : कैनवस पर एक्रेलिक, 59×59; हे राम : कैनवस पर एक्रेलिक, 23.5×23.5

है कि माइकल एंजेलो की प्रशंसा शास्त्रीय सौन्दर्य के पुनर्जागरणकालीन आदर्शों को प्रकृतिवादी मुद्राओं के साथ संयोजित करने के लिए की जाती है। पुनर्जागरण के प्रभाव का एक उदाहरण वत्ताकुझी के इस चित्र में वर्णित मनोदशा है। सभी चेहरों पर गहरा भय और दुःख स्पष्ट रूप से झलक रहा है, प्रत्येक छवि एक करुणा-भरी अभिव्यंजना है। वत्ताकुझी गांधी को सूली पर चढ़ाए जाने के बाद ईसा मसीह के अन्तिम क्षणों से जोड़ते हैं। वह कलाकार को मौलिकता का निर्माता मानते हैं और महसूस करते हैं कि कभी-कभी सबसे दुखद परिस्थितियों में भी आशा और निराशा दोनों की राजनीति रंग लाती है। वत्ताकुझी भावनाओं के कई तत्त्वों के संयोजन के साथ एक अत्यन्त भावोत्तेजक कहानी रचते हैं। हम मनु बहन और आभा बहन के चेहरे पर गांधी की मृत्यु की भावनात्मक प्रतिक्रियास्वरूप अभिव्यक्ति के आयामी विन्यास को भी देखते हैं। भावोद्रेक को यूँ संयोजित किया गया है कि वे दर्शकों को महात्मा की मृत्यु पर विलाप के दर्द और पीड़ा को महसूस करने के लिए दृश्य में आमंत्रित करते जान पड़ते हैं। आप आसपास बैठे पुरुषों की वेदना और मनोव्यथा तथा आश्चर्यचकित स्त्रियों की ख़ामोश सिसकियों को लगभग सुन सकते हैं। वत्ताकुझी मानव चेहरों पर भावनाओं का यथार्थवादी रूपांकन करते हैं—गांधी और उनके आसपास के सभी लोगों को एक मार्मिक मृत्यु-दृश्य के वातावरण में बदल देते हैं।"[87] यह सच है कि हम दर्शकों की तरह दर्द और पीड़ा तथा मुक्ति और भोग की एक प्रकार की अकथनीय तीव्रता के साथ एक बार फिर साक्षी होते हैं।

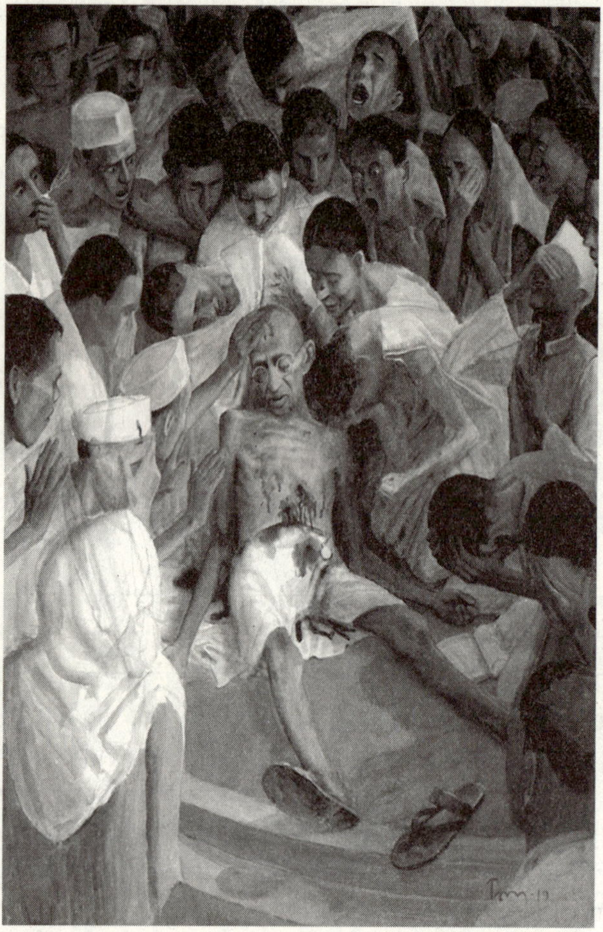

टॉम वत्ताकुझी : गांधी की मृत्यु, कैन्सन पेपर पर गौचे, 2019

वर्षों से गांधी भारत में कलाकारों के बीच बहुत लोकप्रिय रहे हैं और इसे एक लेख में समेटना लगभग असम्भव है; ख़ासतौर पर तब जब हर दिन कहीं-न-कहीं कोई-न-कोई कलाकार गांधी या गांधीवाद पर चित्र बना रहा हो, इसलिए यहाँ चयनधर्मी परिणामस्वरूप आत्मनिष्ठ होना अस्वाभाविक नहीं है। हाल के दिनों में नई पीढ़ी ने गांधी को एक बहुत ही अलग ढंग से देखना आरम्भ किया है, उदाहरण के तौर पर गुरमीत मारवा (जन्म 1984) ने गांधी को ऐसी असामान्य पृष्ठभूमि में रखकर देखा है कि पूरा परिदृश्य व्यंग्यात्मक जान पड़ता है। कोयला, एक्रेलिक,

तैल, जलरंग, लिथोग्राफ़, नक़्क़ाशी, लिनोकट और वुडकट जैसे उनके माध्यम काले और लाल जैसी विपरीत रंग-योजनाओं के कारण केन्द्रीय विचार को अधिक उत्तेजक और कभी-कभी अतिनाटकीय बनाते हैं।

गुरमीत मारवा : कैनवस पर मिश्र-माध्यम, एक्रेलिक और सोने की पत्ती, 48×50 इंच; गोल्डन कार्ट के साथ गांधी, चारकोल, 48×38 इंच; अन्तहीन यात्रा, और लिनेन पर एक्रेलिक, 36×48 इंच

लव डिस्ट्रीब्यूटर 2, लिनेन पर एक्रेलिक और चारकोल, 38×30 इंच; गांधी गैंग के साथ, वुडकट, कैनवस पर, 22×33 इंच; मिक्स मीडिया, 38×41 इंच, 2017

लव डिस्ट्रीब्यूटर, लिनेन पर चारकोल, 39×57 इंच; लव मैसेंजर, लिनेन पर चारकोल और एक्रेलिक, 45×60 इंच; लिनन पर चारकोल और एक्रेलिक, सोने की पत्ती, 37×48 इंच, 2018

गांधी न केवल राजनीतिक विचारक या जननेता के रूप में या बीसवीं सदी के महान प्रेरक के रूप में, बल्कि विभिन्न कला-रूपों के उत्तेजक विषय के रूप में भी बिलकुल अक्षय हैं!

मूर्तिकला में गांधी

अमेरिकी मूर्तिकार नैंसी कॉक्स-मैककॉर्मैक कुशमैन (1885-1967) जो लन्दन में गोलमेज़ सम्मेलन (1931) के दौरान महात्मा गांधी की आवक्ष मूर्ति सजीव मॉडल के आधार पर बनाने आई थीं, लिखती हैं, "एक शबीह (पोर्ट्रेट) का मॉडलिंग करना एक सन्तुलित संरचना का यथावत रूपाकार में ढालने का विज्ञान है, जो विषय के आन्तरिक और बाह्य गुणों को अभिव्यंजित करता है। जब तक कि कोई उद्देश्यहीन बेवक़ूफ़ के सिर की मूर्ति बनाने का प्रयास न कर रहा हो, एक शबीह आवक्ष मूर्ति (पोर्ट्रेट बस्ट) में कोई 'रिक्ति' नहीं होती। मूर्ति बनाने के लिए मुझे सभी वैध स्थितियों से वंचित किया गया, मैंने इस बस्ट को इतना छोटा बनाने की योजना बनाई कि एक टर्निंग स्टैंड पर भी काम हो सके और मैंने समझा कि यदि गांधी के शारीरिक अनुपात और गांधी की मानसिक शक्ति की तारतम्यता को मैं प्राप्त कर सकी तो यह मेरी व्याख्या के रूप में काम करेगी। यह मूर्तिकलारूपी होनी चाहिए यानी वह एक मूर्ति हो न कि सतही फ़ोटोग्राफ़ी। यह बुनियादी रूप से गांधी होनी

नैंसी कॉक्स-मैककॉर्मैक : 1. कांस्य प्रतिमा 2. 'अधूरा' हस्ताक्षरित, लन्दन में देवदास गांधी को दिया गया, अक्टूबर 1931

चाहिए यानी इस मामले में मुझे गांधी की बुनियाद एशियाई हिन्दू दर्शन से उत्पन्न गतिशील हठीलापन लगा...मुझे यह स्वीकार करने में कोई आपत्ति नहीं कि इन सबके अलावा मैं एक हिन्दू पवित्रात्मा और राजनेता के रूप में महात्मा के निजी परिदृश्य के सार की तलाश कर रही थी।"[88] ज़ाहिर है कि मूर्तिकार अपने विषय गांधी के सार के बारे में बिलकुल स्पष्ट है, यानी वे एक हिन्दू पवित्रात्मा और राजनीतिज्ञ हैं फिर व्याख्या के लिए बचता क्या है? लेकिन अगर हम उस मूर्ति को देखते हैं और उस मूर्ति के विषय—गांधी—की उन ऐतिहासिक परिस्थितियों पर विचार करते हैं जब वह बनाई गई थी, तब हम पाते हैं कि वह उनके पूरे राजनीतिक जीवन का

जो डेविडसन : कांस्य, 48.3×57 से.मी., 1931; क्लेयर शेरिडन, कांस्य, 4.5 फ़ीट, 1932; जोज़ेफ़ गोस्लावस्की, कांस्य, 1932

सबसे कठिन समय था; परिणामस्वरूप उनकी हताशा और हार की भावना उनकी मूर्ति में बहुत स्पष्ट है। क्या यह कलाकार को अतिक्रमित करने वाली कला का उदाहरण नहीं है? जब वह किंग्सले हॉल, लन्दन में गांधी के साथ तीन सप्ताह के सत्र के बाद अपना सामान बाँध रही थीं, उसी समय एसोसिएटेट प्रेस द्वारा नियुक्त उनके एक अन्य हमवतन, प्रसिद्ध मूर्तिकार जो डेविडसन (1883-1952), ने गांधी जी की मूर्ति बनाने के लिए वहाँ उनका स्थान लिया। अपने संस्मरण में अपने विषय—गांधी—के प्रोफ़ाइल के बारे में वे लिखते हैं, "गांधी का चेहरा बहुत गतिशील था, हर रेशा काँपता हुआ और जब वह बात करते थे तो उनका चेहरा निरन्तर बदलता रहता था। मेरे काम करने के दौरान उन्होंने हर समय अपने निष्क्रिय प्रतिरोध का मुझ पर अभ्यास किया; उन्होंने मेरे काम के लिए ख़ुद को प्रस्तुत तो कर दिया, लेकिन कभी भी स्वेच्छा से इसके लिए ख़ुद को मुझे सौंपा नहीं। जिस मिट्टी से मैं काम कर रहा था, उसे उन्होंने एक बार देखा तक नहीं। लेकिन जब मैं सुस्ताने के लिए रुका और उनके पास बैठ गया, तो वह बेहद सौजन्यता से पेश आए।"[89] आश्चर्य नहीं कि उनकी कांस्य मूर्ति में गांधी की इस सौजन्यता की

अभिव्यंजना देखी जा सकती है, जिस तरह से उनकी थोड़ी खुली आँखों और मुँह को चित्रित किया गया था और उनका मुँड़ा हुआ सिर और कन्धों पर लिपटी हुई चादर का जैसे अंकन किया गया था। लेकिन यह भी सच है कि जब गांधी जी को पता चला कि उनकी प्रतिमा कांग्रेस के आगामी सत्र में स्थापित करने का प्रस्ताव है, तो उन्होंने 11 फ़रवरी, 1939 को 'हरिजन' में यह कहकर असहमति जताई कि "किसी ऐसे व्यक्ति की मिट्टी या धातु की मूर्ति बनवाने पर 25,000 रु ख़र्च करना बर्बादी होगी जो स्वयं मिट्टी का बना हो..."[90] पर यह भी सच है कि अपनी उदासीनता के बावजूद, वह जीवन-भर मूर्तिकारों के प्रति सहिष्णु बने रहे और उन्हें अलग से तो नहीं लेकिन जब वे काम कर रहे हों तो उन्हें 'उनका काम' करने की सहर्ष अनुमति दी। नैंसी कॉक्स-मैककॉर्मैक (1885-1967) और जो डेविडसन के अलावा ब्रिटिश मूर्तिकार क्लेयर शेरिडन (1885-1970) और डच-ब्रिटिश मूर्तिकार क्लारा क्वीन (1903-1987) को भी गांधी से मिलने और उनकी मूर्ति बनाने का अवसर मिला। पोलिश मूर्तिकार एवं पदकों और सिक्कों के डिज़ाइनर जोज़ेफ़ गोस्लाव्स्की (1908-1963) ने 1932 में गांधी जी का एक कैरिकेचर भी बनाया था, जिसे 2007 में कांस्य में ढाला गया।

विंस्टन चर्चिल की कजिन, चार्ली चैपलिन की पूर्व प्रेमिका तथा व्लादिमीर लेनिन, लियोन ट्रॉट्स्की, फ़ेलिक्स डेज़रज़िन्स्की और कामेनेव की प्रसिद्ध मूर्तिकार

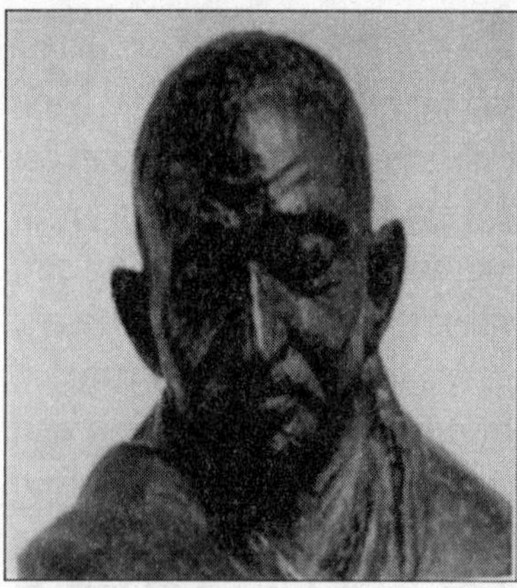
क्लेयर शेरिडन : कांस्य, क्लोज़-अप

क्लेयर शेरिडन : टेराकोटा, 18.7/8×16 1/8 इंच, 1934

क्लेयर शेरिडन ने गांधी को याद करते हुए लिखा है कि "मुझे उन गोलमेज़ सम्मेलन के दिनों में उन्हें 'क़रीब से' देखने का सौभाग्य मिला था, जब मेरी मित्र सरोजिनी नायडू ने महात्मा को उनके चित्र बनाने की मुझे अनुमति देने के लिए मना लिया

था...यह आसान नहीं था। वे 'पोज़' नहीं देते थे। यह या तो विनम्रता के कारण था या अधिक काम के कारण था, या उन्हें कला में कोई दिलचस्पी नहीं थी! सम्भवत: तीनों बातें सच थीं...मुझे अमेरिकी मूर्तिकार जो डेविडसन, जिन्होंने गांधी की एक मूर्ति बनाई थी, के साथ अपने नोट्स की तुलना करने का अवसर मिला। जो डेविडसन ने हमारे समय के अधिकांश प्रमुख व्यक्तियों की मूर्ति बनाई है और हम सहमत थे कि उन महान लोगों से मिलना हमेशा निराशाजनक रहा था। उनमें से शायद ही कोई अपनी छाप छोड़ पाता यदि वह सन्तरियों और हड़पे गए महलों की पृष्ठभूमि से भव्य न बनाए गए होते। लेकिन गांधी इन सबसे ऊपर थे। छोटे नंगे पैर और खद्दर की चादर में लिपटा वह आदमी अपनी भव्य सादगी में बेहद प्रभावशाली था।"[91] गांधी जी को उन्होंने कांस्य और टेराकोटा में गढ़ा—पूरी तरह से ध्यानमग्न और भीतर की ओर देखते हुए, गांधी की ये बन्द आँखें पूरी तरह से एक अलग दुनिया में खुलती हैं जहाँ आप अपने वास्तविक स्व से मिलते हैं। यह कोई संयोग नहीं है कि गांधी की ये मूर्तियाँ, विशेष रूप से टेराकोटा हमें बुद्ध की याद दिलाती हैं—वही शान्ति और एक महान व्यक्तित्व की धीरता, जैसा कि वह वर्णन करती हैं, "पालथी मारकर चरखे पर बुनाई करते हुए उनकी एक प्रतिमा मेरी लेखन मेज़ पर ससम्मान प्रतिष्ठित है। वास्तव में वे नीचे बुनाई देख रहे हैं लेकिन मेरे लिए वे गहन चिन्तन में डूबे हुए बुद्ध हैं और मैं उनकी स्मरणीय शान्ति से प्रस्फुटित ब्रह्म विचारों को महसूस कर सकती हूँ।"[92] और यहाँ यह जोड़ा जा

क्लारा क्वीन : टेराकोटा में गांधी, 1946

सकता है कि विचारों का वही प्रवाह उनकी बनाई मूर्ति से भी प्रवाहित होता जान पड़ता है और यह किसी भी तरह से कोई मामूली उपलब्धि नहीं है। क्लारा क्वीन ने सेवाग्राम, वर्धा में मिट्टी से गांधी की आदमक़द प्रतिमा भी बनाई और बाद में

देवी प्रसाद रॉय चौधरी : दांडी मार्च, नई दिल्ली, 26 मीटर लम्बी और तीन मीटर ऊँची कांस्य प्रतिमा

उसे कांस्य में ढाला गया। यह मूर्ति अपनी सादगी के लिए विख्यात है लेकिन गांधी जी और गांधीवाद की सादगी को दो भारतीय मूर्तिकारों—देवी प्रसाद रॉय चौधरी (1899-1975) और राम वी. सुतार (1925—) ने सर्वाधिक प्रामाणिक तरीक़े से अभिव्यंजित किया। देवी प्रसाद रॉय चौधरी ने दांडी मार्च की पूरी महिमा को पत्थर पर यूँ तराशा है मानो वह कोई महाकाव्य हो। गांधी के पीछे-पीछे चल रहे दस व्यक्ति ऐसी ऊर्जा और गति पैदा करते हैं कि आपको लगता है कि आप भी उस महान और न्यायपूर्ण जन-आन्दोलन में शामिल हो गए हैं। और आप गांधी की उपस्थिति और उनकी आभा को लगभग महसूस कर सकते हैं। यह आधुनिक भारत के महान मूर्तिशिल्पों में से एक है। यह सरदार पटेल मार्ग, नई दिल्ली के टी-जंक्शन पर स्थापित है। रॉय चौधरी की दांडी-प्रयाण की ऐसी ही शिल्प कृति मरीना तट, चेन्नई में भी स्थापित है। लेकिन पूरे भारत और दुनिया में गांधी की सबसे लोकप्रिय मूर्ति राम वनजी सुतार (1925—) की बनाई हुई है, जिन्होंने साठ साल के अन्तराल में लगभग तीन सौ सत्तर मूर्तियाँ बनाईं और जिनमें संसद भवन में स्थापित वह प्रतिमा भी है जो सर्वाधिक प्रतिष्ठित मानी जाती है।[93] उमा नायर लिखती हैं, "सुतार के गांधी भारतीय संसद में एक बड़े आसन पर बैठे व्यक्ति हैं। एक बूढ़े व्यक्ति के पारम्परिक रूप के बदले गांधी को उदास बैठे एक गम्भीर व्यक्तित्व के रूप में चित्रित करने का उनका निर्णय एक क्रान्तिकारी प्रस्थान की तरह है। गांधी से जुड़े पारम्परिक साजो-सामान के बगैर यह प्रतिमा गांधी की पहचान को बहुत सहज तरीक़े से मुखर और सौन्दर्यपूर्ण बनाती है, जिससे यह सम्भावना बनती है कि राष्ट्रपिता के रूप में गांधी एक साथ ही वास्तविक और लाक्षणिक दोनों हो

देवी प्रसाद रॉय चौधरी : दांडी मार्च, मरीना तट, चेन्नई; राम वनजी सुतार, भारतीय संसद, नई दिल्ली, 16 फ़ीट ऊँची कांस्य प्रतिमा

सकते हैं।"[94] आख़िरकार, किसी भी कला-रूप की तरह मूर्तिकला भी विषय के बारे में कलाकार की धारणा का परिणाम होती है। सुतार विस्तार से बताते हैं, "उनके कन्धे महत्त्वपूर्ण थे, इसलिए उनके कन्धों से गिरने वाले कपड़े का आवरण, साथ ही साथ उनके हाथ भी महत्त्वपूर्ण थे। मैं शान्ति के दूत की एक भंगिमा बना रहा

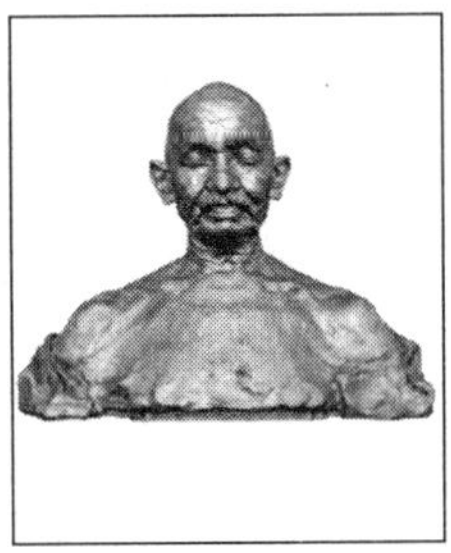

राम वनजी सुतार : गांधी की कांस्य प्रतिमाएँ : भिन्न-भिन्न मनोदशाएँ

था। शान्ति की उनकी धारणा अहिंसा और क्षमा पर आधारित थी।"[95] और यह सच है कि कलाकार ने अपनी रचना में जो हासिल करने की कोशिश की, वह उसके क्रियान्वयन में पूरी तरह सफल रहा है। आश्चर्य नहीं कि महात्मा की राम वनजी सुतार की प्रतिमा दुनिया-भर में बहुत लोकप्रिय हुई और जिसकी प्रतियाँ गांधी शताब्दी समारोह के अवसर पर देश से लेकर विदेश तक सरकार द्वारा भेंट की गईं। मूर्तिकार के बेटे अनिल सुतार के अनुसार, "भारतीय सांस्कृतिक सम्बन्ध परिषद, जो महात्मा की जन्मशती मनाने के लिए विदेशी सरकारों को गांधी प्रतिमाएँ भेंट करना चाहती

थी, ने 15 कलाकारों को अपने काम के मॉडल भेजने के लिए कहा। परिषद ने विभिन्न देशों को उसकी तसवीरें भेजकर उनसे अपनी पसन्द बताने को कहा। सभी देशों ने मेरे पिता के मॉडल की तसवीर पसन्द की। तब से मेरे पिता द्वारा बनाई गई गांधी प्रतिमाएँ दुनिया के 200 से अधिक शहरों में स्थापित की गई हैं।"[96] इस प्रतिमा-विशेष की लोकप्रियता का कारण, सम्भवत: दर्शकों को गहन पर्यवेक्षण और चिन्तन के लिए आमंत्रित करने की उसकी क्षमता में निहित है। तेजिन्दर सिंह बाउनी कहते हैं, "राम सुतार के काम में आप देख सकते हैं कि वह गांधी के वास्तविक आन्तरिक चरित्र को सामने लाते हैं, जिसमें उन पर हर प्रकार के भार, उसकी पूर्ण ज़िम्मेवारी और गरिमामय चिन्तन सभी शामिल है।"[97] यह सच भी है क्योंकि कला इतिहासकार और मूर्तिकार दीपक कन्नल ने ठीक ही कहा है कि : "यहाँ तक कि जब गांधी जी मुस्कराते थे, तब भी एक लकीर, करुणा की अन्तर्धारा होती थी... मुझे लगता है कि राम सुतार ही एकमात्र ऐसे व्यक्ति हैं जो उस करुणा को पकड़ सकते थे।"[98] आश्चर्य नहीं, शायद इसी उत्तम गुणवत्ता के कारण, महात्मा गांधी की यह कांस्य प्रतिमा जर्मनी, ऑस्ट्रेलिया, इटली, अमेरिका, मोरक्को, मैक्सिको, दक्षिण अफ्रीका, पेरू, सेशेल्स, यूनाइटेड किंगडम, चिली, त्रिनिदाद और टोबैगो, कनाडा, आइवरी कोस्ट, फिजी, म्यांमार, इक्वाडोर, ताजिकिस्तान, रूस, सीरिया, ब्राजील, ज़िबूती, सेनेगल, मार्टीनिक, कोलम्बिया, फ्रांस, अर्जेंटीना, कज़ाकिस्तान, बेल्जियम, साइप्रस, सर्बिया और मोंटेनेग्रो और इथियोपिया जैसे कई देशों में भेजी गई।[99] राम सुतार ने अन्तरराष्ट्रीय व्यापार मेला एशिया '72 के लिए भी इसी प्रकार की एक कांस्य प्रतिमा तैयार की जिसे बाद में दिल्ली के प्रगति मैदान में स्थायी रूप से स्थापित कर दिया गया। इसी प्रकार दो वंचित बच्चों के साथ महात्मा की एक और 13 फ़ीट की स्मारक मूर्ति संदूर, बैंगलोर, दिल्ली पब्लिक स्कूल, नोएडा और गांधी स्मृति, दिल्ली में स्थापित की गई है, जो उनके हस्त-कौशल और निपुणता को दर्शाती है। यही निरूपण सेंट ज़ेवियर हाई स्कूल, पटना में स्थापित एक प्रतिमा में दोहराया गया है। 72 फ़ीट ऊँची यह कांस्य प्रतिमा गांधी जी की अब तक बनी सबसे ऊँची प्रतिमा मानी जाती है। इस प्रतिमा में गांधी जी दोनों ओर दो बच्चों के साथ स्नेहपूर्वक खड़े दिखाए गए हैं और आसन के नीचे 1917 के चम्पारण सत्याग्रह, 1930 के दांडी मार्च, 1942 के भारत छोड़ो आन्दोलन के कुछ शिलालेख और चित्र उकेरे गए हैं। पट्टिकाओं पर गांधी जी के कुछ यादगार उद्धरण भी अंकित किये गए हैं। मूर्तिकार ने स्वयं इसे इन शब्दों में समझाया है, "1995 में, मैंने बिहार सरकार के लिए दो बच्चों के साथ गांधी को बनाया। चूँकि वे हमेशा जातिगत भेदभाव के ख़िलाफ़ बोलते थे, इसलिए मैंने करुणा और गहरा प्रेम दिख़ाने के लिए मूर्ति बनाई। मैं चाहता था कि जो लोग इसे दूर से देखेंगे उन्हें

राम वनजी सुतार : गांधी स्मृति (बिड़ला भवन)

सेंट ज़ेवियर हाई स्कूल, पटना

एकजुटता की भावना दिखे। मैं उनके दर्शन का एक तत्त्व भी शामिल करना चाहता था, इसलिए मूर्ति के नीचे जोड़ा, मेरा जीवन ही मेरा सन्देश है।"[100]

रामकिंकर बैज : दांडी या नोआखाली प्रयाण, 1948, 18.3 /4×9.1 /2×11.1 /2 इंच

1948 में गांधी की हत्या के तुरन्त बाद रामकिंकर बैज (1906-1980) ने उन्हें ठेठ अभिव्यंजनावादी और अर्द्ध अभिव्यंजनावादी शैली में गढ़ा। तेज़ गति से चलते हुए गांधी की आठ कांस्य प्रतिमाओं को विभिन्न स्तरों पर शैलीबद्ध किया गया है। इसे आम तौर पर गांधी के दांडी मार्च के रूप में पहचाना गया है। राष्ट्रीय आधुनिक

रामकिंकर बैज : सीमेंट और पत्थर, कलाभवन, शान्तिनिकेतन, 1968; रामकिंकर बैज : कांस्य, 18 फ़ीट, ऊँचाई, 1972, गुवाहाटी

कला गैलरी, नई दिल्ली, जहाँ वर्तमान में यह स्थित है, इसे दांडी मार्च के रूप में ही चिह्नित करती है। लेकिन जैसा कि शिव कुमार कहते हैं कि "यह वास्तव में गांधी की नोआखाली की साहसिक यात्रा का अंकन है, उन्हें साम्प्रदायिकता के हत्या-क्षेत्रों में चलते हुए, मौत को अपने पैरों तले रौंदते हुए दिखाया गया है। गांधी के पैरों के नीचे खोपड़ी का अंकन और मूर्ति पर अंकित शीर्षक—'अहिंसा के दूत'—निश्चित रूप से ऐसे विचार की ओर ही संकेत करते हैं।"[101] इन मूर्तियों में स्पष्ट है कि मूर्तिकार की दिलचस्पी गांधी जी के बाह्य रूपाकार को पकड़ने में क़तई नहीं है, बल्कि वह अपने विचारों के साथ उसकी व्याख्या करना चाहता है और इस मामले में अगर उसे विकृत भी करना पड़े तो उसके लिए कोई समस्या नहीं है। शिव कुमार ने ठीक ही कहा है कि "ज़ाहिर तौर पर, गांधी का पारम्परिक चित्र बनाना रामकिंकर का इरादा नहीं था; वह गांधी के बारे में अपने दृष्टिकोण को मूर्त रूप देने वाली एक छवि बनाना चाहते थे, एक ऐसा दृष्टिकोण जिसमें गांधी मानव ऊर्जा के एक रूपक थे—*एक व्यक्ति जब वह चलता था तो ऐसा प्रतीत होता था मानो वे दौड़ रहे हों*...सिर नीचे किये हुए, उनके गांधी...विचारमग्न चले जा रहे हैं। इसे औपचारिक और कुछ हद तक अमूर्त अभिव्यक्ति देने का यह एक प्रयास था। इसमें शरीर को ज्यामितीय रूप दिया गया है और आधार से सर्पिल रूप से ऊपर की ओर उठने वाली परस्पर काटती हुई शक्तियों के रूप में निर्मित किया

गया है। यह अधिक स्पष्ट रूप से तब ध्यान में आता है जब हम इस मूर्ति को गोलाकार घेरे में देखते हैं तथा रूप के सर्पिल विकास और आकृति की अग्रगामी गति को उसकी गतिशील लय के भीतर प्रतिसन्तुलन के रूप में अनुभव करते हैं।"[102] रामकिंकर बैज ने 1968 में शान्तिनिकेतन के लिए गांधी की मूर्ति एक बार फिर बनाई, जो कि सीमेंट और पत्थर से बनी एक ठोस संरचना है, जिसे अधिक पारम्परिक ढंग से बनाया गया है। यहाँ बाह्य रूपाकार की समानता बनाए रखी गई है लेकिन गांधी के पैर के नीचे मानव खोपड़ी का अंकन करके प्रतीकात्मक बनाने की कोशिश की गई है। प्रतिमा में गांधी जी को एक हाथ में लाठी और दूसरे हाथ में बटुआ लिये हुए दिखाया गया है। उनके चेहरे के भाव बेहद निराश दर्शाए गए हैं। विभाजन की त्रासदी और अहिंसा के उनके लम्बे समय से पोषित दर्शन की विफलता ने उनके जीवन के आख़िरी कुछ महीनों को मोहभंग और निराशा से भर दिया था जिसे मूर्तिकार ने बेहद अनाटकीय तरीक़े से पकड़ने की कोशिश की। इस मूर्ति को बाद में कांस्य में ढाला गया और 1972 में गुवाहाटी में स्थापित किया गया। सीमेंट की मूर्ति अभी भी शान्तिनिकेतन में मौजूद है।

गांधीवादी दर्शन के उदय और इस महान आत्मा की प्रसिद्धि के साथ कई दूर देशों में कई स्मारक प्रतिमाएँ स्थापित की गईं। नैरोबी में विनायक पांडुरंग करमरकर (1891-1967) की कांस्य मूर्ति 1956 में स्थापित की गई थी, जिसका अनावरण तत्कालीन उपराष्ट्रपति सर्वपल्ली राधाकृष्णन ने किया था। करमरकर उन शुरुआती

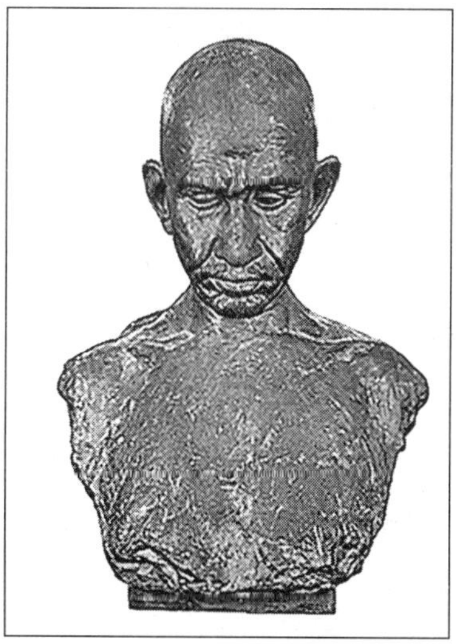

विनायक पांडुरंग करमरकर : गांधी, कांस्य, नैरोबी, 1956; गांधी प्रतिमा, कांस्य, मणि भवन, मुम्बई, 1925

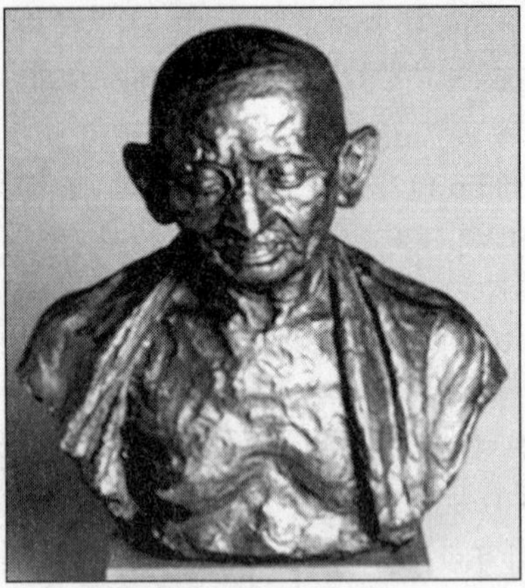

सदाशिव साठे : कांस्य, 1952

एस.जी. श्रीखंडे : हे राम, कांस्य

कलाकारों में से एक थे जिन्होंने भारत में गांधी जी के राजनीतिक जीवन के शुरुआती दिनों में उनकी जीवन्त मूर्तियाँ बनाई थीं। गांधी पर उनका काम, विशेषकर आवक्ष प्रतिमा पर उनका काम दिखने में अपरिष्कृत और सरल लग सकता है लेकिन वह पवित्रता और मासूमियत को सम्प्रेषित करने में पूरी तौर पर सक्षम हैं। महाराष्ट्र के ही सदाशिव साठे (1926-2021) राष्ट्रीय नमक सत्याग्रह स्मारक, दांडी, नवसारी में स्थापित महात्मा गांधी की 5 मीटर ऊँची प्रतिमा के लिए प्रसिद्ध हैं, वर्ष 1952 में, उन्होंने कांस्य में गांधी की मूर्ति बनाई, जो अपनी सादगी और अभिव्यक्ति के लिए उल्लेखनीय है। उसी प्रकार एस.जी. श्रीखंडे (1934—) की 'हे राम' शीर्षक वाली कांस्य प्रतिमा विषय की अन्तरतम मन:स्थिति को अभिव्यक्त करती है, जैसा कि कला विशेषज्ञ ऋतु शर्मा का मानना है, "बन्द आँखों के साथ उनके चेहरे पर जो शान्ति है, वह उनके गले के चारों ओर महत्त्वपूर्ण प्रतिनिधित्व के साथ तीन बन्दरों की जो माला है उसके साथ पूर्ण सामंजस्य स्थापित करती है।"[103]

लैटिन अमेरिकी देशों में रियो डी जनेरियो में शंख चौधरी द्वारा निर्मित, साओ पाउलो में बिमान बिहारी दास और लोंद्रिना में गौतम पाल की गांधी की मूर्तियाँ स्थापित की गईं। बिमान बिहारी दास (1943—) द्वारा बनाई गई महात्मा गांधी की प्रतिमाएँ वेनेजुएला, स्पेन और इटली में भी स्थापित की गईं। अर्जेंटीना के प्रसिद्ध मानवाधिकार कार्यकर्ता और नोबेल पुरस्कार विजेता एडोल्फ़ो पेरेज़ एस्क्विवेल (1931—) ने गांधी के प्रति अपनी श्रद्धांजलि उनकी मूर्ति बनाकर अर्पित की, जिसे 2000 में गांधी स्क्वायर, बार्सिलोना में स्थापित किया गया। बेल्जियम के कलाकार रेने क्लिकेट (1899-1977) की कांस्य प्रतिमा यूरोप में महात्मा गांधी

शंख चौधरी : रियो डी जेनेरियो, 1969; बिमान बिहारी दास : साओ पाउलो; एडोल्फ़ो पेरेज़ एस्क्विवेल : गांधी स्क्वायर, बार्सिलोना, 2000

रेने क्लिकेट : कांस्य, ब्रुसेल्स, 1969

रमेश बिष्ट : ब्रॉन्ज़, नीदरलैंड्स

फ्रेडा ब्रिलियंट : रा.आ.क.स., नई दिल्ली, कांस्य मॉडल, एसीसी। नम्बर 3392 टैविस्टॉक स्क्वायर, लन्दन, 1969, पोर्टलैंड, पत्थर और कांस्य, 119×110×100 सेमी; प्लिंथ : 188×122×116 सेमी.

फ़िलिप जैक्सन : पार्लियामेंट स्क्वायर, लन्दन, कांस्य, 9 फ़ीट ऊँची, 2015

की सबसे पुरानी मूर्तियों में से एक है। यह प्रतिमा 1969 में गांधी की 100वीं जयन्ती के अवसर पर ब्रुसेल्स के मोलेनबीक कम्यून पार्क मेरी जोसी में स्थापित की गई थी। यह गांधी जयन्ती का वह अवसर था जब अधिकांश देशों में गांधी प्रतिमाएँ स्थापित की गईं। पोलिश मूर्तिकार फ्रेडा ब्रिलियंट (1903-1999) ने इस अवसर पर गांधी की मूर्ति बनाई और इसे 1969 में टैविस्टॉक स्क्वायर, लन्दन में स्थापित किया गया। फिलिप जैक्सन द्वारा बनाई गई एक मूर्ति 2015 में पार्लियामेंट स्क्वायर, लन्दन में स्थापित की गई थी। इसे गांधी की दक्षिण अफ्रीका से भारत वापसी—जिसे भारत में 'गांधी युग' की शुरुआत माना जाता है—की शताब्दी

गौतम पॉल : भारतीय दूतावास, वाशिंगटन, डी.सी., कांस्य, 8 फ़ीट 8 इंच; अलमाटी, कज़ाकिस्तान, कांस्य।

के स्मरणोत्सव के रूप में समर्पित किया गया था। इस मूर्ति में हमें दृढ़ निश्चयी गांधी के दर्शन होते हैं।

सन् 2000 में एक विशेष प्रतिमा, जिसे वाशिंगटन डी.सी. में स्थापित किया गया था, बहुत उल्लेखनीय है। गौतम पॉल (1949—) द्वारा गढ़ी गई यह कांस्य प्रतिमा (9'×7'×3'4" के आसन को छोड़कर 8 फ़ीट 8 इंच) गांधी को एक महात्मा और कर्मठ व्यक्ति के रूप में प्रस्तुत करती है जो दांडी यात्रा और उनकी असंख्य

बॉब क्लाइट : कांसा और रेसिन, 19×12×13

मार्टिन वाउगेल : 30×22×20 से.मी.

पदयात्राओं की स्मृति जगाती है। अमेरिका में बॉब क्लाइट, जोसेफ़ डेलाप्पे, मार्टिन वाउगेल, एग.एच. हॉज जैसे मूर्तिकारों ने भी गांधी को विभिन्न रूप और विभिन्न आकारों में ढाला। संयुक्त राज्य अमेरिका के विभिन्न शहरों में महात्मा गांधी की कई प्रतिमाएँ स्थापित हुई हैं; इनमें से प्रमुख हैं यूनियन स्क्वायर, न्यूयॉर्क, मार्टिन लूथर किंग, जूनियर सेंटर और अटलांटा में मार्टिन लूथर किंग जूनियर इंटरनेशनल चैपल, ह्यूस्टन में महात्मा गांधी सेंटर, सैन फ्रांसिस्को। न्यूयॉर्क के मूर्तिकार बॉब क्लाइट ने गांधी का कांस्य और राल (रेसिन) में पारम्परिक पद्मासन की मुद्रा में अंकन किया है। जोसेफ़ डेलाप्पे (1963—), जो नये मीडिया इंस्टॉलेशन और इंटरैक्टिव गेमिंग प्रदर्शन के माध्यम से समसामयिक मुद्दों के विवेचन के लिए हस्तक्षेप करने वाली युक्तियों के लिए प्रसिद्ध हैं, ने कार्डबोर्ड का उपयोग करके गांधी की 17 फ़ीट की आदमक़द मूर्ति का निर्माण किया, और फिर 2008 में न्यूयॉर्क की आईबीम गैलरी में ट्रेडमिल की मदद से सॉल्ट-मार्च को पुनर्निर्मित

करने का प्रयास किया। फ्रांसीसी-अमेरिकी मूर्तिकार मार्टिन वाउगेल, जिन्होंने कला में 'पैशनिस्ट' आन्दोलन की स्थापना की थी, ने भी गांधी का अंकन बहुत संवेदनशीलता से किया था। यहाँ गांधी एक दयालु बौद्धिक के रूप में

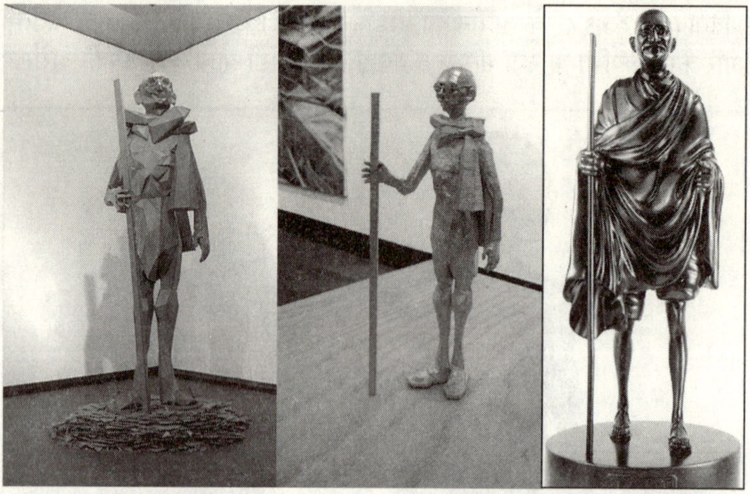

जोसेफ़ डेलाप्पे : कार्डबोर्ड, 17 फ़ीट, न्यूयॉर्क स्वर्ण गांधी, 3 डी प्रिंट/स्वर्ण पत्ती, 12" शेन हॉज़, कांस्य और रेसिन 20"×12"×11"

दिखाई पड़ते हैं। शेन हॉज़ ने मानवता के लिए बहुत योगदान देने वाले लोगों की ऐतिहासिक प्रतिमाओं पर एक श्रृंखला तैयार की थी और इस श्रृंखला में गांधी को प्रसन्नचित्त, गरिमापूर्ण और दयालु व्यक्ति के रूप में दिखाया गया है। 2005

रत्नबाली कान्त : निकोसिया रिपब्लिक ऑफ़ साइप्रस, 2005 युएन शिखुन, शाओयांग पार्क, बीजिंग

में रत्नबाली कान्त की बनाई प्रतिमा साइप्रस संसद के ठीक बग़ल में स्थापित की गई। जब गांधी भारत के प्रतीक-पुरुष के रूप में ख्यात होने लगे तो गांधी-प्रतिमा की माँग प्राय: हर देश से होने लगी और फिर कई देशों के मूर्तिकारों ने अपने देश के लिए स्वयं बनाना आरम्भ किया। प्रसिद्ध चीनी मूर्तिकार युएन शिखुन द्वारा बनाई गई एक मूर्ति चीन में बीजिंग के शाओयांग पार्क के पश्चिमी भाग में स्थित अन्तरराष्ट्रीय मैत्री वन में स्थापित की गई थी। 1.08 मीटर ऊँची और 1 मीटर चौड़ी इस प्रतिमा में गांधी को किताब पढ़ते हुए दिखाया गया है। वह भारतीय से ज़्यादा चीनी लगते हैं। गोपालकृष्ण गांधी के अनुसार, "ऐसा लगता है कि वह विक्रम सेठ द्वारा अनूदित तीन चीनी कवियों में से एक का मित्र हो सकता है। गांधी किताब को ध्यान और चिन्ता के साथ पढ़ रहे हैं। कौन सी किताब है? किसी को कभी पता नहीं चलेगा, लेकिन अगर भौतिक पर्यावरण के प्रति यूएन के जुनून को जानते हों तो यह किताब वह होनी चाहिए जो गांधी के समय में अलिखित थी—मानव जाति के भविष्य पर मार्टिन रीस का गहरा परेशान करने वाला काम—हमारी अन्तिम शताब्दी।"[104] लेकिन उनके चेहरे पर एक कौतूहल और जिज्ञासा का भाव भी है जो अक्सर किसी दिलचस्प और मनोरंजक पुस्तक में डूब जाने पर उदित होता है।

दिमित्री रयाबिचेव, कांस्य, गांधी दर्शन, दिल्ली; प्रतिलिपि, गोर्की पार्क, मास्को, 1984; अलेक्जेंडर रयाबिचेव, 2007

सोवियत मूर्तिकार दिमित्री रयाबिचेव (1926-1995) ने 1984 में गांधी को एक चिन्तक के रूप में, हस्त-मुद्राओं पर विशेष ज़ोर देते हुए अन्दर तक गहराई में उतरने वाले एक विचारक के रूप में चित्रित किया, जिससे एक उदास-सा वातावरण तो बनता है लेकिन वह एक स्तर पर हमें ठहरकर चिन्तन करने के लिए प्रेरित करता भी जान पड़ता है। यह हमें ऑगस्ट रॉडिन (1840-1917) की 'द थिंकर' (1902)

की याद दिला सकता है लेकिन इसकी देह-भाषा रॉडिन के बॉक्सर से बिलकुल अलग है। बाद में उनके मूर्तिकार बेटे अलेक्ज़ेंडर रयाबिचेव ने अपने पिता की कृति की प्रतिकृति बनाई और 2 अक्टूबर, 2007 को पहले अन्तरराष्ट्रीय अहिंसा दिवस की पूर्व संध्या पर उनके, उनके देश और उनके लोग के प्रति सम्मान के प्रतीक के रूप में इसे मॉस्को में भारतीय दूतावास को भेंट किया।

गांधी जी के महात्मा बनने की प्रक्रिया दक्षिण अफ्रीका से ही शुरू हो गई थी, स्वभावत: वहाँ उनकी स्मृति के कई स्थल हैं। 2 अक्टूबर, 2003 को महात्मा के जन्मदिवस की पूर्व संध्या पर जोहान्सबर्ग के सिटी सेंटर में गांधी चौराहे पर टिंका क्रिस्टोफ़र की गांधी की कांस्य मूर्ति का अनावरण किया गया था। 2.5 मीटर की

टिंका क्रिस्टोफर : कांस्य, जोहान्सबर्ग, 2003

गौतम पॉल : कांस्य, फ़ोर्ट प्रिज़न कॉम्प्लेक्स, 2012

यह प्रतिमा गांधी को उस रूप में प्रस्तुत करती है जिस रूप में वे पहले-पहल वहाँ पहुँचे थे—गाउन में, सूट, बूट, टाई लगाए, अपनी बाँह के नीचे किताब दबाए एक युवा वकील के रूप में, दृढ़ निश्चयी पर चिन्तनशील; वे ऐसे दिख रहे हैं मानो चार बार जेल जाने के अपने अनुभवों का स्मरण कर रहे हों। यह प्रतिमा 5 मीटर ऊँचे चबूतरे पर स्थापित की गई है, जिससे यह काफ़ी प्रभावशाली दिखाई पड़ती है। यह 2.5 मीटर कांस्य प्रतिमा जोहान्सबर्ग शहर द्वारा बनवाई गई थी, जिसका अनावरण 2003 में किया गया था। गौतम पॉल निर्मित एक और गांधी प्रतिमा जिसे फ़ोर्ट जेल परिसर, जो आज का कॉन्स्टिट्यूशन हिल है, में एक स्थायी प्रदर्शनी के तौर पर स्थापित किया गया था और जिसका अनावरण 2012 में किया गया था।

हंगेरियन मूर्तिकार नन्दोर वैगनर (1922-1997) ने दुनिया में बेहतर आपसी समझ के लिए आठ मूर्तियों का एक समूह, गार्डन ऑफ़ फ़िलॉसफ़ी का निर्माण किया। इन आठ मूर्तियों में से एक मूर्ति गांधी जी की भी है। 'गार्डन ऑफ़ फ़िलॉसफ़ी' के

नन्दोर वैगनर : गार्डन ऑफ़ फ़िलॉसफ़ी, गेलर्ट हिल, बुडापेस्ट, 2001; दर्शन-बाग़ में गांधी जी

तीन पूर्ण सेट तैयार किये गए, एक जापान के लिए, एक हंगरी के लिए और एक संयुक्त राज्य अमेरिका के लिए।

जिस वर्ष मूर्तिकार की मृत्यु (1997) हुई, यह मूर्ति उसी वर्ष बनकर तैयार हुई और इसे हंगरी में गेलर्ट हिल पर अपना अकेला पहाड़ी घर मिला और 18 अक्टूबर, 2001 को इसका अनावरण किया गया। इस काम के पीछे कलाकार का उद्देश्य दुनिया के धर्मों और आस्थाओं के बीच आपसी समझ को बढ़ावा देना था। इस भव्य कृति में आठ मूर्तियाँ हैं—धर्म के पाँच संस्थापकों—अब्राहम, जीसस, बुद्ध, लाओज़ी, और अखेनातेन को एक क्रम में और तीन आइकन—महात्मा गांधी, दारुमा दैशी (उर्फ़ बोधिधर्म), और सेंट फ्रांसिस को एक पंक्ति में उनके सामने रखा गया है। गांधी की प्रतिमा सबसे अधिक पहचानी जाने वाली और समसामयिक है। मूर्तियों की समग्र संरचना कुछ हद तक प्रशान्त और पूर्वी एशियाई जैसी दिखती है, शायद ऐसा इसलिए भी है क्योंकि कलाकार ने अपने जीवन के अन्तिम 25 वर्ष जापान में बिताए थे। दर्शकों पर इस कृति का प्रभाव बड़ा उत्तेजक होता है और इसको देखने के बाद वे इस अनुभव को कभी भूल नहीं पाते हैं। इसी प्रकार, दक्षिण अफ़्रीका के पीटरमैरिट्ज़बर्ग में महात्मा गांधी की एक बहुत ही अनोखी दो-तरफ़ा प्रतिमा है, जिसमें एक तरफ़ वे युवा वकील

हैं, जो टाई-कोर्ट पहने हुए हैं, जैसा पहनकर वे पहली बार दक्षिण अफ्रीका आए थे, जबकि दूसरी तरफ़ सामान्य छवि के अनुरूप खादी चादर लिये और चश्मा लगाए हुए हैं। यह मूर्ति महात्मा बनने की प्रक्रिया दर्शाती है। इस मूर्ति को

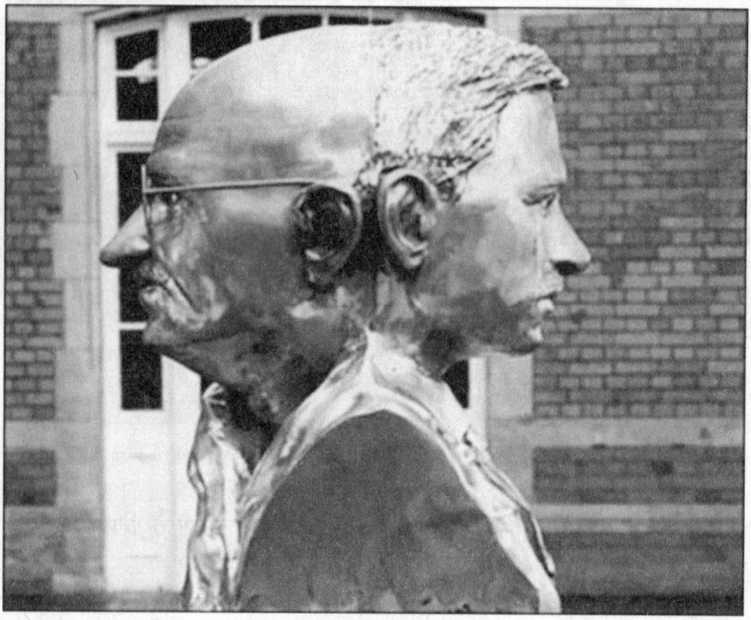

बिराद राजाराम याज्ञनिक और उनके बीस पेशेवर सहयोगियों द्वारा निर्मित : बर्थ ऑफ़ सत्याग्रह, दो-तरफ़ा प्रतिमा, पीटरमैरिट्ज़बर्ग, 2018

'सत्याग्रह का जन्म' नाम दिया गया है क्योंकि यही वह स्थान था जहाँ उनके मन में पहली बार सत्याग्रह का विचार आया था। इस अनूठी प्रतिमा की संकल्पना और निर्माण बिराद राजाराम याज्ञनिक और उनके बीस पेशेवर सहयोगियों ने किया था। महात्मा गांधी डिजिटल म्यूज़ियम के क्यूरेटर और विजुअल क्वेस्ट इंडिया के प्रबन्ध निदेशक के रूप में याज्ञनिक बताते हैं कि "यह प्रतिमा एक मल्टीमीडिया इंस्टॉलेशन है और उनका इरादा एक ऐसी प्रतिमा बनाना था जो बात करती हो, जिसे उनके चेहरे की वास्तविक छवियों से मिलाकर बनाया जाय और जो सौ (100) वर्षों तक बनी रहे। और आख़िर में हम लोगों ने इसे हासिल करने के लिए सभी चुनौतियों का सामना किया और मूर्ति के पास एक स्मार्ट साउंड काइनेटिक पावर डिवाइस को संयोजित किया, जिसके पास से

पुनर्नवीकृत प्लास्टिक, 20×6×6, नोएडा; मोममूर्ति, तुसाड संग्रहालय, लन्दन; सीमेंट, शाहजहाँपुर, यू.पी.

गुज़रते हुए कोई भी गांधी के पसन्दीदा भजन : *वैष्णव जन तो, रघुपति राघव राजा राम* या गांधी की आवाज़ में उनके भाषण सुन सकता है।"[105] यह डिजिटल मल्टीमीडिया में उन कार्यों का विस्तार था जो जोसेफ़ डेलाप्पे और उनके जैसे अन्य कलाकारों द्वारा शुरू किया गया था। हाल ही में अगस्त 2022 में, भारत छोड़ो आन्दोलन की 80वीं वर्षगाँठ की पूर्व संध्या पर गांधी जी की एक प्रतिमा अपशिष्ट प्लास्टिक के पुनर्नवीकरण से बनाई गई, जो 20 फ़ीट ऊँची, 6 फ़ीट लम्बी, और 6 फ़ीट चौड़ी है, तथा इसका वजन 1,150 किलोग्राम है। महात्मा गांधी की स्वच्छता के साथ स्वतंत्रता की भावना को ध्यान में रखकर नोएडा प्रशासन द्वारा एचसीएल के साथ मिलकर शहर-भर से एकत्र किये गए 1,000 किलोग्राम प्लास्टिक कचरे का उपयोग करके इस प्रतिमा का निर्माण किया गया। अब गांधी का प्रतिमा-निर्माण इतने बड़े उद्यम में बदल गया है कि माध्यम कोई बन्धन नहीं रहा, चाहे वह प्लास्टिक हो, मोम हो, सीमेंट हो, पत्थर हो, संगमरमर हो या लकड़ी हो। ग्रामीण भारत में धूल-भरे गाँवों के चौराहों या सामुदायिक मैदानों में हज़ारों-हज़ार मूर्तियाँ स्थापित हैं और जैसा कि गांधी जी के पोते गोपालकृष्ण गांधी ने कहा है कि "इन्हें किसी कला सूची में, गांधी-मूर्तियों की किसी सूची में नहीं पाएँगे। इन्हें 'कला' भी नहीं माना जाएगा। अपने विषय के असुन्दर स्वरूप के स्पष्ट चित्रण में इनका कोई सानी नहीं हो सकता। यह उन्हें वैसा ही दिखाती हैं जैसे कि वे थे—केवल कुछ और अधिक अनाकर्षक। इन्हें उन लोगों ने तैयार किया जिसे जनता की शिल्प-प्रतिभा कहा जा सकता है। मैं गांधी की 'बहुत ही सामान्य' सीमेंट-प्लास्टर की बनी उन प्रतिमाओं की बात कर रहा हूँ जो भारत

के शहरों, क़स्बों और गाँवों में धूल-भरे चौराहों पर खड़ी रहती हैं। ये प्रतिमाएँ अपने सारे अनगढ़पन के बावजूद अधिक सरलता से, महान कांस्य और रॉक-कट की तुलना में दुर्लभतम बात कहती हैं। ये कहती हैं कि, *यह आदमी कभी झूठ नहीं बोला, ईमानदार था, किसी से नफ़रत नहीं करता था।*"[106]

*

किसी भी कला की विषय-वस्तु के रूप में गांधी या गांधीवाद का अध्ययन न तो विशुद्ध रूप से ऐतिहासिक (Diachronic) है और न ही पूर्ण रूप से समकालिक (Synchronic) हो सकता है क्योंकि न केवल 'विषय' समयबद्ध और ऐतिहासिक है, बल्कि 'वस्तु' भी हमारे दृष्टिकोण या सन्दर्भ के अनुसार बदलती रही है। हमारे संक्षिप्त सर्वेक्षण से यह पता चलता है कि सच्चे क्लासिक की तरह, गांधी और कला दोनों ही विषय और वस्तु के रूप में बदलते समय के साथ ख़ुद को पुनर्नवा करते रहे हैं और यही कारण है कि वे अब भी नि:शेष नहीं हुए हैं।

[इलाहाबाद विश्वविद्यालय के इंस्टीट्यूट ऑफ़ गांधियन थॉट एंड पीस स्टडीज़ के राष्ट्रीय सेमिनार में 6 सितम्बर, 2008 को अंग्रेज़ी में पठित प्रपत्र का हिन्दी में परिवर्धित एवं संशोधित रूप।]

सन्दर्भ

1. दिलीप कुमार रॉय, *अमंग द ग्रेट*, जैको पब्लिशिंग हाउस, बॉम्बे, 1950, पृ. 65-66
2. श्रीमन नारायण (सं.), द *सेलेक्टेड वर्क्स ऑफ़ महात्मा गांधी*, वॉल्यूम vi, नवजीवन ट्रस्ट, तीसरा पुनर्मुद्रण लोकप्रिय संस्करण 1995, पृ. 180-81। (यंग इंडिया, 23.03.1921)
3. वही, पृ. 288 (यंग इंडिया, 13.11.1924)
4. वही, पृ. 287
5. वही।
6. लुई फिशर, द *लाइफ़ ऑफ़ महात्मा गांधी*, इंडस (हार्पर कॉलिन्स), नई दिल्ली, सेकंड इम्प्रेशन 1993, पृ. 368 पर उद्धृत।
7. देखें, अरिस्टोटल, *पोएटिक्स* (ट्रांसलेशन : *मालकाम* हीथ), पेंगुइन बुक्स, 1996
8. श्रीमन नारायण, वही, पृ. 289 (यंग इंडिया, 13.11.1924)
9. वही, पृ. 300
10. लोंजाइनस, *ऑन द सबलाइम* (ट्रांस : विलियम रायस रॉबर्ट्स), गारलैंड, 1987
11. श्रीमन नारायण, वही, पृ. 291 (हरिजन, 19.02.1938)
12. रोम्या रोलाँ एंड गांधी कॉरेस्पोंडेंस, पब्लिकेशन डिवीजन, दिल्ली, रिस्टोर्ड एडीशन, 2007, पृ. 209
13. श्रीमन नारायण, वही, पृ. 292 (हरिजन, 7.4.1946)
14. श्रीमन नारायण, वही, पृ. 224-25

15. वही
16. वही, पृ. 299 (अमंग द ग्रेट, पृ. 61-67)
17. वही, पृ. 302 (वही, पृ. 78-82)
18. वही, पृ. 300 (वही, पृ. 61-67)
19. प्लेटो, रिपब्लिक (ट्रांसलेशन : सी.डी.सी. रीव), हकेट पब्लिशिंग, 2004
20. श्रीमन नारायण, वही, पृ. 297
21. लुई फिशर, वही, पृ. 369
22. रोम्या रोलाँ, वही, पृ. 212
23. श्रीमन नारायण, वही, पृ. 304-305 (हरिजन, 14.11.1936)
24. वही, पृ. 291 (वही, पृ. 315)
25. सब्यसाची भट्टाचार्य, (सम्पा.), *द महात्मा एंड द पोएट*, नेशनल बुक ट्रस्ट, सेकंड रीप्रिंट, 1999, पृ. 80
26. यद्यपि यह तर्क दिया जा सकता है कि आलोचना भी रचनात्मक साहित्य का हिस्सा है, लेकिन गांधी पर आलोचनात्मक लेखन (जीवनी और संस्मरण सहित) इतना विस्तृत और विशाल है कि सिर्फ़ इसकी ग्रन्थ-सूची तीन खंडों में संकलित की गई है, ज़ाहिर है इसे प्रस्तुत अध्ययन के दायरे में नहीं लाया जा सकता। देखें, एम. पंडरी (संकलित) महात्मा गांधी पर एक व्यापक एनोटेटेड ग्रन्थ-सूची, 3 खंड, ग्रीनवुड प्रेस, 1995
27. एम.के. नायर, *हिस्ट्री ऑफ़ इंग्लिश लिटरेचर*, साहित्य अकादेमी, नई दिल्ली, 1982, पृ. 118
28. प्रेमचंद, *रंगभूमि*, राजस्थान पीपुल्स पब्लिशिंग हाउस, (प्रा.) लि., जयपुर, प्रथम संस्करण 2004, पृ. 472-473
29. *कंटेम्परेरी इंडियन लिटरेचर : ए सिम्पोजियम*, साहित्य अकादेमी, नई दिल्ली, द्वितीय संस्करण 1959, पृ. 90
30. भवानी भट्टाचार्य, *गांधी द राइटर*, नेशनल बुक ट्रस्ट, दिल्ली, 1969, पृ. 237
31. वही, पृ. 235
32. वही, पृ. 235-236
33. https://www.nationalheraldindia.com/india/gandhi-and-bengal-a-complicated-relationship (accessed on 29.09.2022)
34. शिशिर कुमार दास, *ए हिस्ट्री ऑफ़ इंडियन लिटरेचर, 1911-56*, साहित्य अकादेमी, दिल्ली, फ़र्स्ट एडीशन, 1995, पृ. 64-65
35. सरोजिनी नायडू, द *ब्रोकन विंग*, विलियम हेन्मान, लन्दन, 1917, पृ. 29
36. पी.के. परमेश्वरन नायर, *हिस्ट्री ऑफ़ मलयालम लिटरेचर*, साहित्य अकादेमी, 1958, पृ. 204
37. https://www.thehindu.com/books/books-authors/gandhi-in-urdu literature /article 28708422 .ece (accessed on 18.09.2022)
38. देखें, सय्यद मोअज्जम अली (एडि.) *नख़लिस्तान*, राजस्थान उर्दू अकादेमी, जयपुर, 2019
39. रामस्वरूप चतुर्वेदी, *हिन्दी साहित्य और संवेदना का विकास*, लोकभारती प्रकाशन, इलाहाबाद, पृ. 103
40. सोहनलाल द्विवेदी (सम्पा.), *गांधी अभिनन्दन ग्रन्थ*, गांधी अभिनन्दन ग्रन्थ कार्यालय, लखनऊ, 1944

41. रामस्वरूप चतुर्वेदी, वही, पृ. 166
42. ओ.पी. भटनागर, द *इमेज ऑफ़ गांधी इन इंडियन प्लेज इन इंग्लिश, इंडियन लिटरेचर,* जुलाई-अगस्त 1981, वॉल्यूम 24, न. 4, पृ. 128
43. *द ओरवेल रीडर,* हार्कोट ब्रास एंड कम्पनी, न्यूयॉर्क, फ़र्स्ट एडीशन, 1956, पृ. 330-331
44. सलिल सिंह, इफ़ गांधी कुड फ्लाई...डिलेमज़ एंड डिरेक्शंस इन शेडो पपेटरी ऑफ़ इंडिया, द *ड्रामा रिव्यू,* वॉल्यूम 43, न. 3, पृ. 154
45. See, https://scroll.in/magazine/828114/on-stage-in-maharashtra-nathuram-godse-is-seeing-a-revival (accessed on 30.10.2022)
46. *डेक्कन हेराल्ड,* 3 फ़रवरी 2008
47. वही।
48. सब्यसाची भट्टाचार्य, वही, भूमिका।
49. महात्मा आसीले, कले देश स्वाधीन/कर्ण मंत्र देई गले है, का ताहार आन/रखीबा ताहार आन है, आस क़रीबा सेवा/मद निशा सब छाड़ आन है, आस सागेर जीवा। देखें, https://hindi.news18.com/news/literature/sahitya-sansar-gandhi-jayanti-special-how-mahatma-was-sung-in-folk-songs-while-not-gautam-budhha-4681203.html (accessed on 1.9.2023)
50. अनु बंदोपाध्याय, *एम.के. गांधी : ऑथर, जर्नलिस्ट,* प्रिंटर, पब्लिशर; नवजीवन प्रेस, अहमदाबाद।
51. श्रीमन नारायण, वही, पृ. 398 (हरिजन, 16.11.1934)
52. वही, वॉल्यूम 5, पृ. 241-42
53. कन्हैयालाल माणिकलाल मुंशी, *गुजरात एंड इट्स लिटरेचर,* लोंग्मंस ग्रीन एंड कम्पनी लिमिटेड, कलकत्ता, 1935, पृ. 316-17
54. बी.आर. नन्दा, *गांधी : द एडिटर,* https://www.mkgandhi.org/articles/g_editor.htm (17.8.2023 को देखा गया)।
55. अनु बंदोपाध्याय, वही।
56. कन्हैयालाल माणिकलाल मुंशी, वही, पृ. 312
57. श्रीमन नारायण, वही, पृ. 495-96
58. *कलेक्टेड वर्क्स ऑफ़ महात्मा गांधी,* वॉल्यूम 40 (10 मार्च, 1929), पृ. 125
59. *कलेक्टेड वर्क्स ऑफ़ महात्मा गांधी,* वॉल्यूम 88 (मई 1947), पृ. 27
60. देखें, https://theprint.in/opinion/heres-how-indian-films-of-the-1930s-and-1940s-used-gandhi-in-their-ads/2 96271/ (18.09.2022 को देखा गया)
61. ए. करुप्पन चेट्टियार ने इस वृत्तचित्र को बनाने के अपने अनुभव को कई लेखों में साझा किया था जिसे उन्होंने 1943 में स्व-सम्पादित तमिल पत्रिका 'कुमारी मलार' में प्रकाशित किया था। यह बाद में पुस्तकाकार 'अन्नल अदिचुवात्तील' (महात्मा के पदचिह्नों पर) नाम से कलाचुवाद्दु पब्लिकेशन्स प्राइवेट लिमिटेड से प्रकाशित हुए।
62. रविंदर सिंह, *ऑफ़ गांधी, गोडसे एंड द मिसिंग फ़ाइल्स : नाइन आवर्स टू रामा* (1963), *इकोनोमिक एंड पॉलिटिकल वीकली,* वॉल्यूम 51, न. 30 (23 जुलाई, 2016), पृ. 69
63. "यह फ़िल्म शुद्ध संतचरित्र लेखन है; मध्यकालीन किसी संत के शब्द और चित्र के माध्यम से प्रशस्ति वाचन की तरह" जेम्स लारेंस, *राज : द मेकिंग एंड अन्मेकिंग ऑफ़ ब्रिटिश इंडिया,* लिटिल ब्राउन एंड कम्पनी, पृ. 465

64. देखें, https://www.orfonline.org/expert-speak/gandhi-great-influencer-on-hindi-cinema-despite-his-celluloid-aversion-56035/(accessed on 11.4.2022)
65. तुषार गांधी, *आई एम प्लीज्ड विद हिरानी'ज़ गांधीगिरी,* www.nowrunning.com (19-03-2007)
66. एस. गणेश, लगे रहो मुन्ना भाई : हिस्ट्री एज़ फ़ार्स, *इकोनॉमिक एंड पॉलिटिकल रिव्यू,* 14.10.2006
67. जाह्नु बरुआ, द *टेलीग्राफ़,* कोलकाता, 10.10.2006
68. शास्त्री रामचन्द्र, जॉलीवुड बॉलीवुड, मुन्नाभाई रेरबयूज़ गहात्मा, द *ट्रिब्यून,* चंटीगढ़, 23.9.2006
69. http://en.wikipedia.org/wiki/List of artistic depictions of Mahatma Gandhi(accessed on 18.09.2022)
70. फिलिप ग्लास की शैली को मोटे तौर पर न्यूनतमवादी (मिनिमलिस्ट) कहा जा सकता है लेकिन सत्याग्रह का संगीत इस लक्षण के विपरीत विस्तृत और आलंकारिक है।
71. मुकुल डे, *पोर्ट्रेट्स ऑफ़ महात्मा गांधी,* ओरिएंट लॉन्गमन, 1948, प्रीफेस।
72. भास्वती बंदोपाध्याय, *गांधी मार्ग,* वॉल्यूम 26, नम्बर 3, अक्टूबर-दिम्सबर 2004
73. दीनेन गांधी, *प्रेयर एंड अदर स्केचेज़ ऑफ़ महात्मा गांधी,* नालन्दा पब्लिकेशंस, मुम्बई, 1948
74. https://www.theheritagelab.in/elizabeth-brunner-dream-india/(accessed on 18.09.2022)
75. https://www.theweek.in/theweek/cover/2019/06/21/assassination-painting-of-gandhi-at-rashtrapati-bhavan-an-exercise-in-myth-making.html (accessed on 18.09.2022)
76. https://www.firstpost.com/living/manu-parekhs-canvasses-a-retrospective-spanning-60-years-of-the-artists-work-highlights-his-vitality-4098303.html (accessed on 15.09.2022)
77. रणजीत होस्कोटे, *रीइमेजनिंग बापू, एन आर्टिस्ट ऑफ़ नॉन वायलेंस,* गैलरी सेमोल्ड, मुम्बई, पृ. 30-32
78. https://www.saffronart.com/sitepages/articledetails.aspx?articleid=867 (accessed on 18.09.2022)
79. सत्याग्रह : इंडियन एंड साउथ अफ़्रीकन आर्टिस्ट्स ट्रिब्यूट टू द स्पिरिट ऑफ़ 9-11-1906 : कलेक्शन ऑफ़ एसेज एंड कैटलॉग, वी.के. चेरियन, जयराम पोडुवल, (एडि.), अफरीखादी इंडिया, किज़ो गैलरी, अफरीखादी इंडिया और किज़ो गैलरी, डरबन, 2006
80. भारतीय कलाकार : के.जी. सुब्रमण्यन, ग़ुलाम मोहम्मद शेख़, नीलिमा शेख़, वासुदेवन अक्कितम, इन्द्रप्रमित रॉय, आलोक बल, महेन्द्र पंड्या, मयूर कैलाश गुप्ता, आनन्दजीत रे, अनुज पोद्दार, सुमेध राजेन्द्रन, एच.जी. अरुण, सोमन राजिन्दर टिक्कू, राजशेखरन नायर, कार्ल अंताओ, शत्रुघ्न ठाकोर, हकु शाह, हिंडोल ब्रह्मभट्ट, वाल्टर डिसूजा, सुधीर पटवर्धन, कृष्णमाचारी बोस, सुदर्शन शेट्टी, सिमीन ओशिदार, रियास कोमू, चिन्तन उपाध्याय, टी.वी. सन्तोष, अनूप पणिक्कर, सूर्यकान्त लोखंडे, विवेक विलासिनी, तुषार जोग, अभिमन्यु वी.जी., सुब्बा घोष, इरन्ना कौमुदी पाटिल, साबू जोसेफ़, मुरली चीरोथ,

हरिंदरन टी.के., बिनॉय वर्गीस, बेनिथा पी. सुनोजसोनिया, विनोद पटेल, विनोद दारोज़ प्रदीप, दिलीप तामुली, वलसन कोलेरी।

दक्षिण-अफ्रीकी कलाकार : गैबिसिले न्कोसी, लिंडेलानी न्वेन्या, सफिसो कामकेम, ज़ामा दुन्या वुलिंडलेला न्योनी, सैम नल्हेन्गवा, वैनेसा बेर्लेन, फिलिप ब्रील, एंथोनी मुथेकी, हिल्डेगार्ड इग्नाटियस, मार्क्स लेने, पीनार सिम्मी, डुल्ले पॉल लॉरेंसन, एंड्रयू वेस्टर, एंडियन वॉल्श क्लिंग सिंह, मार्कलिन गो वेंडर, रानी पिले।

81. https://www.architecturaldigest.in/content/mahatma-gandhiji-jayanti-artists-delhi-2019/(accessed on 18.09.2022)
82. https://www.architecturaldigest.in/content/mahatma-gandhiji-jayanti-artists-delhi-2019/(accessed on 18.09.2022)
83. See, Shahid Amin, Gandhi as Mahatma: Gorakhpur District, Eastern UP 1921-22,in Ranjit Guha (ed), *Subaltern Studies III*, Oxford University Press, Delhi, 1984
84. https://www.telegraphindia.com/culture/arts/paresh-maity-painter-of-longest-work-pays-tribute-to-tallest-leader-gandhi/cid/1672816 (accessed on 14.09.2022)
85. https://www.thehindu.com/entertainment/art/many-moods-of-the mahatma/article 29519808.ece(accessed on 14.09.2022)
86. https://timesofindia.indiatimes.com/blogs/plumage/tom-vattakuzhys-death-of-gandhi/(accessed on 18.09.2022)
87. वही।
88. नैंसी कॉक्स-मैककॉर्मैक कुशमैन, फ़ाइव वीक्स इन लन्दन, इंग्लैंड 1931, मॉडलिंग फ्रॉम लाइफ़ द पोर्ट्रेट बस्ट ऑफ़ महात्मा गांधी, *तेनेसी हिस्टोरिकल क्वार्टर्ली,* वॉल्यूम 19, नम्बर 2, जून 1960, पृ. 152
89. जो डेविडसन, *बिटवीन सिटिंग्स : एन इनफ़ॉर्मल ऑटोबायोग्राफ़ी ऑफ़ जो डेविडसन,* द डायल प्रेस, न्यूयॉर्क, 1951
90. https://epaper.telegraphindia.com/calcutta/2018-10-21/71/Page-12.html (accessed on 18.09.2022)
91. सर्वपल्ली राधाकृष्णन (एडि.) *महात्मा गांधी : एसेज़ एंड रिफ़्लेक्शंस,* क्लेयर शेरीडन, द ग्रेट लिटिल महात्मा, एलेन एंड अनविन लिमिटेड, लन्दन, सेकंड (इनलार्ज्ड) एडीशन, 1949, पृ. 273
92. वही, पृ. 275
93. https://timesofindia.indiatimes.com/blogs/plumage/ram-sutar-and-mahatma-gandhi-the-journey-goes-back-to-many-decades/(accessed on 18.09.2022)
94. वही।
95. https://www.thehindu.com/entertainment/art/many-moods-of-the-mahatma/article29519808. ece(accessed on 18.09.2022)
96. https://scroll.in/article/674358/two-indian-sculptors-have-created-most-of-

the-gandhi-statues-around-the-world(accessed on 18.09.2022)

97. वही।
98. वही।
99. https://www.oneindia.com/2010/11/30/mahatmagandhi-statues-and-busts-popularworldwide. html(accessed on 18.09.2022)
100. वही।
101. https://m.facebook.com/439885819479987/photos/a.518871624914739/1088951051240124/?type=3&_se_imp=1lYAWdGryZ6uxV03j (accessed on 18.09.2022)
102. आर. शिवकुमार, *रामकिंकर बैज : ए रिट्रोस्पेक्टिव,* 1906-980, देल्ही आर्ट गैलरी एंड द नेशनल गैलरी ऑफ़ मॉडर्न आर्ट, न्यू डेल्ही, 2012, पृ. 262
103. https://www.devdiscourse.com/article/arts/211974-mahatma-gandhis-sculpture-features-in-exhibition-at-national-gallery-of-modern-art(accessed on 18.09.2022)
104. https://epaper.telegraphindia.com/calcutta/2018-10-21/71/Page-12.html (accessed on 18.09.2022)
105. https://www.edexlive.com/happening/2018/sep/27/from-facial-recognition-to-3d-printing-everything-that-went-into-mahatma-gandhis-two-sided-bust-in-4038.html (accessed on 9.11.2022)
106. https://epaper.telegraphindia.com/calcutta/2018-10-21/71/Page-12.html (accessedon18.09.2022)

हिन्दुस्तानी शास्त्रीय संगीत : लौकिक या पारलौकिक?

आम तौर पर यह मान लिया जाता है कि भारतीय शास्त्रीय संगीत की आत्मा मूल रूप से पारलौकिक है, इसलिए इसका कोई लौकिक आयाम नहीं है और यह श्रोताओं की बदलती संवेदनाओं से शायद ही प्रभावित होती है। लेकिन क्या यह सच है? आइए, देखें कि इन दिनों किसी भी संगीत कार्यक्रम में क्या होता है।

एक फ़िल्मी सितारे की तरह सेलिब्रिटी कलाकार मंच पर आता है और उसके आगमन का भव्य स्वागत किया जाता है। प्रायोजकों और उनके अभियानों के बड़े बैनरों की पृष्ठभूमि में कलाकार का मंच दीपदान, रंग-बिरंगे फूल, रेशमी साड़ियों, मुस्कराती हुई स्त्रियों और चारों ओर भीनी-भीनी ख़ुशबू से सजा होता है। कलाकार को जब सुन्दर हाथों से माला पहनाई जाती है तब तालियों की गड़गड़ाहट का एक और दौर होता है। साज़ मिलाने के बाद कलाकार विलम्बित एकताल में कुछ शुरू करता है और कुछ ही क्षणों के बाद गति बढ़ जाती है और तबलावादक के साथ द्वन्द्व शुरू हो जाता है और यह तब तक चलता रहता है जब तक कि दर्शक उत्साह बनाए रखते हैं और उसके बाद तालियों की गड़गड़ाहट होती है। फिर कलाकार शान्त पड़ जाता है और फिर साज़ से तनिक छेड़छाड़ के बाद, वह भजन, ठुमरी या धुन के एक छोटे टुकड़े के साथ कार्यक्रम का समापन करता है।

संगीत कार्यक्रम की इस तसवीर से बहुत सी बातों का पता चलता है। सबसे पहले यह कलाकार, संरक्षक और श्रोता के बीच एक बिलकुल अलग रिश्ते के उभरने का संकेत देता है। रियासतों और दरबारों के युग में राजा और स्थानीय शासक संरक्षक होते थे और श्रोताओं में मुख्य रूप से अभिजात वर्ग के लोग शामिल होते थे जिनकी शास्त्रीय संगीत की बारीक़ियों की सराहना करने की क्षमता शानदार होती थी। वे शास्त्रीय संगीत के मुहावरों और गूढ़ शैलियों से ख़ूब परिचित होते थे। इसलिए उनके लिए विभिन्न घरानों के विशिष्ट आलाप, लयकारी, तान

और बन्दिशों को बरतने के ख़ास तरीक़ों को प्रोत्साहित करना अत्यन्त स्वाभाविक था। ऐसे ही माहौल में ख़याल और ध्रुपद की विभिन्न शैलियाँ विकसित हुईं, जहाँ एक कलाकार को अपने घराने के विशिष्ट मुहावरे के प्रस्तोता के रूप में अत्यधिक लाभ और सराहना मिल सकती थी। लेकिन रियासतों और उनके दरबार के उजड़ने के बाद सब कुछ बदल गया, न केवल शास्त्रीय संगीत (घरानादारी, गुरु-शिष्य परम्परा और दरबारी-संरक्षण) का लम्बे समय से चला आ रहा बुनियादी ढाँचा ग़ायब हो गया, बल्कि इसके परिणामस्वरूप जानकार श्रोता भी ग़ायब होने लगे। बदले हुए परिदृश्य में संगीतकारों को नये संरक्षण की तलाश करनी पड़ी। पहले उन्हें आकाशवाणी और बाद में दूरदर्शन से संरक्षण प्राप्त हुआ और फिर धीरे धीरे कॉर्पोरेट जगत् से भी संरक्षण मिलना शुरू हुआ। आज संगीत के सबसे बड़े संरक्षक और पोषक कॉर्पोरेट दिग्गज हैं और ज़ाहिर है कि उनकी दिलचस्पी संगीत और कलाकारों को बढ़ावा देने से अधिक अपने जनसम्पर्क को बेहतर बनाने, अपने उत्पाद की लोकप्रियता बढ़ाने और सरकार की कृपालु निगाहों को आकर्षित करने में है। अब संगीत का प्रचार-प्रसार मुख्यधारा की फ़िल्मों की तरह एक व्यावसायिक प्रस्ताव बन गया है, जहाँ दर्शकों का 'स्वाद' ही एकमात्र मानदंड है। वाणिज्य की इस परियोजना में उन्होंने संगीतकारों को फ़िल्म स्टार की तरह ग्लैमराइज़ करना शुरू कर दिया है, जिसमें चुने हुए दर्जन-भर कलाकारों की स्टार प्रणाली तैयार हो गई है, जिनकी सेवाओं से वे वाणिज्य के अपने खेल संचालित करते हैं। हमारा इडियट बॉक्स भी नई आर्थिक नीति के बैनर तले उनकी इस परियोजना को मदद कर रहा है। उदाहरण के लिए, संगीतकारों पर बने दूरदर्शन के धारावाहिकों में उनकी संगीत-शैलियों और बारीक़ियों पर नहीं बल्कि उनकी जीवन-शैली और तौर-तरीक़ों पर ज़ोर दिया जाता है। अब हमारे देश में पूरे वर्ष संगीत कार्यक्रम, सम्मेलन होते रहते हैं और बड़े शहरों में जहाँ स्टार कलाकारों को अत्यधिक भुगतान किया जाता है, दर्शक बिना किसी प्रवेश शुल्क के संगीत सुन सकते हैं। यही वह सन्दर्भ है जहाँ संगीत कार्यक्रमों के उपर्युक्त चित्र के मायनों को जाँचा जा सकता है।

इस नई संरक्षण प्रणाली और संगीत तक जनता की आसान पहुँच ने भारतीय शास्त्रीय संगीत के स्वरूप को पूरी तरह से बदल दिया है। आसान पहुँच ने वास्तव में संगीत की पूर्व रहस्यमयता और गूढ़ता को छीन लिया है और वाल्टर बेंजामिन के शब्दों में कहें तो इसकी आभा भी छीन ली है। अब संगीत के श्रोता ऐसी भीड़ हैं, जिनमें से अधिकांश को शास्त्रीय संगीत और इसकी जटिल बारीक़ियों के बारे में बहुत कम जानकारी है; इसलिए अधिकांश समय संगीतकारों को लगता है कि उनके संगीत की वैसी प्रस्तुति के लिए सराहना की जा रही है, जिसकी उनके गुरुओं ने कभी सराहना नहीं की थी। इस अनुभव ने उन्हें व्यापक पहचान और बिक्री क्षमता

हासिल करने के लिए अपनी जटिल शैलियों को बदलने और दर्शकों के आस्वाद के अनुरूप ढालने के लिए मजबूर किया है।

आम श्रोताओं में गति के प्रति दीवानगी है और इसने संगीत की विविधता और गुणवत्ता को बहुत नुकसान पहुँचाया है। गति की चाहत के कारण बार-बार स्वर-सौन्दर्य का नुकसान होता है। वक्र तान में गति प्राप्त नहीं की जा सकती; यह केवल दुगुन और चौगुन के लिए उपयुक्त होता है। इसलिए ऐसी तान लोक प्रचलित हो गई हैं और अन्य प्रकार की तान भुला दी गई हैं। आश्चर्य नहीं कि परवीन सुल्ताना नई पीढ़ी के लिए आदर्श बन गई हैं। लय की विविधता को भी बहुत नुकसान पहुँचा है क्योंकि इसको सराहने के लिए श्रोताओं की मन:स्थिति और तैयारी नहीं रही। इसलिए अब ऐसी स्थिति बन गई है कि संगीत में विविधता सम्भव नहीं रही, चाहे वह ध्रुपद हो या ख़याल। लोकप्रिय माँग के नाम पर बन्दिशों के महत्त्व की उपेक्षा की जा रही है और इम्प्रोवाइज़ेशन के लिए मुखड़े पर भारी ज़ोर दिया जा रहा है। उस्ताद निसार हुसैन ख़ान ठीक ही कहते हैं कि "इन दिनों के स्टार गायकों की गायकी में उन चीज़ों पर अत्यधिक ज़ोर दिया जा रहा है जो हमारे बुज़ुर्गों द्वारा पहले पूरी तरह से प्रतिबन्धित थीं। दोहरावदार सरलीकृत बढ़त, ख़राब गायक के लक्षण माने जाते थे लेकिन आज ये तुरन्त प्रसिद्धि पाने के तरीक़े बन गए हैं।"

पुरानी पीढ़ी के लिए यह देखना काफ़ी निराशाजनक है कि संगीत प्रस्तुत करने की शैली में अब कोई विविधता नहीं रही। न केवल प्रस्तुति की मूल बुनावट एक सी हो गई है, बल्कि घरानों के बीच जो विशिष्ट अन्तर था, वह भी बहुत अस्पष्ट हो गया है। आज कोई भी कलाकार यह दावा नहीं कर सकता कि उसकी प्रस्तुति किसी ख़ास घराने की विशिष्ट शैली है। वह जो प्रस्तुत करता है उसे औपचारिक घरानों की विभिन्न विशिष्ट शैलियों का मिश्रण-भर कहा जा सकता है। इन दिनों रूमानी शैलियों के प्रति दर्शकों का स्पष्ट झुकाव देखा जा सकता है। आश्चर्य नहीं कि ठुमरी का अलंकरण लगभग हर प्रस्तुति में आम हो गया है और जिसका प्रभाव ख़याल की प्रस्तुति में भी अनुभव किया जा सकता है।

संगीत प्रदर्शनों में माइक्रोफ़ोन के प्रवेश ने रागों की प्रस्तुति की गुणवत्ता पर भी असर डाला है। छोटे कमरों में आयोजित संगीत कार्यक्रमों के विपरीत, बड़े सभागार और पंडाल में स्पष्ट श्रव्यता के लिए माइक्रोफ़ोन की आवश्यकता होती है। वर्तमान उच्च तकनीक के युग में संगीतकार केवल फुसफुसाता है और तकनीक उसे मनचाहा आयतन और गम्भीरता प्रदान कर देती है। इसलिए आवाज़ की प्रकृति में बदलाव आया है, ज़ोरदार के बदले नर्म होने पर ज़ोर दिया जाता है।

आधुनिक समय में रागों के बारे में यही कहा जा सकता है कि कुछ तो पुराने राग लुप्त हो गए, कुछ प्रकट हो गए हैं और कुछ नये रचे गए और यह कोई

अनोखी बात नहीं है। यह हमेशा युग की सामान्य मनोदशा के आधार पर घटित होता रहा है और जैसा कि फैयाज़ ख़ान कहते थे कि राग तो एक पाठ है जिसे संगीतकारों को व्याख्यायित करना होता है। तो अगर आज मलुहा, सारथ, सुखिया, मालगुंजी, गान्धारी, धवल श्री, जलधारा जैसे रागों के बारे में कोई नहीं जानता, तो यह केवल इसलिए क्योंकि हमारे युग को इसकी आवश्यकता नहीं रही और यदि कुछ नये राग (वे पुराने रागों के मिश्रण से ज़्यादा कुछ नहीं हैं) बनाए जा रहे हैं तो इसका अर्थ यही है कि ये हमारी युग संवेदना के अनुरूप हैं।

[आर्ट एंड कल्चर, न्यू ट्रेडीशन के जनवरी 1994 के अंक में प्रकाशित अंग्रेज़ी लेख का हिन्दी अनुवाद।]

स्वयं में अन्य की पहचान : चीन में डॉक्टर कोटनिस और भारत में चीनी फेरीवाला

यदि स्वयं के निर्माण के लिए अन्य का निर्माण पूर्वापेक्षित है, तो स्वयं में अन्य को कैसे देखा जाए, जो परिणामस्वरूप सच्चे मानवतावाद के अनुभव की ओर ले जा सकता है। आज स्वयं/अन्य की द्वयी (Binary) एक स्वीकृत श्रेणी प्रतीत होती है : आधुनिक व्यक्ति, यह पहचानकर कि वह कौन नहीं है, समझता है कि वह कौन है लेकिन क्या होता है जब कोई दूसरे से अपने को जोड़ता है, स्वयं को दूसरों में देखता है, या वह कुछ वैसा व्यवहार करता है जो आम तौर पर अपेक्षित नहीं होता जिससे उसका स्वयं अन्य में अवतरित होता जान पड़ता है। इस सन्दर्भ में डॉ. द्वारकानाथ कोटनिस (1910-1942) और चीनी फेरीवाला के वांग लू की सच्ची कहानी ध्यान देने योग्य है। चीन में कांग्रेस के चिकित्सा मिशन और द्वारकानाथ कोटनिस के सत्य-जीवन पर ख़्वाजा अहमद अब्बास (1914-1987) द्वारा लिखित रचना '...और वह वापस नहीं लौटा' (1944) और प्रख्यात हिन्दी कवयित्री और गांधीवादी युग की नारीवादी और शिक्षाविद महादेवी वर्मा (1907-87) द्वारा इलाहाबाद के एक चीनी फेरीवाले (1943) पर लिखा गया संस्मरण दृष्टव्य है। दोनों उदाहरणों के बारे में दिलचस्प बात यह है कि सच्ची कहानियाँ होने के अलावा इन दोनों पर फ़िल्में भी बनाई गई हैं। चीन-जापान युद्ध और भारतीय स्वतंत्रता संग्राम की पृष्ठभूमि में ये कृतियाँ इस तथ्य पर ज़ोर देती हैं कि जब तक हम दूसरों को अपने अन्दर नहीं देखते, तब तक हम एक सामंजस्यपूर्ण और फलप्रद जीवन नहीं जी पाएँगे, दूसरे शब्दों में, एक जीवन तभी सार्थक है यदि हम दूसरों को स्वयं में देखने की क़ाबिलियत पा सकें।

डॉ. द्वारकानाथ कोटनिस के जीवन के इतिहासकार ख़्वाजा अहमद अब्बास लिखते हैं, "आधुनिक युद्ध के घिनौने और भीषण रिकॉर्ड में, एकमात्र राहत देने वाली बात उन 'निरस्त्र योद्धाओं' का मानवीय कार्य है जो युद्ध-क्षेत्र के सभी ख़तरों को उठाते हैं; किसी को मारने के लिए नहीं, बल्कि उन्हें बचाने के लिए, किसी को ज़ख़्म देने के लिए नहीं बल्कि उनके घावों को भरने के लिए। दया की यह

डॉक्टर कोटनिस की अमर कहानी

नील आकाशेर नीचे

विरासत—डॉक्टर और नर्स और स्ट्रेचर उठाने वाले—शायद मानव-विकास के एकमात्र प्रमाण हैं जिन्हें पितृहन्ता वानरों से बेहतर माना जाएगा।"[1] श्रीमद्भागवत गीता में कृष्ण अर्जुन से कहते हैं :

अद्वेष्टा सर्वभूतानां मैत्रः करुण एत च।
निर्ममो निरहङ्कारः समदुःखसुखः क्षमी॥ 12.13[2]

अर्थात वह जो किसी भी प्राणी से घृणा नहीं करता है, जो सभी के लिए मित्रवत और करुणामय है, जो मोह और अहंकार से मुक्त है, सुख और दर्द में सन्तुलित है और सबों को क्षमा करने वाला है, वही मुझे प्रिय है। ऐसी स्थिति तभी प्राप्त की जा सकती है जब आप अन्य को स्वयं में शामिल करें।

डॉ. द्वारकानाथ कोटनिस का जन्म 10 अक्टूबर, 1910 को शोलापुर के एक मध्यमवर्गीय मराठी परिवार में हुआ था। उन्होंने सेठ जी. एस. मेडिकल कॉलेज, बॉम्बे से स्नातक किया था। 1938 में, चीन पर जापानी आक्रमण के बाद, कम्युनिस्ट जनरल झू डे ने जवाहरलाल नेहरू से अनुरोध किया था कि वे कुछ चिकित्सा पेशेवरों को चीन भेजें। सितम्बर 1938 में भारतीय चिकित्सा मिशन टीम के रूप में पाँच डॉक्टरों की मेडिकल टीम—इलाहाबाद से डॉ. एम. अटल, (मिशन के नेता), नागपुर से एम. चोलकर, कलकत्ता से बी.के. बसु और देबेश मुखर्जी तथा द्वारकानाथ कोटनिस को चीन भेजा गया। टीम सबसे पहले चीन के हनकोउ, वुहान के बन्दरगाह पर पहुँची। फिर उन्हें यूनान भेजा गया जो उस समय क्रान्तिकारियों का सबसे बड़ा केन्द्र था; वहाँ माओत्से तुंग, झू डे और कम्युनिस्ट पार्टी के अन्य शीर्ष नेताओं द्वारा उनका गर्मजोशी से स्वागत किया गया, क्योंकि वे अन्य किसी एशियाई देश से आने वाली पहली चिकित्सा टीम थी। डॉक्टर कोटनिस लगभग 5 साल तक चीन में रहे और घायल सैनिकों के इलाज के लिए सचल-क्लीनिक में काम करते रहे। 1939 में डॉ. कोटनिस वुताई पर्वतीय क्षेत्र के पास जिन-चा-जी

सीमा पर माओत्से तुंग के नेतृत्व में आठवीं रूट सेना में शामिल हुए। फायरिंग ज़ोन में एक डॉक्टर के रूप में उनकी नौकरी तनावपूर्ण थी, ख़ासकर जब हमेशा दवाओं की बड़ी कमी रहती हो। 1940 में जापानी सैनिकों के ख़िलाफ़ एक लम्बी लड़ाई के दौरान डॉ. कोटनिस बिना किसी आराम या नींद के लगातार 72 घंटे तक ऑपरेशन करते रहे। उन्होंने लड़ाई के दौरान 800 से अधिक घायल सैनिकों का इलाज किया। अन्ततः उन्हें कनाडा के प्रसिद्ध सर्जन नॉर्मन बेथ्यून के नाम पर निर्मित डॉ. बेथ्यून इंटरनेशनल पीस हॉस्पिटल के निदेशक के रूप में नियुक्त किया गया। 1940 में डॉ. कोटनिस की बेथ्यून अस्पताल में कार्यरत एक नर्स गुओ किंगलैन से मुलाक़ात हुई। वे पहली बार डॉ. नॉर्मन बेथ्यून की समाधि के उद्घाटन पर मिले और गुओ तुरन्त भारतीय डॉक्टर की ओर आकर्षित हो गईं। दिसम्बर 1941 में उनका विवाह हुआ। 23 अगस्त, 1942 को उनका एक बेटा हुआ, जिसका नाम एक प्रमुख चीनी कम्युनिस्ट सैन्य नेता नी रोंगज़ेन के सुझाव पर यिनहुआ रखा गया—जिसका अर्थ होता है; भारत (यिन) और चीन (हुआ)। एक युद्ध-क्षेत्र में चिकित्सक के रूप में तनावपूर्ण नौकरी की कठिनाइयों ने अन्ततः इन पर अपना असर डालना शुरू किया और वे गम्भीर रूप से बीमार हो गए। बेटे के जन्म के तीन महीने बाद उन्हें पहला मिर्गी का दौरा पड़ा। 9 दिसम्बर, 1942 को उनकी मृत्यु हो गई। डॉ. कोटनिस को नानक्वान गाँव के हीरोज कोर्टयार्ड में दफ़नाया गया। उस समय, माओत्से तुंग (1893-1976) ने यह कहते हुए उनकी मृत्यु पर शोक व्यक्त किया कि "सेना ने एक मददगार खो दिया है, राष्ट्र ने एक मित्र खो दिया है। आइए, हम हमेशा उनकी अन्तरराष्ट्रीयतावादी भावना को ध्यान में रखें।"

'एंड वन डिड नॉट कम बैक' के *वारियर्स विदाउट वेपन्स* अध्याय की शुरुआत में जॉन डन को उद्धृत किया गया है, "कोई भी व्यक्ति अपने-आप में एक द्वीप नहीं है; हर आदमी महाद्वीप का एक टुकड़ा है, मुख्य का एक अंश है; किसी भी मनुष्य की मृत्यु मुझे कम कर देती है, क्योंकि मैं मानव जाति में शामिल हूँ। और इसलिए यह जानने के लिए न भेजें कि घंटी किसके लिए बज रही है; यह तुम्हारे लिए बज रही है।" यहाँ जॉन डन मूल रूप से इस बारे में बात कर रहे हैं कि कैसे पूरी मानव जाति एक इकाई है और हम सभी एक-दूसरे के लिए कैसे ज़िम्मेदार हैं। अर्नेस्ट हेमिंग्वे ने स्पेनिश गृहयुद्ध पर आधारित अपने प्रसिद्ध उपन्यास का शीर्षक इसे बनाया था—*फ़ॉर हूम द बेल्स टोल*। इसका सीधा सा मतलब है कि हम सभी इनसान हैं और एक व्यक्ति को जो नुकसान होता है वह दूसरे सभी को प्रभावित करता है।

डॉ. कोटनिस के जीवन के बारे में जानने के लिए, गुओ किंगलैन का संस्मरण

'माय लाइफ़ विद कोटनिस' बहुत महत्त्वपूर्ण है। उन्होंने चीन में डॉ. कोटनिस से जुड़ी हर बात को बड़े विस्तार से याद किया है; उनके साथ पहली मुलाक़ात, उनका चिकित्सा प्रशिक्षण, उनके साथ उनकी शादी और उनके इकलौते बच्चे का जन्म और बाद में डॉ. कोटनिस और उनके बेटे का दुखद निधन। उन्होंने न केवल उनके व्यक्तिगत जीवन का विस्तृत विवरण दिया है, बल्कि युद्ध के उस अशान्त समय में जीवन की उन स्थितियों की सटीक जानकारी दी है, जब युद्ध के मोर्चे की कठिनाइयाँ और मानवता की सेवा करने का उत्साह—चीन और भारत के बीच शाश्वत मित्रता के लिए ईमानदारी से प्रयत्न—साथ-साथ चल रहा था।

ख़्वाजा अहमद अब्बास के शब्दों में गुओ "एक स्मार्ट, आकर्षक, हँसमुख लड़की थी, लगभग पाँच फ़ीट लम्बी और गोल चाँद जैसे चेहरे वाली, मोटा चश्मा पहने हुए, वह बेथ्यून मेडिकल स्कूल में नर्सिंग की शिक्षिका थी, जिसके कोटनिस प्रिंसिपल थे। कोटनिस के अधीन काम करते हुए, यह कल्पना करना मुश्किल नहीं है कि वह भारत के इस बहादुर युवक के प्रति कैसा महसूस करती थी, जिसने उसके देश की सेवा के लिए इतना बलिदान दिया था। धीरे-धीरे प्रशंसा प्यार में बदल गई और कोटनिस के लिए यह एक और कड़ी जुड़ गई जो उन्हें चीन की धरती से बाँध रही थी। किंगलैन, अधिकांश चीनी लड़कियों के विपरीत, शर्मीली नहीं थी। वह धाराप्रवाह अंग्रेज़ी बोल सकती थी और उन लोगों ने साथ-साथ भारत के बारे में, चीन के बारे में, दुनिया के बारे में और अपने बारे में अनेकों बातें और कई चर्चाएँ कीं!"[3] उन्होंने ख़ुद बाद में उन दिनों को इन शब्दों में याद किया, "21 जून, 1940 को महान अन्तरराष्ट्रीयतावादी सैनिक डॉ. बेथ्यून की समाधि का उद्घाटन समारोह हेबेई प्रान्त की तांग काउंटी में जंकनेग के दक्षिण में आयोजित किया गया था। स्वागत समारोह के दौरान, हमारे हेल्थ स्कूल के कर्मचारी ठीक सामने बैठे थे और हम कोटनिस को स्पष्ट रूप से देख सकते थे। वह मध्यम क़द के थे और उनके गेहुँए चेहरे पर चमकीली बड़ी-बड़ी आँखें थीं, जिसका दूसरों पर अविस्मरणीय प्रभाव पड़ता था। पता नहीं क्यों, कोटनिस के चीनी भाषा में दिये गए भाषण (जिसमें वे उतने प्रवीण नहीं थे) ने मेरे सहपाठियों और मुझे गहराई से आकर्षित किया। चीनी लोगों के प्रति उनकी सच्ची सहानुभूति और उनका युद्ध-विरोधी संकल्प इतना संक्रामक था कि हर कोई इससे संक्रमित हो गया था। मैं उनके भाषण से पूरी तरह मंत्रमुग्ध हो गई थी। शायद मैं इतने ध्यान से सुन रही थी कि उनका मुझ पर ध्यान गया। अप्रत्याशित रूप से वह मुझको देखकर मुस्कराए, मेरे दिल ने उसका कोमल स्पन्दन के साथ प्रत्युत्तर दिया। मैंने शरमाते हुए अपना सिर झुका लिया, कहीं ऐसा न हो कि वह युवा लड़की के इस रहस्य को जान लें।"[4]

"घर वापस लौटते हुए कोटनिस की छवि, लालित्य, उत्साह और विशेष रूप से वे बड़ी-बड़ी आँखें, मेरे दिलो-दिमाग़ में पूरी तरह से छा गई थीं। चलते हुए मैंने सोचा कि एक भारतीय युवा अपने देश में आराम से रहने के बजाय क्यों एक दूर देश की कठिनाइयों को सहन करने के लिए चीन की यात्रा करे?

"उन्होंने मुझे एक चुम्बक की तरह आकर्षित किया, हम अक्सर साथ-साथ काम करते थे, गाते थे, व्यायाम करते थे और चूँकि मेरी अंग्रेज़ी अच्छी थी, हम अक्सर गप्पें लड़ाने के लिए अंग्रेज़ी का इस्तेमाल करते थे। हम एक-दूसरे को पसन्द करते थे और बहुत अच्छे दोस्त बन गए थे।"[5]

गुओ किंगलैन अपने बेटे यिनहुआ को याद करते हुए भी पति को याद करती हैं, "वह बहुत सुन्दर लड़का था। उसने पिता की बड़ी-बड़ी आँखें पाई थीं और मेरी गोरी त्वचा। ऐसा लगता है कि समय घिसटता जा रहा है, फूल खिलते हैं और मुरझा जाते हैं। समय बहते पानी की तरह है, धीरे-धीरे और तेज़ी से यह गुज़रता है, अगर मैं इसके बारे में सोचती हूँ तो लगता है कि नब्बे साल बीत चुके हैं। इन नब्बे वर्षों के 32,000 दिन और रात इस विशाल ब्रह्मांड में पलकों का बस एक झपकना है, हालाँकि, मेरे जैसी एक बूढ़ी औरत के लिए जो जीवन की कठिनाइयों और निराशाओं को झेल चुकी है, जीवन की यात्रा वास्तव में बहुत लम्बी और अन्तहीन जान पड़ती है। मेरी स्मृतियों के प्रसंग मेरी आँखों के सामने सर्दियों के बर्फ के टुकड़ों की तरह नाचते और फड़फड़ाते हैं और बीती बातों के दृश्य ऐसे लगते हैं मानो वे कल की बातें हों..."[6]

डॉ. कोटनिस पर वी. शान्ताराम द्वारा निर्देशित और अभिनीत बायोपिक फ़िल्म—अंग्रेज़ी में 'द इटरनल टेल ऑफ़ डॉक्टर कोटनिस' और हिन्दी में 'डॉक्टर कोटनिस की अमर कहानी' में नायक को एक ऐसे व्यक्ति के रूप में चित्रित किया गया है जो इस दुनिया में जहाँ कहीं भी मानवतावाद पीड़ित है उसकी सेवा करना अपने देश की सेवा करना मानता है। जापानी हमले के बाद चीनी घायल सेनाओं की सेवा करते हुए वह स्वयं में अन्य को महसूस करता है, वह एक जगह कहता है, "बेशक, मैं मर सकता हूँ या विकलांग हो सकता हूँ। हालाँकि, अगर मैं फासीवादियों के लोहे के पंजे से लोगों को मुक्त करते हुए मर जाऊँ, तो भारतीय लोग ख़ुश होंगे। मैं, तुम—गुओ किंगलैन—और हमारा अजन्मा बच्चा सभी ख़ुश होंगे, क्योंकि यह मानवता के गौरवशाली उद्देश्य के लिए अपने जीवन को उत्सर्ग करना होगा।"[7]

कोटनिस का जीवन वास्तव में दुनिया में सद्भाव और शान्ति के लिए समर्पित जीवन था जिसे फ़िल्म में स्पष्ट और प्रत्यक्ष ढंग से रखा गया था। इस फ़िल्म के निर्देशक और नायक के रूप में वी. शान्ताराम को अपने देशवासियों की युद्ध-

विरोधी भावनाओं और मानवतावाद के विचारों को स्पष्ट रूप से सामने रखने में काफ़ी सफलता प्राप्त हुई। यहाँ अन्तरराष्ट्रीयतावाद को राष्ट्रवाद के स्वाभाविक परिणाम के रूप में चित्रित किया गया था निजी क्षेत्र को सार्वजनिक क्षेत्र की सीमा तक ले जाया गया था। फ़िल्म भावनात्मक वातावरण बनाने में सफल हुई थी जहाँ आदर्शवाद रूखा-सूखा न होकर जीवन जीने के एक ढंग के रूप में प्रकट हुआ था जो हमारे जीवन को एक अर्थ दे सकता है। यह विडम्बना ही कही जाएगी कि वी. शान्ताराम की इस फ़िल्म को 1950 के दशक में फिर से सम्पादित कर विशिष्ट अमेरिकी शोषण फ़िल्म—'नाइटमेयर इन रेड चाइना'—के रूप में प्रस्तुत किया गया, जिसमें चीन को जापानियों द्वारा नहीं बल्कि कम्युनिस्टों द्वारा परास्त होता दिखाया गया है और जहाँ चीनी राष्ट्रवादी गुरिल्लाओं से लड़ रहे थे।"[8] यह जानना दिलचस्प है कि फ़िल्म और टेलीविज़न के लिए प्रख्यात अमेरिकी रिव्यू एग्रीगेशन वेबसाइट रॉटेन टोमाटोज़ इस फ़िल्म के बारे में बताती है, "शीतयुद्ध के चरम दिनों में बनाई गई यह भारतीय फ़िल्म साम्यवाद के ख़तरों को नाटकीय अन्दाज़ में प्रस्तुत करती है और अगर साम्यवाद कभी पश्चिम में क़ायम हुआ तो उसे भविष्य में क्या सामना करना पड़ेगा। एक भारतीय डॉक्टर कम्युनिस्ट-विरोधी छापामारों के एक दस्ते की सहायता के लिए चीन की यात्रा करता है, जहाँ रहते हुए वह देखता है कि कम्युनिस्ट डॉक्टर नागरिकों पर कीटाणु-युद्ध प्रयोग कर रहे हैं, कम्युनिस्ट सैनिक नन के साथ बलात्कार करते हैं और पुजारियों को संगीन के हवाले।"[9] यह दुर्विनियोग का एक ज्वलन्त उदाहरण है जहाँ एक महान मानवतावादी मिशन को शीतयुद्ध का जघन्य विचारधारात्मक युद्ध जीतने के एक वाहन के रूप में बदल दिया गया था। यह कृत्य डॉ. कोटनिस और उनके दल के मूल्यों के सर्वथा विपरीत था—उनकी समझ में अन्य नरक है (अदर इज़ हेल), अस्तित्ववाद के सार्त्रवादी अर्थ में नहीं बल्कि शब्दशः।

डॉ. कोटनिस के विपरीत, चीनी फेरीवाला का वांग लू किसी देश का हाई प्रोफ़ाइल राजकीय अतिथि नहीं है, बल्कि एक साधारण हॉकर है जो एक विदेशी भूमि पर अपने अस्तित्व के लिए संघर्ष कर रहा है। लेकिन वह सहज रूप से ख़ुद को एक विदेशी के रूप में नहीं देखता है और जो भी उसे विदेशी मानता है, उसे वह फटकार लगाता है। वह अपनी नाक की सपाटता, अपनी त्वचा के रंग को अंग्रेज़ों से अलग चिह्नित करने पर ज़ोर देता है और कहता है, "मैं विदेशी नहीं हूँ...कोई अंग्रेज़ नहीं...मैं एक चाइनामैन हूँ।" वह हमें डॉ. कोटनिस द्वारा व्यक्त की गई भावनाओं की याद दिलाता है जिन्होंने कथित तौर पर चीन में घोषणा की थी कि "मुझे एक विदेशी के रूप में नहीं देखा जा सकता है!"[10]

मनुष्य स्वाभाविक रूप से सामाजिक प्राणी है और अन्य व्यक्तियों के साथ

सम्बन्ध स्थापित करने की कोशिश करना असामान्य नहीं है। मानवीय सम्बन्धों की विभिन्न अवधारणाएँ प्रस्तावित की गई हैं। सामाजिक मनोवैज्ञानिकों ने संज्ञानात्मक दृष्टिकोण का परिचय देते हुए यह स्थापित करने की कोशिश की कि कुछ हद तक अन्य स्वयं में शामिल होते हैं, जिससे अन्य के साथ परस्परव्यापी संज्ञानात्मक संरचनाओं का निर्माण होता है और आत्म-प्रकटीकरण को स्वयं में अन्य को शामिल कर लिये जाने के चिह्न के रूप में मान लिये जाने का तर्क दिया जाता है।[11] महादेवी वर्मा के संस्मरण के मूल में चीनी फेरीवाले का आत्म-प्रकटीकरण ही है कि उन्हें वह सब कुछ बताता है—उसकी माँ की मृत्यु, पिता की दूसरी शादी और फिर उनकी मृत्यु, उसकी सौतेली माँ की क्रूरता, उसकी बड़ी बहन को वेश्यावृत्ति के लिए मजबूर किया जाना और फिर उस बहन का अचानक ग़ायब हो जाना, और फिर अंडरवर्ल्ड में अस्तित्व के लिए उसका लम्बा संघर्ष और अन्त में जीवन में उसकी दो पोषित इच्छाएँ, पहली एक ईमानदार व्यक्ति बनने की और दूसरी अपनी वर्षों पहले खोई हुई बहन को खोजने की। यह एक दृष्टान्त जैसा जीवन है और महादेवी वर्मा टिप्पणी करती हैं कि पहली इच्छा पूरी करना पूरी तरह से उस पर ही निर्भर करता है लेकिन दूसरी इच्छा के लिए वह प्रतिदिन गौतम बुद्ध से प्रार्थना करता है।

चीनी फेरीवाला पर आधारित मृणाल सेन की फ़िल्म 'नील आकाशेर नीचे' में संस्मरण के नायक के आत्म-प्रकटीकरण को फ़िल्म-कथा की फ़्लैशबैक स्मृतियों में बदल दिया गया है जिससे उन 'परस्परव्यापी संज्ञानात्मक संरचनाओं' के निर्मित होने की सम्भावना ही ख़त्म हो गई जिस पर कथाकार और श्रोता के बीच मानवीय बन्धन को उतनी मज़बूती से और व्यवस्थित रूप से विकसित किया गया था। सम्भवत: यह फ़िल्म का उद्‌देश्य था ही नहीं, जैसा कि मृणाल सेन की आधिकारिक वेबसाइट पर इस फ़िल्म का परिचय इन शब्दों में दिया गया है : तीस के अशान्त दशक की पृष्ठभूमि में यह एक ग़रीब चीनी हॉकर की कहानी है, जो कलकत्ता की गलियों में चीनी रेशम के बने कपड़े बेचता है। यह वह समय था जब चीनी सेना, सैन्यवादी जापान के क्रूर हमले का प्रतिकार कर रही थी। यह वह समय था जब क्रोधित रवीन्द्रनाथ टैगोर ने जापान में अपने मित्र, महान कवि नोगुची को लिखा था, "मैं आपके देशवासियों को, जिनसे मैं बहुत प्यार करता हूँ, शुभकामना भेजता हूँ, सफलता के लिए नहीं बल्कि पश्चात्ताप के लिए।"[12] संस्मरण के विपरीत फ़िल्म में राजनीतिक रंग बहुत गहरे हैं और यहाँ संज्ञानात्मक प्रपत्तियों के लिए शायद गुंजाइश नहीं थी।

अन्त में यह कहा जा सकता है कि डॉ. कोटनिस और वांग लू ने मनुष्यों के बीच अन्तर्निहित समानता और अन्य को स्वयं में शामिल कर पाने की उनकी

क्षमता के कारण एक विदेशी भूमि में ख़ुद को कभी विदेशी नहीं माना और ठीक उनके समानान्तर मुख्य रूप से गुओ किंगलैन और महादेवी वर्मा ने क्रमशः एक पत्नी और एक मुँहबोली बहन के रूप में शुद्ध मानवीय भावनाओं और करुणा के आधार पर उनके साथ 'परस्परव्यापी संज्ञानात्मक संरचनाओं' का एक स्थायी सम्बन्ध विकसित कर लिया था जिसके लिए शायद भाषा की भी उतनी अहम भूमिका नहीं होती। चीनी फेरीवाले के बारे में महादेवी कहती हैं, "अपनी कथा सुनाने के लिए वह विशेष उत्सुक रहा करता था, पर कहने-सुनने वाले के बीच की खाई बहुत गहरी थी। उसे चीनी और बर्मी भाषाएँ आती थीं जिनके सम्बन्ध में अपनी सारी विद्या-बुद्धि के साथ मैं 'आँखों के अन्धे नाम नैनसुख' की कहावत चरितार्थ करती थी। अंग्रेज़ी की क्रियाहीन संज्ञाएँ और हिन्दुस्तानी की संज्ञाहीन क्रियाओं के सम्मिश्रण से जो विचित्र भाषा बनती थी, उसमें कथा का सारा मर्म बँध नहीं पाता था; पर जो कथाएँ हृदय का बाँध तोड़कर दूसरों को अपना परिचय देने के लिए बह निकलती हैं, वे प्रायः करुण होती हैं और करुणा की भाषा शब्दहीन रहकर भी बोलने में समर्थ है।"[13] शब्दहीन करुणा की भाषा के सहारे ही हम शायद स्वयं में अन्य की पहचान या अन्य में स्वयं की पहचान करते हैं या कर सकते हैं।

[झेजियांग यूनिवर्सिटी ऑफ़ फ़ॉरेन लैंग्वेजेज़, शाओसियांग, चीन में 25 अक्टूबर, 2019 को 'अदर इन सेल्फ़ : एन इंडियन डॉक्टर इन चाइना एंड ए चाइनीज़ हॉकर इन इंडिया' शीर्षक से अंग्रेज़ी में दिये गए बीज भाषण का हिन्दी रूपान्तरण।]

सन्दर्भ

1. ख़्वाजा अहमद अब्बास, एंड वन डिडंट कम बैक, साउंड मैगज़ीन, 1944, पृ. 13
2. जयदयाल गोयंदका, (सं.) श्रीमद्भागवतगीता, गीता प्रेस, गोरखपुर, पंचम संस्करण 1992, पृ. 181
3. बी.आर. दीपक (अनुवाद और सम्पादन), *माय लाइफ़ विद कोटनिस,* मानक पब्लिकेशन, दिल्ली, फ़र्स्ट एडीशन, 2006, पृ. 122-123
4. वही, पृ. 56-58
5. वही।
6. वही, पृ. ।
7. वही, पृ. 354
8. देखें, नीपा मजूमदार, इम्मोर्टल टेल ओर नाइटमेयर? डॉक्टर कोटनिस बिटवीन आर्ट एंड एक्सप्लॉइटेशन, *जर्नल ऑफ़ साउथ एशियन पॉपुलर कल्चर,* वॉल्यूम 6, 2008, इशू 2, पृ. 141-159

9. https://www.rottentomatoes.com/m/nightmare_in_red_china
10. *माय लाइफ़ विद कोटनिस*, वही, पृ. 354 पर उद्धृत।
11. ए. एरन, ई.एन. एरन एंड डी. स्मोलन, इन्क्लुजन ऑफ़ अदर इन द सेल्फ़ स्केल एंड द स्ट्रक्चर ऑफ़ इंटरपर्सनल क्लोज़नेस, *जर्नल ऑफ़ पर्सनालिटी एंड सोशल साइकोलॉजी*, 63(4), पृ. 596 -612
12. http://mrinalsen.org/neel_akasherr_niche.html
13. महादेवी वर्मा, *स्मृति की रेखाएँ*, लोकभारती प्रकाशन, इलाहाबाद, प्रथम सजिल्द संस्करण 2008, पृ. 22

चित्रांगदा और ऋतुपर्ण घोष

कभी-कभी अभिनय के माध्यम से स्वयं की खोज की जाती है और चूँकि स्वयं एकवचन नहीं होता और इसकी प्रकृति मूलतः विषम और तरल होती है, इसलिए ऐसे अभिनय को बहुस्तरीय, लाक्षणिक और स्व-प्रकाशित होना होता है। अभिनय, जैसा कि हम सभी जानते हैं, दुनिया के सामने स्वयं को स्व-चेतन होते हुए प्रस्तुत करने का नाम है। भारतीय फ़िल्म निर्देशक ऋतुपर्ण घोष (1963-2013), भारत में एल.जी.बी.टी. समुदाय के एक प्रतीक-पुरुष हैं, जिन्होंने कई भूमिकाएँ निभाईं—फ़िल्मों और टी.वी. धारावाहिकों के निर्देशन के अलावा पटकथा लेखन, विज्ञापन और गीत लेखन, फ़िल्मों में अभिनय (जैसे 'आर एकटी प्रेमेर गल्पो', 'मेमोरीज़ इन मार्च' और 'चित्रांगदा' में), पत्रिकाओं का सम्पादन ('आनन्दलोक', 'संवाद प्रतिदिन'), टी.वी. कार्यक्रमों के प्रस्तोता ('इबोंग रितुपर्णो' और 'घोष एंड कम्पनी') साहित्यिक,

लैंगिक और सांस्कृतिक मुद्दों के टिप्पणीकार; सेट, आभूषण और फ़ैशन शो के डिज़ाइनकर्ता—इन सब भूमिकाओं के अलावा रैंप पर चलना, सार्वजनिक मुद्दों पर भाषण देने जैसे कामों को भी उन्होंने बख़ूबी अंजाम दिया। वे वास्तव में एक सर्वतोन्मुखी कलाकार थे, जिन्होंने विभिन्न प्रकार के अभिनय के माध्यम से स्वयं का निरन्तर आत्मान्वेषण किया, जैसा कि फ़िल्म निर्माता अपर्णा सेन ने कहा है, "ऐसा जान पड़ता है मानो वह अपनी प्रयोगशाला में ख़ुद को—स्वयं का नाम चुनने से लेकर एक दुर्जेय फ़िल्मकार बनने तक, जिसने अपनी परा-यौनिकता (ट्रांस-सेक्सुअलिटी) को निडरता के साथ प्रदर्शित किया—अथ से आरम्भ कर रच रहे थे।"[1]

ऋतुपर्ण घोष का जन्म 31 अगस्त, 1963 को कोलकाता में एक बंगाली हिन्दू परिवार में हुआ था। उनके पिता सुनील घोष एक वृत्तचित्र फ़िल्म निर्माता और चित्रकार थे और उनकी माँ भी एक कलाकार थीं। उन्होंने साउथ पॉइंट हाई स्कूल में अपनी स्कूली शिक्षा पूरी की, और जादवपुर विश्वविद्यालय, कोलकाता से अर्थशास्त्र में स्नातक डिग्री हासिल की। उन्होंने कोलकाता में राम रे की विज्ञापन एजेंसी 'रिस्पांस' में कॉपीराइटर के रूप में अपना करियर शुरू किया। 1990 में अपनी पहली डॉक्यूमेंट्री फ़िल्म 'वन्दे मातरम्' और 1992 में पहली फीचर फ़िल्म 'हिरेर अंगटी' बनाई और फिर अपने जीवन के बीस सालों में उन्होंने बीस फीचर फ़िल्मों का निर्माण किया[2], जिनमें 'चित्रांगदा' न सिर्फ़ उनकी सर्वाधिक चर्चित और विलक्षण फ़िल्म है बल्कि उनके व्यक्तित्व की सर्वाधिक अभिव्यंजक और लाक्षणिक अभिव्यक्ति भी है।

फ़िल्म 'चित्रांगदा' (2012) कास्टिंग से पहले एक कैप्शन के साथ शुरू होती है :

महाभारत चित्रांगदा को एक सुन्दर राजकुमारी के रूप में वर्णित करता है जिसके साथ अर्जुन का विवाह हुआ था।

टैगोर की चित्रांगदा अपनी लैंगिक पहचान की खोज में एक वीरांगना है।

टैगोर की कृति से मेरी यह अत्यन्त व्यक्तिगत व्याख्या निःसृत होती है...

चित्रांगदा महाभारत का एक चरित्र है जिसे रवीन्द्रनाथ ठाकुर (1861-1941) ने एक नृत्य-नाटक 'चित्रा' (1913) में प्रस्तुत किया था। महाभारत में चित्रांगदा एक मणिपुरी राजकुमारी है, जिसे अर्जुन से प्यार हो जाता है और बाद में उसकी शादी हो जाती है और उससे एक बेटा पैदा होता है, लेकिन रवीन्द्रनाथ ने उसे एक ऐसी वीरांगना के रूप में प्रस्तुत किया, जो अपनी लैंगिक पहचान की खोज में भटक रही है। रवीन्द्रनाथ के नृत्य-नाटक का पहला दृश्य मदन और चित्रांगदा के बीच संवाद के साथ शुरू होता है, जहाँ अर्जुन से मिलने के बाद वह कामदेव से आग्रह करती है कि वह उसे सिर्फ़ एक दिन के लिए आकर्षक रूपवती सुन्दरी बना दें, जिससे अर्जुन उसके प्रेम को अस्वीकार न कर सकें। वह कहती है :

चित्रांगदा : मेरा नाम चित्रांगदा है। मणिपुर की राजकुमारी हूँ। उमापति महादेव का यह वरदान था कि मेरे पितृ में कभी कन्या न उत्पन्न होगी। मेरे पूर्वजों के तप से सन्तुष्ट होकर शंकर ने यह वर दिया था परन्तु मैंने उसी महा वर को व्यर्थ कर डाला। अमोघ देववाक्य मेरी माता के गर्भ में प्रवेश करके शैव तेज़ के प्रभाव से भी मुझे पुरुष न कर सका, मैं ऐसी कठोर नारी हूँ।

मदन : हाँ, यह तो सुना है। इसीलिए तेरे पिता ने तेरा पुत्र के समान पालन किया है। धनुर्विद्या और राजनीति में पारंगत किया है।

चित्रांगदा : इसी से मैं पुरुष-वेश में रहती हूँ, युवराज की भाँति राजकाज करती हूँ, मनमानी सैर करती फिरती हूँ, लज्जा और भय किसे कहते हैं सो नहीं जानती, अन्त:पुर का रहना नहीं जानती। "...हे भुवन विजयी देव, हे परम सुन्दर ऋतुराज, बिना अपराध विधाता के दिये हुए अभिशाप को केवल एक दिन के लिए मिटा दो, इस नारी के कुरूप को हटा दो, मुझे परम सौन्दर्य की छटा दो। मुझे एक दिन के लिए परम सुन्दरी बना दो..."[3]

लेकिन अर्जुन का प्रेम पाकर शीघ्र ही उसे उधार ली गई सुन्दरता और उससे बनी पहचान की व्यर्थता और झूठ का एहसास होता है, वह अर्जुन से कहती है :

हे कौन्तेय! यदि मैं इस लालित्य को इस कोमल भीरूपन को और स्पर्श से भी कुम्हलाने वाले शिरीष पुष्प से भी सुकुमार इस रूप को पराये वस्त्रों के सामान छिन्न-भिन्न कर घृणा के साथ पैरों में फेंक दूँ तो क्या आप इस हानि को सहन कर सकोगे? कामिनी की कपट-कला और जादू-भरे मायाजाल को दूरकर यदि लचीली लता की तरह संकोच से न लच जाऊँ और पर्वत के तेजस्वी तरुण तरु के समान आनन्द वायु से लहराती हुई सीधी और समुन्नत होकर खड़ी हो जाऊँ तो क्या पुरुष की निगाह में अच्छी जचूँगी?[4]

यह रवीन्द्रनाथ की चित्रांगदा की यौनिकता और उसकी लैंगिक भूमिका के बीच तनाव और संघर्ष ही था जिसने ऋतुपर्ण घोष को उनके स्वयं के 'जीवित अनुभवों' और *असामान्य* (Queer) स्थिति[5] के सन्दर्भ में इसे फिर से व्याख्यायित करने के लिए प्रेरित किया।

ऋतुपर्ण की फ़िल्म 'चित्रांगदा' की शुरुआत नायक रुद्र चटर्जी और उनके सलाहकार शुभो के बीच एक बातचीत से होती है। नायक रुद्र चटर्जी एक समलैंगिक

कोरियोग्राफ़र हैं, जो अपनी सेक्स रिअसाइनमेंट सर्जरी के लिए अस्पताल के बिस्तर पर पड़े हुए हैं और उनके सलाहकार शुभो, जैसा कि हम फ़िल्म के अन्त में जानेंगे कि उसका अस्तित्व 'वास्तविकता' में है ही नहीं, उसे रुद्र के अवचेतन की आवाज़ के रूप में देखा जा सकता है और पूरी बातचीत फ्रायडवादी अर्थ में "घटनानुभवशास्त्रीय रूप से विच्छिन्न (फिनोमेनोलॉजिकली डिसकंटीन्युयस)"[6] है।

रुद्र इस कठिन सर्जरी के लिए एक सलाहकार को नियुक्त करने की अपनी प्रारम्भिक अनिच्छा के बाद सहमत हुआ था। बातचीत तभी शुरू होती है जब सलाहकार (काउंसलर) उसे आश्वासन देता है कि उसके साथ वह जब भी और जो भी बोलना चाहे—चाहे उसकी कविताएँ हों या किसी भी प्रकार का लेखन—वह सुनाने के लिए पूरी तरह स्वतंत्र है। रुद्र जो पहला अंश सलाहकार को सुनाता है, वह है :

> उत्तराधिकारी होने के लिए पिता का नाम और परिवार के गौरव को आगे बढ़ाना होता है सो प्रशिक्षण शुरू हुआ। बच्चे को या तो लड़की या तो लड़का होना होता है—वे इसे पूछने की ज़रूरत भी नहीं समझते, न वे जानना ही चाहते हैं...बच्चों के सपने अपने माता-पिता की अपेक्षाओं से परे होते हैं और वे टूटते तारों और झड़ती पलकों को देखकर कामना करते हैं। कभी-कभी इच्छाएँ पूरी हो जाती हैं और अप्रत्याशित रूप से जीवन में घटित भी हो जाती हैं जो रोज़मर्रा की ज़िन्दगी को उलट-पलट देती हैं।
>
> सलाहकार : क्या यह शो शुरू होने से पहले एक परिचय, एक प्रस्तावना है?
>
> रुद्र : हाँ मुझे ऐसा लगता है।
>
> सलाहकार : क्या वे इसे रवीन्द्रनाथ के ओपेरा 'चित्रांगदा' से जोड़ेंगे?
>
> रुद्र : क्या मुझे कहानी शुरू में ही बता देनी चाहिए? वे तो इसे जानेंगे ही, है न?
>
> सलाहकार : क्या यह बहुत आत्मकथात्मक नहीं है? या आप यही चाहते थे?
>
> रुद्र : तुम ऐसा इसलिए कह रहे हो क्योंकि तुम मुझे जानते हो। ठीक है, अगर मैं कभी आत्मकथा लिखता हूँ तो मैं इसे तुम्हें समर्पित करूँगा—'शुभो, मेरे परामर्शदाता' को। ठीक है।

इस बातचीत में दो बातें ध्यान देने योग्य हैं—पहली, फ़िल्म 'चित्रांगदा'

आत्मकथात्मक है और दूसरी यदि किसी की यौनिकता और लैंगिक भूमिका उसके प्रशिक्षण/समाजीकरण के ख़िलाफ़ जाती है तो परिणामस्वरूप सभी कुछ उलट-पलट जाता है।

रुद्र रवीन्द्रनाथ की 'चित्रांगदा' पर शुभो के साथ चर्चा करता है ताकि अपने आगामी प्रोडक्शन में चित्रांगदा के वास्तविक चरित्र-चित्रण के लिए चरित्र को समझा जा सके, लेकिन ऐसा लगता है मानो वह ख़ुद को और अधिक बारीकी से और अधिक गहराई से समझने के लिए ऐसा कर रहा हो। एक स्थान पर वह अपनी प्रस्तुति चित्रांगदा के बारे में शुभो को कहता है, "इसमें चमक है, तड़क-भड़क है, लेकिन मुझे नहीं पता कि इसमें चित्रांगदा की आत्मा भी है या नहीं, मैं अब भी उसे अच्छी तरह नहीं जानता...एक राजकुमारी जिसका पालन-पोषण पिता के द्वारा लड़के की तरह हुआ; स्त्री बनना चाहती है और वह बन भी जाती है लेकिन क्या उसके पिता उसकी इस नई पहचान को स्वीकार कर पाते हैं?"

फ़िल्म के एक दृश्य में, चित्रांगदा के मंचन के लिए पूर्वाभ्यास करते हुए रुद्र अपने कलाकारों और फ़िल्म के अन्य सदस्यों के बीच व्याख्या करते हैं, "चित्रांगदा इच्छा की कहानी है (इच्छेर गल्पो)...उसके पिता की इच्छाएँ बनाम उसकी अपनी इच्छाएँ...चित्रांगदा कामना की कहानी है...कि आप अपना लिंग (जेंडर) चुन सकते हैं।"

जीवन में ऋतुपर्ण घोष बार-बार ज़ोर देकर कहते थे कि, "हमें अक्सर वैसी लिंग-भूमिकाएँ निभानी पड़ती हैं जो हम नहीं चाहते हैं।"[7] यहाँ लैंगिक समस्या की 'निर्वहणात्मकता' (Performityvity) का सवाल उठता है। जैसा कि जूडिथ बटलर ने कहा है कि लिंग की अभिव्यक्ति के पीछे कोई लैंगिक पहचान नहीं होती; वह पहचान निर्वहणात्मकता के सहारे उन्हीं अभिव्यक्तियों के द्वारा निर्मित होती है जिसे उसका परिणाम घोषित कर दिया जाता है।[8] फ़िल्म में कोरियोग्राफ़र रुद्र चटर्जी लिंग की अनिवार्य 'निर्वहणात्मकता' का एहसास करते हैं : उनके लिए भी परिवार की अवधारणा अनिवार्यत: एक घर, एक पति, एक पत्नी और एक बच्चे के साथ जुड़ती है। जूडिथ बटलर लिखती हैं, "देरिदा ने जिस तरह काफ़्का के 'बिफ़ोर द लॉ' को पढ़ा है, मैंने इससे संकेत ग्रहण करते हुए लिंग की निर्वहणात्मकता को पढ़ने का प्रयास किया। वह जो क़ानून की प्रतीक्षा करता है, क़ानून के दरवाज़े के सामने बैठता है, वह जिस क़ानून के लिए प्रतीक्षा करता है, उसे एक निश्चित शक्ति होने का श्रेय भी देता है। आधिकारिक अन्तिम अर्थ की प्रत्याशा वह साधन है जिसके द्वारा कोई सत्ता स्थापित होती है : प्रत्याशा अपने ही फलागम का आह्वान है।"[9] आम तौर पर यह माना जाता है कि यौनिकता और लिंग दो अलग-अलग श्रेणियाँ हैं। यौनिकता शरीर की शारीरिक रचना और

शारीरिक कार्यकलापों का प्रतिनिधित्व करती है जबकि लिंग सामाजिक शक्तियों को दर्शाता है, जो मनुष्य-व्यवहार को गढ़ते हैं लेकिन यह भी तर्क दिया जाता है कि हमारा शरीर यौन अन्तर के बारे में स्पष्ट उत्तर देने के लिए बहुत जटिल है। जितना अधिक हम 'सेक्स' के लिए एक साधारण भौतिक आधार की तलाश करते हैं, उतना ही यह स्पष्ट होता जाता है कि 'सेक्स' एक शुद्ध भौतिक श्रेणी नहीं है। पुरुष या महिला के रूप में हम जिन शारीरिक संकेतों और कार्यों को परिभाषित करते हैं, वे पहले से ही लिंग के बारे में हमारे विचारों में उलझे हुए होते हैं। अगर हम अन्तरराष्ट्रीय ओलंपिक समिति के सामने आने वाली समस्या पर विचार करें, जो स्पष्ट रूप से यह तय करना चाहते हैं कि खिलाड़ियों में कौन पुरुष है और कौन महिला; तो क्या वे मांसपेशियों की ताक़त के सहारे सेक्स तय करें? कुछ मामलों में यह सही हो सकता है लेकिन पुरुषों और महिलाओं की ताक़त, विशेष रूप से उच्च प्रशिक्षित खिलाड़ियों के मामले में स्पष्ट विभाजनकारी नहीं होती। याद रखें कि तीन महिलाओं ने पुरुष हेनरिख रात्येन (1918-2008) को ऊँची कूद की प्रतिद्वंद्विता में हराया था और मार्टिनेस पाटिन्यो (1961—) यद्यपि दिखने और ताक़त के मामले में स्त्रीत्व की सामान्य परिभाषा के अनुरूप बैठती थी लेकिन उसकी देह में अंडकोष और वाई गुणसूत्र मौजूद थे। लेकिन क्या ये निर्णायक कारक होने चाहिए? आई.ओ.सी. एक प्रतियोगी के लिंग का पता लगाने के लिए गुणसूत्र या डी.एन.ए. परीक्षण या स्तनों और जननांगों के निरीक्षण का उपयोग कर सकता है लेकिन डॉक्टरों को एक बच्चे का लिंग निश्चित करने के बारे में विभिन्न मानदंडों के कारण अनिश्चितता का सामना करना पड़ता है। वे मुख्य रूप से प्रजनन क्षमता (एक सम्भावित लड़की के मामले में) या लिंग के आकार (एक सम्भावित लड़के के मामले में) पर ध्यान केन्द्रित करते हैं। यदि एक बच्चा दो एक्स गुणसूत्रों, डिंबवाहिनी, अंडाशय और अन्दर की तरफ़ एक गर्भाशय लेकिन बाहर एक लिंग और अंडकोश के साथ पैदा होता है तो उसे क्या माना जाय कि बच्चा लड़का है या लड़की? अधिकांश डॉक्टर स्पष्ट लिंग के बावजूद ऐसे समय बच्चे को जन्म देने की क्षमता के आधार पर लड़की घोषित करते हैं और अपने निर्णय के लिए सर्जरी और हार्मोन का उपयोग करते हैं। लिंग-निर्धारण के लिए मानदंडों के चुनने के मामले सामाजिक निर्णय हैं जिनके लिए वैज्ञानिक कोई निरपेक्ष दिशा-निर्देश नहीं दे सकते।[10] रुद्र सेक्स रिअसाइनमेंट सर्जरी का फ़ैसला करता है क्योंकि उसका प्रेमी पार्थ (अर्जुन का दूसरा नाम) बच्चों को बेतरह चाहता है और भारत में समान लिंगी माता-पिता बच्चे गोद नहीं ले सकते हैं, लेकिन यह सवाल अनुत्तरित रह जाता है कि उसकी यौन पहचान उसके लिंग को कैसे बदलने जा रही है, ख़ासकर जब वह ख़ुद अपने प्रेमी के

सामने यह घोषित करता है कि "सौभाग्य से मेरी कला लिंग से बँधी नहीं है। मेरा नृत्य मेरे लिंग से सीमित नहीं है और न ही मेरी पहचान।"

वह अपनी कला और पहचान को लिंग-मुक्त या उभयलिंगी मानता था। रवीन्द्रनाथ ठाकुर के प्रति उसके आकर्षण का एक प्रमुख कारण उनके लेखन का उभयलिंगी गुण था। अपने एक साक्षात्कार में वह कहता है, "मेरे बारे में हमेशा से बहुत सी अटकलें लगाई जाती रही हैं कि मैं स्त्रीत्व प्राप्त करने के क़रीब पहुँच रहा हूँ...या मैं सेक्स परिवर्तन के लिए जा रहा हूँ या स्तन वृद्धि के लिए जा रहा हूँ। तमाम तरह की अटकलें। लेकिन मैं कभी शर्मिन्दा नहीं हुआ। अगर मैं अपना लिंग बदलकर अपनी पहचान बदलना चाहता हूँ, तो मैं दुनिया को अपनी नई पहचान के बारे में बताने वाला पहला व्यक्ति बनूँगा। अपने लिंग की तरलता के कारण मैं ख़ुद को विशेषाधिकार प्राप्त मानता हूँ, इस तथ्य के कारण कि मैं बीच में हूँ।

"मैं ख़ुद को एक स्त्री नहीं मानता और मैं एक स्त्री नहीं बनना चाहता। मैं कुर्ता पायजामा पहन सकता हूँ और फ़िल्म निर्देशित कर सकता हूँ; मैं काजल और आभूषण भी पहन सकता हूँ और—सामाजिक कार्यक्रम में शामिल हो सकता हूँ... एकलिंग (यूनिसेक्स) की अवधारणा पर महिलाओं का एकाधिकार है। महिलाएँ पुरुषों के कपड़े पहन सकती हैं। समस्या तब पैदा होती है जब पुरुष महिलाओं के कपड़े पहनते हैं। मैं जो कुछ भी पहनता हूँ वह हमेशा पुरुषों द्वारा पहना जाता है। झुमके और हार जैसी चीज़ें पहनना हमेशा से हमारे इतिहास और परम्परा का हिस्सा रहा है। औपनिवेशिक शासन के दौरान इन्हें स्त्रैण घोषित कर दिया गया था और मुझे इसे बहाल करने में कुछ भी ग़लत नहीं लगता। मेरा कहना है कि मुझे अपनी यौनिकता का जश्न क्यों नहीं मनाना चाहिए?"[11]

फ़िल्म के एक मार्मिक दृश्य में रुद्र की माँ उसके पिता से उसकी यौनिकता के बारे में बात करते हुए कहती है : "प्रकृति आदेश देती है जो भी स्वाभाविक है... इसकी अपनी इच्छाएँ हैं। अगर हम इसे स्वीकार कर लिये होते...उसके लिए जो स्वाभाविक था तब वह आज सर्जन के चाक़ू के नीचे नहीं पड़ा होता।"

यह सच है कि पूरे जीवन में रुद्र को इस आधार पर किसी-न-किसी प्रकार के बहिष्कार का सामना करना पड़ा था। एक जगह वह शुभो के सामने क़बूल करता है, "वास्तव में, मुझे स्त्रैण होने के कारण बहिष्कार का सामना करना पड़ा, लोग मेरा मज़ाक़ उड़ाते थे।"

जब बंगाली कॉमेडियन मीर ने उनकी नक़ल की, तो ऋतुपर्ण घोष ने उन्हें स्टार जलसा चैनल पर घोष एंड कम्पनी के एक एपिसोड में फटकार लगाई थी, "क्या तुमने कभी सोचा है कि जब भी तुम मेरी नक़ल करते हो, तो कोलकाता में, बंगाल में इतने सारे स्त्रैण पुरुष शर्म महसूस करते हैं, अपमानित महसूस करते हैं?"

"मैं अपने गहनों को इतनी तड़क-भड़क के साथ पहन सकता हूँ, इससे मुझे कोई फ़र्क़ नहीं पड़ता। लेकिन बहुत से लोग ऐसे भी हैं जो इस बात को लेकर बेहद शर्मिन्दगी और कलंक जैसा महसूस करते हैं, जिनमें न तो जेवर पहनने की हिम्मत है, न काजल लगाने का साहस। मैं अपनी शर्तों पर जिन्दगी जी सकता हूँ मीर। लेकिन वे नहीं जी सकते।"[12]

इस कथन की पुष्टि उनके अपने क्वीर अग्रज चपल भादुड़ी के वक्तव्य से की जा सकती है, जब एक समय उन्होंने कहा था, "मैंने दशकों तक महिला भूमिका में अभिनय किया है। लेकिन यह हमेशा मंच पर रहा है। मैंने कभी भी ऋतुपर्ण की तरह सार्वजनिक रूप से एक महिला के रूप में कपड़े पहनकर घूमने की हिम्मत नहीं की। दुनिया को चुनौती देने और ख़ुद को स्वीकार करने के साहस के लिए मैं इनकी प्रशंसा करता हूँ।"[13]

लेकिन दुनिया को धता बताने और ख़ुद को स्वीकार करने के लिए अपने अन्तर्विरोध और विरोधाभासों को पहचानना और छोड़ना पड़ता है और इस सन्दर्भ में शुभो द्वारा फ़िल्म में रुद्र को भेजे गए तीन सन्देश काफ़ी मानीखेज़ हैं, पहला सन्देश था, *यदि नशे की स्थिति में ड्राइविंग की अनुमति नहीं है तो शराबख़ाने (बार) में पार्किंग स्थल क्यों होता है?*; दूसरा था, *हर कोई स्वर्ग जाना चाहता है, लेकिन कोई मरना नहीं चाहता* और आख़िरी था, *एक बिल्डिंग को पूरा होने के बाद भी बिल्डिंग क्यों कहा जाता है?* आरम्भिक दो पहेलियों को रुद्र 'दिलचस्प और गहरी' कहता है लेकिन अन्तिम पहेली का जवाब फ़िल्म के उस विलक्षण सुर्रियल वातावरण में...जब उस सुनसान समुद्र-तट पर जहाँ रात सुबह से मिल रही है (मानो अवचेतन चेतन से मिल रहा हो!) जहाँ केवल उसका प्रेमी और सपनों का घर मौजूद है, लहरें उसके ऑपरेशन टेबल से टकरा रही होती हैं और नर्सें उसकी अन्तिम सर्जरी की तैयारी के लिए प्रतीक्षा कर रही हैं; आकाशवाणी की तरह उत्तर आता है : *कोई भी सौदा कभी पूरा नहीं होता, क्योंकि यह एक सतत प्रक्रिया है...*

सन्दर्भ से स्पष्ट है कि रुद्र एक क्लासिक ट्रैजिक नायक की तरह अपने 'भाग्य' या नियति को जानता था, बावजूद इसके वह मानवीय हस्तक्षेप के सहारे उससे उबरने की कोशिश करता है...लेकिन सेक्स रिअसाइनमेंट सर्जरी का विकल्प चुनना एक नये विरोधाभास को जन्म देता है...क्या उसके हृदयविदारक कष्टों के लिए उसकी नियति को ज़िम्मेवार माना जा सकता है या उसकी स्वतंत्र इच्छा को दोष दें? शायद यह विरोधाभास इस फ़िल्म में कम लेकिन फ़िल्मकार के निजी जीवन में अधिक मर्मान्तक होकर उभरता दिखाई देता है; जहाँ फ़िल्म में वह स्तन प्रत्यारोपण के बाद योनि पुनर्निर्माण के लिए प्रस्तावित सर्जरी को बीच में ही छोड़ देता है वहीं

वह अपने निजी जीवन में ऐसा नहीं करता है और अपनी जान देकर उसकी क़ीमत चुकाता है।[14] अब सवाल यह है कि क्या जीवन में अभिनय, कला से अग्रसर नहीं हो सकता या इसे इस निष्कर्ष का प्रमाण माना जाय कि यदि आपका लक्ष्य 'स्वर्ग' है तो अनिवार्यत: आपको 'मरना' ही होगा।

[वारसा विश्वविद्यालय पोलैंड में चौबीसवें दक्षिण एशियाई अध्ययन के यूरोपीय सम्मलेन के अवसर पर 29 सितम्बर, 2016 को पठित अंग्रेज़ी प्रपत्र का हिन्दी अनुवाद।]

सन्दर्भ

1. संगीता दत्ता, कौस्तुभ बख्शी, रोहित के. दासगुप्ता, (सं.), *ऋतुपर्णो घोष : सिनेमा, जेंडर एंड आर्ट*, रूटलेज, नई दिल्ली, लन्दन, न्यूयॉर्क, फ़र्स्ट एडीशन 2016, पृ. 264 पर उद्धृत
2. हिरेर अंगटी, 1992; उनीशे अप्रैल, 1994; दहन 1997, बाड़ीवाली 1999; असुख 1999; उत्सव 2000; तितली 2002; शुभो मुहूर्त 2003; चोखेर बाली 2003; रेनकोट 2004; अन्तरमहल, 2005; दोसर 2006; लास्ट लियर, 2007; खेला 2008; शोब चारित्रो काल्पोनिक 2009; अबेहोमन 2010; आर एकटी प्रेमेर गल्पो, 2010; नौका डूबी/कशमकश 2011; मेमोरीज़ इन मार्च 2011; चित्रांगदा 2012; सत्यान्वेषण 2013
3. गिरिधर शर्मा (अनु.), *चित्रांगदा*, श्रीमध्यभारत पुस्तक एजेंसी, इन्दौर, प्रथम संस्करण 1919, पृ. 6-11
4. वही, पृ. 37
5. चित्रांगदा 22-26 मई, 2012 को मुम्बई में आयोजित कशिश मुम्बई इंटरनेशनल क्वीर फ़ेस्टिवल में प्रदर्शित फ़िल्मों में से थी। महोत्सव के निर्देशक श्रीधर रंगायन ने कहा कि आर एकटी प्रेमेर गल्पो, मेमोरीज़ इन मार्च और चित्रांगदा "बहुत ही भारतीय तरीक़े से पहचान और यौनिकता के सवाल उठाते हैं और मुख्यधारा फ़िल्म के ढाँचे के भीतर समकालीन मुद्दों के बारे में बात करते हैं।" http://www.livemint.com/Consumer/NGQP6dAn14VkftVnA3FBhL/Filmmaker-Rituparno-Ghosh-49-dies-of-cardiac-arrest.html (23.07.2016 को देखा गया)
6. यह तर्क इस अवलोकन पर आधारित है कि "चेतना-प्रवाह घटनानुभवशास्त्रीय रूप से विच्छिन्न" (फिनोमेनोलॉजिकली डिसकंटीन्युअस) होता है। यह 'अन्तराल' से भरा हुआ होता है, जैसे कि नींद की नाटकीय दैनिक घटना। नींद के दौरान हमारा सामान्य सचेत मानसिक जीवन समाप्त हो जाता है लेकिन जब हम जागते हैं तो सुसंगतता या पहचान की कोई क्षति नहीं होती है। फ्रायड ने एक अन्य उदाहरण द्वारा इस परिघटना को समझाने की कोशिश की है : एक कठिन बौद्धिक समस्या का हल न ढूँढ़ पाने पर जब हम उसे छोड़ देते हैं और दिमाग से बाहर कर देते हैं तो उसका हल बाद में एकाएक पता नहीं कहाँ से निकलकर चला आता है। देखें, *द फ्रायड इनसाइक्लोपीडिया : थ्योरी, थेरेपी एंड कल्चर*, एडवर्ड इरविन, रूटलेज, न्यूयॉर्क, लन्दन, 2002, पृ. 579
7. संगीता दत्ता, कौस्तुभ बख्शी, रोहित के. दासगुप्ता, वही, पृ. 238
8. जूडिथ बटलर, *जेंडर ट्रबुल*, रूटलेज, न्यूयॉर्क, 1999, पृ. 180

9. वही, पृ. xiv
10. ऐनी फॉस्टो-स्टर्लिंग, *सेक्सिंग द बॉडी*, बेसिक बुक्स, न्यूयॉर्क, पहला संस्करण 2000, पृ. 4-5
11. *द टेलीग्राफ़*, कोलकाता, बुधवार, 22 दिसम्बर, 2010 http://www.telegraphindia.com/1101222/jsp/entertainment/story_13330745.jsp (23.07.2016 को एक्सेस किया गया)
12. http://www.firstpost.com/bollywood/an-icon-beyond-labels-man-woman-or-rituparno-830493.html (23.07.2016 को देखा गया)
13. चपल भादुड़ी, बंगाली लोक रंगमंच 'जात्रा' के एक ट्रांसजेंडर अभिनेता, जिन्हें उनकी महिला भूमिका के लिए 'चपल रानी' के नाम से जाना जाता है, इसी विषय पर 'आर एकटी प्रेमेर गल्पो' फ़िल्म बनाई गई थी—इस फ़िल्म में ऋतुपर्ण एक समलैंगिक फ़िल्मकार अभिरूप सेन के रूप में चपल रानी के जीवन पर एक वृत्तचित्र बनाने की कोशिश करते हैं और अपने स्वयं के जीवन के साथ विषय-वस्तु की समानता और असमानताओं को महसूस करते हैं।
14. फ़ोर्टिस अस्पताल के डॉक्टर राजीव शील जो दो दशकों से ऋतुपर्ण घोष का इलाज कर रहे थे, उनका कहना था कि वे 'आर एकटी प्रेमेर गल्पो' में ट्रांसजेंडर फ़िल्मकार की भूमिका के लिए एब्डोमिनोप्लास्टी, स्तन प्रत्यारोपण के बाद हार्मोन थेरेपी की जटिलताओं से जूझ रहे थे। उनकी मृत्यु कलकत्ता के अपने निवास स्थान पर 30 मई, 2013 को उनचास वर्ष की अवस्था में हुई। देखें, https://en.wikipedia.org/wiki/Rituparno_Ghosh

आभार ज्ञापन

मैं इस पुस्तक में चित्रों के उपयोग के लिए निम्नलिखित संस्थानों और वेबसाइट्स को हार्दिक धन्यवाद देना चाहता हूँ :

- अमेरिकन इंस्टीट्यूट ऑफ़ इंडियन स्टडीज़, गुड़गाँव
- आशुतोष म्यूज़ियम ऑफ़ इंडियन आर्ट, कलकत्ता विश्वविद्यालय
- भारत कला भवन, वाराणसी
- चुगताई संग्रहालय, लाहौर
- गीता प्रेस, गोरखपुर
- नेशनल गैलरी ऑफ़ मॉडर्न आर्ट, दिल्ली
- नेशनल म्यूज़ियम, दिल्ली
- विश्वभारती विश्वविद्यालय, शान्तिनिकेतन
- http://asianart.com
- http://en.wikipedia.org/wiki
- http://resobscura.blogspot.com
- http://www.columbia.edu
- http://www.conniemadson.com
- http://www.indianpost.com
- http://www.livemint.com
- http://www.nancyweyant.com
- http://www.tribuneindia.com
- https://en.qantara.de/content
- https://epaper.telegraphindia.com
- https://kochipost.com
- https://scroll.in
- https://scroll.in/magazine
- https://timesofindia.indiatimes.com
- https://www.architecturaldigest.in
- https://www.cbl.ie
- https://www.devdiscourse.com
- https://www.edexlive.com
- https://www.firstpost.com/living www.oneindia.com

- https://www.saffronart.com
- https://www.telegraphindia.com
- https://www.theheritagelab.in
- https://www.thehindu.com
- https://www.theweek.in

सन्दर्भिका

आचार्य बृहस्पति, *मुसलमान और भारतीय संगीत*, राजकमल प्रकाशन, दिल्ली, द्वितीय संस्करण 1982

आचार्य बृहस्पति, *संगीत चिन्तामणि*, भाग 2, बृहस्पति पब्लिकेशन, नई दिल्ली, प्रथम संस्करण 1987

आनन्द कुमारास्वामी, *इंट्रोडक्शन टू इंडियन आर्ट*, मुंशीराम मनोहरलाल, दिल्ली, सेकंड एडीशन, फ़रवरी 1969

आनन्द कुमारास्वामी, *राजपूत पेंटिंग*, मोतीलाल बनारसीदास, नई दिल्ली, सेकंड एडीशन, 1976

आनन्द कुमारास्वामी, *राजपूत पेंटिंग*, वॉल्यूम I, मोतीलाल बनारसीदास, नई दिल्ली, 1976

आनन्द कुमारास्वामी, *आर्ट एंड स्वदेशी*, मुंशीराम मनोहरलाल प्राइवेट लिमिटेड, दिल्ली, दूसरा संस्करण 1994

ई. डेनिसन रोस एंड आइलीन पॉवर (एडिटेड) *अकबर एंड द जेसुइट्स*, तुलसी पब्लिशिंग हाउस, नई दिल्ली, 1979

एम.के. नायर, *ए हिस्ट्री ऑफ़ इंग्लिश लिटरेचर*, साहित्य अकादेमी, नई दिल्ली, 1982

ऐनी फॉस्टो-स्टर्लिंग, *सेक्सिंग द बॉडी*, बेसिक बुक्स, न्यूयॉर्क, पहला संस्करण 2000

ओ.पी. भटनागर, द इमेज ऑफ़ गांधी इन इंडियन प्लेज़ इन इंग्लिश, *कंटेम्पररी इंडियन लिटरेचर : ए सिम्पोजियम*, साहित्य अकादेमी, नई दिल्ली, द्वितीय संस्करण 1959

कन्हैयालाल माणिकलाल मुंशी, *गुजरात एंड इट्स लिटरेचर*, लॉन्गमेन ग्रीन एंड कम्पनी लिमिटेड, कलकत्ता, 1935

कपिला वात्स्यायन, *इंडियन क्लासिकल डांस*, पब्लिकेशन डिवीजन, दिल्ली, सेकंड एडीशन, 1977

कपिला वात्स्यायन, *क्लासिकल डांस इन लिटरेचर एंड द आर्ट्स*, संगीत नाटक अकादेमी, दिल्ली, सेकंड एडीशन, 1977

कलेक्टेड वर्क्स ऑफ़ महात्मा गांधी, प्रकाशन विभाग, दिल्ली, 2005

कुमार गन्धर्व, *स्वरमुद्रा*, भाग 2, अंक 1, अप्रैल-जुलाई, 2023

के.के. हेब्बार, *तुलसीदास*, अभिनव पब्लिकेशंस, दिल्ली, 1989

कैप्टन ऑगस्टस विलार्ड, *ए ट्रीटाइज ऑन द म्यूज़िक ऑफ़ हिन्दुस्तान*, बैप्टिस्ट मिशन प्रेस, कलकत्ता,1834

कैलाश चन्द्रदेव बृहस्पति, *भरत का संगीत सिद्धान्त*, उत्तर प्रदेश हिन्दी संस्थान, लखनऊ, द्वितीय संस्करण 1991

क्लाउस एवेलिंग, *रागमाला पेंटिंग*, वेसिलियास प्रेस, स्विट्ज़रलैंड, 1973

ख़्वाजा अहमद अब्बास, *एंड वन डिडंट कम बैक*, साउंड मैगज़ीन, 1944

गणपति चन्द्र गुप्त, *साहित्यिक निबन्ध*, लोकभारती प्रकाशन, इलाहाबाद, छठा संस्करण 1977

गिरिधर शर्मा (अनु.), *चित्रांगदा*, श्रीमध्यभारत पुस्तक एजेंसी, इन्दौर, प्रथम संस्करण 1919
गूवीन ए. बेली, *आर्ट ऑन द जेसुइट मिशंस इन एशिया एंड लैटिन अमेरिका*, 1542-1773, यूनिवर्सिटी ऑफ़ टोरंटो प्रेस, टोरंटो, 1999
जगन्नाथ दास 'रत्नाकर', (सं.) *बिहारी-रत्नाकर*, तारा बुक एजेंसी, वाराणसी, सप्तम आवृत्ति, 1990
जगन्नाथ प्रसाद 'भानुकवि', *छन्द प्रभाकर*, श्री वेंकटेश्वर प्रेस, बम्बई, 1931
जयदयाल गोयंदका, (सं.) *श्रीमद्भागवतगीता*, गीता प्रेस, गोरखपुर, पंचम संस्करण 1992
जूडिथ बटलर, *जेंडर ट्रबुल*, रूटलेज, न्यूयॉर्क, 1999
जो डेविडसन, *बिटवीन सिटिंग्स : एन इनफ़ॉर्मल ऑटोबायोग्राफ़ी ऑफ़ जो डेविडसन*, द डायल प्रेस, न्यूयॉर्क, 1951
डब्ल्यू.एच. मोरलैंड, *इंडिया एट द डेथ ऑफ़ अकबर*, मैकमिलन एंड कम्पनी, लन्दन, 1920
तुलसीदास, *विनय-पत्रिका*, गीता प्रेस, गोरखपुर, बावनवाँ संस्करण 2000
तृप्ता वर्मा, *कारख़ाना अंडर द मुग़ल्स फ्रॉम अकबर टू औरंगज़ेब*, प्रगति पब्लिकेशन, दिल्ली, फ़र्स्ट एडीशन, 1994
द ओरवेल रीडर, हार्कोट ब्रास एंड कम्पनी, न्यूयॉर्क, फ़र्स्ट एडीशन, 1956
दीनेन गांधी, *प्रेयर एंड अदर स्केचेज़ ऑफ़ महात्मा गांधी*, नालन्दा पब्लिकेशंस, मुम्बई, 1948
लोंजाइनस, *ऑन द सबलाइम*, (ट्रांस : विलियम रायस रॉबर्ट्स), गारलैंड, 1987
अनु बंदोपाध्याय, *एम.के. गांधी : ऑथर, जर्नलिस्ट, प्रिंटर, पब्लिशर*, नवजीवन प्रेस, अहमदाबाद
अब्दुल हलीम शरर, अनुवाद : नूर नवी अब्बासी, *पुराना लखनऊ (गुज़िश्ता लखनऊ)*, नेशनल बुक ट्रस्ट, दिल्ली, चौथी आवृत्ति 1995
अमीना ओकाडा, *इम्पीरियल मुग़ल पेंटर्स*, पेरिस, 1992
अरिस्टोटल, *पॉयटिक्स* (ट्रांसलेशन : मालकाम हीथ), पेंगुइन बुक्स, 1996
अशोक वाजपेयी (सं.), *कला विनोद*, नेशनल पब्लिशिंग हाउस, दिल्ली, प्रथम संस्करण 1982
आनन्द कुमारास्वामी, *द मिरर ऑफ़ जेस्चर*, मुंशीराम मनोहरलाल, दिल्ली, चौथा संस्करण 1987
आर. शिवकुमार, *रामकिंकर बैज : ए रिट्रोस्पेक्टिव*, 1906-1980, आर्ट गैलरी एंड द नेशनल गैलरी ऑफ़ मॉडर्न आर्ट, नई दिल्ली, 2012
आर. नाथ, *हिस्ट्री ऑफ़ डेकोरेटिव आर्ट इन मुग़ल आर्किटेक्चर*, मोतीलाल बनारसीदास, नई दिल्ली, फ़र्स्ट एडीशन, 1976
जे.एम. रोजर्स, *मुग़ल मिनिएचर्स*, लन्दन, 1993
एम. पंडरी (संकलित) *महात्मा गांधी पर एक व्यापक एनोटेटेड ग्रन्थ-सूची*, 3 खंड, ग्रीनवुड प्रेस, 1995
के.एम. वर्मा, *नाट्य, नृत्त और नृत्य*, ओरिएंट लॉन्गमेन, कलकत्ता, प्रथम प्रकाशित, 1957
गुलाम मुहम्मद शेख़, *रुमिनेटिंग ऑन लाइफ़ ऑफ़ द मिडिवल सेंट्स बाय विनोद बिहारी मुखर्जी*, द नेशनल गैलरी ऑफ़ मॉडर्न आर्ट, दिल्ली, तारीख़ और पृष्ठ अप्राप्त।
चर्यागीतिकोष (सं.) नीलरतन सेन, भारतीय उच्च अध्ययन संस्थान, शिमला, प्रथम संस्करण 1977
जेम्स लारेंस, *राज : द मेकिंग एंड अन्मेकिंग ऑफ़ ब्रिटिश इंडिया*, लिटिल ब्राउन एंड कम्पनी, पृ. 465
डॉ. आर.एस. नागर (सं.), *भरतमुनि का नाट्यशास्त्र*, अभिनव भारती की टिप्पणी के साथ, खंड 4, 28/11, परिमल प्रकाशन, दिल्ली, 1998
तुलसीदास, *कवितावली*, गीता प्रेस, गोरखपुर, अट्ठाईसवाँ संस्करण 1985

दिलीप कुमार रॉय, *अमंग द ग्रेट,* जैको पब्लिशिंग हाउस, बॉम्बे, 1950
धनंजय, *दशरूपकम,* (सं.) श्रीनिवास शास्त्री, साहित्य भंडार, मेरठ, 1994
धूर्जटि प्रसाद मुखर्जी, *इंडियन म्यूज़िक,* कुतब पब्लिशर्स, पुणे, 1945
नाभादास की *श्रीभक्तमाल, भक्ति-रसबोधिनी-टीका,* निम्बार्काचार्य पीठ, वृन्दावन, 1960
नाभादास, (सं.), *भक्तमाल,* सीतारामशरण भगवानप्रसाद रूपकला, तेजकुमार बुक डिपो लि., लखनऊ, 2009
नीलरतन सेन, *अर्ली ईस्टर्न एनआईए वर्सिफ़िकेशन,* इंडियन इंस्टीट्यूट ऑफ़ एडवांस्ड स्टडी, शिमला, प्रथम संस्करण 1973
नैंसी कॉक्स-मैककॉर्मैक कुशमैन, *फाइव वीक्स इन लन्दन,* इंग्लैंड, 1931
परशुराम चतुर्वेदी (सं.), *मीराँबाई की पदावली,* हिन्दी साहित्य सम्मेलन, प्रयाग, उन्नीसवाँ संस्करण 1993
पर्सिवल स्पीयर, *ट्वाईलाईट ऑफ़ द मुग़ल्स,* मुंशीराम मनोहरलाल पब्लिशर्स प्राइवेट लिमिटेड, नई दिल्ली, 1991
पी.के. परमेश्वरन नायर, *हिस्ट्री ऑफ़ मलयालम लिटरेचर,* साहित्य अकादेमी, 1958
प्रेमचन्द, *रंगभूमि,* राजस्थान पीपुल्स पब्लिशिंग हाउस (प्रा.) लि., जयपुर, प्रथम संस्करण 2004
प्रेमलता शर्मा, सम्पादकीय भूमिका, *सहस्ररस,* संगीत अकादमी, नई दिल्ली, प्रथम संस्करण 1972
प्लेटो, *रिपब्लिक* (ट्रांसलेशन : सी.डी.सी. रीव), हकेट पब्लिशिंग, 2004
एडवर्ड इरविन, *फ्रायड इनसाइक्लोपीडिया : थ्योरी, थेरेपी एंड कल्चर,* रूटलेज, न्यूयॉर्क, लन्दन, 2002
बाबूलाल शुक्ल शास्त्री (सम्पादक और व्याख्याकार), *नाट्यशास्त्र,* खंड 4, चौखम्बा संस्कृत संस्थान, वाराणसी, प्रथम संस्करण 1985
विद्यानिवास मिश्र, सत्यदेव मिश्र (सं.) *रसख़ान रचनावली,* वाणी प्रकाशन, संस्करण 1993
बी. चैतन्य देव, *भारत का संगीत : ए साइंटिफिक स्टडी,* मुंशीराम मनोहरलाल पब्लिशर्स प्राइवेट लिमिटेड, 1995
बी.आर. दीपक (अनुवाद और सम्पादन), *माय लाइफ़ विद कोटनिस,* मानक पब्लिकेशन, दिल्ली, फ़र्स्ट एडीशन, 2006
भवानी भट्टाचार्य, *गांधी द राइटर,* नेशनल बुक ट्रस्ट, दिल्ली, 1969
भास्वती बंदोपाध्याय, *गांधी मार्ग,* वॉल्यूम 26, नम्बर 3, अक्टूबर-दिसम्बर, 2004
भिखारीदास, *काव्य निर्णय,* (सं.) जवाहरलाल चतुर्वेदी, कल्याण दास एंड ब्रदर्स, वाराणसी, प्रथम संस्करण 1956
मन्दाक्रान्ता बोस, *मूवमेंट एंड मिमेसिस : द आइडिया ऑफ़ डांस इन द संस्कृटिक ट्रेडिशन,* स्प्रिंगर एंड क्लूवर एकेडमिक पब्लिशर्स, 1991
मदन गोपाल, *तुलसीदास,* द बुकअबोड
मधु त्रिवेदी, *द इमरजेन्स ऑफ़ द हिन्दुस्तानी ट्रेडिशन,* थ्री एसेज़ कलेक्टिव, गुड़गाँव, फ़र्स्ट एडीशन, 2012
महादेवी वर्मा, *स्मृति की रेखाएँ,* लोकभारती प्रकाशन, इलाहाबाद, प्रथम सजिल्द संस्करण 2008
महीप सिंह, *आदिग्रन्थ,* राजपाल एंड संस, दिल्ली, 2009
माताप्रसाद गुप्त, *तुलसीदास,* लोकभारती प्रकाशन, इलाहाबाद, 2002
मिलो क्लीवलैंड बीच, *द ग्रेंड मुग़ल : इम्पीरियल पेंटिंग इन इंडिया* 1600-1660, स्टर्लिंग एंड

फ्रांसिस क्लार्क आर्ट इंस्टीट्यूट, मेसाचुसेट्स, 1978
मुकुल डे, *पोर्ट्रेट्स ऑफ़ महात्मा गांधी,* ओरिएंट लॉन्गमैन, 1948
मुहम्मद हुसैन आज़ाद, *उर्दू काव्य की जीवन-धारा,* अनुवाद : प्रभुनारायण गौड़, नागरी प्रचारिणी सभा, वाराणसी, प्रथम संस्करण 1979
मैक लैगन, एडवर्ड डगलस, *द जेसुइट्स एंड द ग्रेट मोगुल,* बर्न्स, ओट्स एंड वॉशबोर्न, लन्दन, 1932
रणजीत होस्कोटे, *रीइमेजनिंग बापू, एन आर्टिस्ट ऑफ़ नॉन वायलेंस,* गैलरी सेमोल्ड, मुम्बई, 1999
रश्मि वाजपेयी (सं.), कथक प्रसंग, राजकमल प्रकाशन, दिल्ली, दूसरा संस्करण 1999
राजशेखर, *काव्य-मीमांसा,* बिहार राष्ट्रभाषा परिषद, पटना, तृतीय संस्करण 2000
राधावल्लभ त्रिपाठी, *संस्कृत साहित्य का अभिनव इतिहास,* विश्वविद्यालय प्रकाशन, वाराणसी, प्रथम संस्करण 2001
रामचन्द्र शुक्ल, *हिन्दी साहित्य का इतिहास,* नागरी प्रचारिणी सभा, काशी, बीसवाँ पुनर्मुद्रण, 1983
रामनरेश त्रिपाठी, *तुलसीदास और उनकी कविता,* पहला भाग, हिन्दी मन्दिर प्रयाग, पहला संस्करण 1937
रामस्वरूप चतुर्वेदी, *हिन्दी साहित्य और संवेदना का विकास,* लोकभारती प्रकाशन, इलाहाबाद
रुडयार्ड किपलिंग्स वर्स, डबलडे, पेज एंड कम्पनी.इंक, न्यूयॉर्क, 1920
रेचल ड्वायर, *फ़िल्मिंग द गॉड्स,* रूटलेज, लन्दन एंड न्यूयॉर्क, पहला भारतीय पुनर्मुद्रण, 2007
रोम्या रोलाँ एंड गांधी कॉरेस्पोंडेंस, पब्लिकेशन डिवीजन, दिल्ली, रिस्टोर्ड एडीशन, 2007
लालमणि मिश्र, *संगीत और समाज,* मधुकली प्रकाशन, भोपाल, प्रथम संस्करण 2000
लुई फिशर, *द लाइफ़ ऑफ़ महात्मा गांधी,* इंडस (हार्पर कॉलिंस), नई दिल्ली, सेकंड इम्प्रेशन, 1993
वाल्मीकि, *रामायण,* प्रथम भाग, गीता प्रेस, चौबीसवाँ संस्करण 2001
विनांद कैल्वर्ट, *द मिलेनियम कबीरवाणी,* मनोहर, दिल्ली, प्रथम प्रकाशन 2000
विश्वनाथ प्रसाद मिश्र (सं.), *बोधा ग्रन्थावली,* नागरी प्रचारिणी सभा, वाराणसी, प्रथम संस्करण 1974
विश्वनाथ प्रसाद मिश्र, *गुसाईं तुलसीदास,* वाणी वितान प्रकाशन, वाराणसी, 1965
रंजीत गुहा (सम्पादक), *सबॉल्टर्न स्टडीज़,* ऑक्सफ़ोर्ड यूनिवर्सिटी प्रेस, दिल्ली, 1984
शिशिर कुमार दास, *ए हिस्ट्री ऑफ़ इंडियन लिटरेचर,* साहित्य अकादेमी, दिल्ली, फ़र्स्ट पब्लिश्ड 1995
शेल्डन पोलक (सं.), *लिटरेरी कल्चर्स इन हिस्ट्री,* कैलिफ़ोर्निया विश्वविद्यालय प्रेस, बर्कले और लॉस एंजिल्स, कैलिफ़ोर्निया, 2003
शोभना नारायण, *कथक,* ए शुभी पब्लिकेशन इंटरप्राइज, फ़र्स्ट इकोनॉमी एडीशन, 2012
श्यामसुन्दर दास (सं), *कबीर ग्रन्थावली,* लोकभारती प्रकाशन, इलाहाबाद, द्वितीय संस्करण 2011
श्री अरविन्द, *भारतीय संस्कृति के आधार,* श्री अरविन्द आश्रम, पांडिचेरी, तृतीय संस्करण 1994
श्रीमन नारायण (सं.), *द सेलेक्टेड वर्क्स ऑफ़ महात्मा गांधी,* नवजीवन ट्रस्ट, 1968
श्रीसीतारामशरण भगवानप्रसाद रूपकला, *श्रीभक्तमाल* और प्रियादास प्रणीत *टीका-कवित्त,* तेजकुमार बुक डिपो प्रा. लिमिटेड, लखनऊ, 2009
संगीता दत्ता, कौस्तुभ बख्शी, रोहित के. दासगुप्ता, (सं.), *ऋतुपर्णो घोष : सिनेमा, जेंडर एंड आर्ट,* रूटलेज, नई दिल्ली, लन्दन, न्यूयॉर्क, फ़र्स्ट एडीशन, 2016
सत्याग्रह : इंडियन एंड साउथ अफ्रीकन आर्टिस्ट ट्रिब्यूट टू द स्पिरिट ऑफ़ 9-11-1906 : कलेक्शन ऑफ़ एसेज़ एंड कैटलॉग, वी.के. चेरियन, जयराम पोडुवल, (एडि.), अफरीखादी इंडिया, किज़ो गैलरी, अफरीखादी इंडिया और किज़ो गैलरी, डरबन, 2006

सय्यद मोअज्जम अली (एडि.), *नख़लिस्तान*, राजस्थान उर्दू अकादेमी, जयपुर, 2019
सर विलियम फोस्टर (सं.), द *एम्बेसी ऑफ़ सर थॉमस रो टू इंडिया* 1615-19, ऑक्सफ़ोर्ड यूनिवर्सिटी प्रेस, लन्दन, 1926
सरोजिनी नायडू, द *ब्रोकन विंग*, विलियम हेन्मान, लन्दन, 1917
सर्वपल्ली राधाकृष्णन (एडि.), *महात्मा गांधी : एसेज एंड रिफ्लेक्शंस,* में क्लेयर शेरीडन, द ग्रेट लिटिल महात्मा, एलेन एंड अनविन लिमिटेड, लन्दन, सेकंड (इनलार्ज्ड) एडीशन, 1949
सब्यसाची भट्टाचार्य, (सं.), द *महात्मा एंड द पोएट*, नेशनल बुक ट्रस्ट, सेकंड रीप्रिंट, 1999
सारंगदेव, *संगीतरत्नाकर*, अड्यार लाइब्रेरी, 1943
सारंगदेव, *संगीतरत्नाकर*, (अनु.), आर.के. श्रृंगी और प्रेमलता शर्मा, मुंशीराम मनोहरलाल, नई दिल्ली, 1991
सोमप्रकाश वर्मा, *इंटरप्रेटिंग मुग़ल पेंटिंग*, ऑक्सफ़ोर्ड यूनिवर्सिटी प्रेस, नई दिल्ली, सेकंड इम्प्रेसन, 2011
सोहनलाल द्विवेदी (सं.), *गांधी अभिनन्दन ग्रन्थ*, गांधी अभिनन्दन ग्रन्थ कार्यालय, लखनऊ, 1944
हजारीप्रसाद द्विवेदी, *कबीर*, राजकमल प्रकाशन, दिल्ली, 1994
हजारीप्रसाद द्विवेदी, *हिन्दी साहित्य की भूमिका*, राजकमल प्रकाशन, नई दिल्ली, पुनर्मुद्रित, 1969
हरदेव बाहरी, राजेन्द्र कुमार (सं.), *सूरसागर-सटीक*, प्रथम भाग, लोकभारती प्रकाशन, इलाहाबाद, संशोधित संस्करण 1991
हरिहर निवास द्विवेदी, *मध्यदेशीय भाषा*, विद्या मन्दिर प्रकाशन, ग्वालियर, प्रथम संस्करण 1955
हेमन्त शर्मा (सं.), *भारतेन्दु समग्र*, हिन्दी प्रचारक संस्थान, वाराणसी, तृतीय संस्करण 1989

पत्र-पत्रिकाएँ

जर्नल ऑफ़ द अमेरिकन ओरिएंटल सोसायटी, वॉल्यूम 43
द ड्रामा रिव्यू, वॉल्यूम 43, नम्बर 3
मार्ग, वॉल्यूम XII, नम्बर 4, सितम्बर 1959
जर्नल ऑफ़ साउथ एशियन पॉपुलर कल्चर, वॉल्यूम 6, 2008, इशू 2
तेनेसी हिस्टोरिकल क्वाटर्ली, वॉल्यूम 19, नम्बर 2, जून 1960
इंडियन लिटरेचर, जुलाई-अगस्त 1981, वॉल्यूम 24, न. 4
द ट्रिब्यून, चंडीगढ़, 23.9.2006
इकोनॉमिक एंड पॉलिटिकल वीकली, वॉल्यूम 51, न. 30, (23 जुलाई, 2016)

विश्व-व्यापी-संजाल (वर्ल्ड वाइड वेब)

http://www.flickr.com/photos/22955235@N00/1239254680/in/set-72157600028124617
http://www.livemint.com/Consumer/NGQP6dAn14Vkft VnA3FBbL/Filmmaker-Rituparno-Ghosh-49-dies-of-cardiac-arrest.html
http://mrinalsen.org/neel_akasherr_niche.html
http://www.firstpost.com/bollywood/an-icon-beyond-labels-man-woman-or-rituparno-830493.html
http://www.galbithink.org/lessmore.htm

http://www.youtube.com/watch?v=D01xA03C8yE
https://en.qantara.de/content/what-muslims-and-christians-share-a-christmas-meditation
https://www.rottentomatoes.com/m/nightmare_in_red_china
https://www.saffronart.com/sitepages/articledetails.aspx? articleid=867
https://www.thehindu.com/books/books-authors/gandhi-in-urdu literature /article 28708422 .ece
Jahangir Preferring a Sufi Shaikh to Kings, Bichitr (act. 1615–50) India, Mughal period. Opaque watercolor, gold, and ink on paper. Smithsonian Institution, Washington D.C. http://resobscura.blogspot.com/2011/02/jahangirs-turkey-early-modern.html
Madonna with Infant Jesus, Unattributed, 17th century, Mughal, Prince of Wales Museum of western India.
http://www.chapatimystery.com/archives/homistan/postcolonial_skins.html
http://asianart.com/articles/minissale/5.html
http://en.wikipedia.org/wiki/List of artistic depictions of Mahatma Gandhi
https://epaper.telegraphindia.com/calcutta/2018-10-21/71/Page-12.html
https://epaper.telegraphindia.com/calcutta/2018-10-21/71/Page-12.html
https://m.facebook.com/439885819479987/photos/a.518871624914739/1088951051240124/?type=3&_se_imp= 1lYAWdGryZ6uxV03j
https://scroll.in/article/674358/two-indian-sculptors-have-created-most-of-the-gandhi-statues-around-the-world
https://timesofindia.indiatimes.com/blogs/plumage/ram-sutar-and-mahatma-gandhi-the-journey-goes-back-to-many-decades/
https://timesofindia.indiatimes.com/blogs/plumage/tom-vattakuzhys-death-of-gandhi/
https://www.architecturaldigest.in/content/mahatma-gandhiji-jayanti-artists-delhi-2019/
https://www.devdiscourse.com/article/arts/211974-mahatma-gandhis-sculpture-features-in-exhibition-at-national-gallery-of-modern-art
https://www.edexlive.com/happening/2018/sep/27/from-facial-recognition-to-3d-printing-everything-that-went-into-mahatma-gandhis-two-sided-bust-in-4038.html
https://www.nationalheraldindia.com/india/gandhi-and-bengal-a-complicated-relationsh
https://www.oneindia.com/2010/11/30/mahatmagandhi-statues-and-busts-popularworldwide. html
https://www.telegraphindia.com/culture/arts/paresh-maity-painter-of-longest-work-pays-tribute-to-tallest-leader-gandhi/cid/1672816 (accessed on 14.09.2022)
https://www.theheritagelab.in/elizabeth-brunner-dream-india/
https://www.thehindu.com/entertainment/art/many-moods-of-the mahatma/ article 29519808.ece
https://www.thehindu.com/entertainment/art/many-moods-of-the-mahatma/

article29519808. Ece
https://www.theweek.in/theweek/cover/2019/06/21/assassination-painting-of-gandhi-at-rashtrapati-bhavan-an-exercise-in-myth-making.html
akbar/europeanart/europeanart.html
http:// collectionsonline.lacma.org/ mwebcgi/ mweb .exe? request=record;id=37429;type=101
http://asianart.com/articles/minissale/4.html
http://www.cbl.ie/cbl_image_gallery/collection/list.aspx? collectionId=2
http://www.columbia.edu/itc/mealac/pritchett/00routesdata/ 1500
http://www.conniemadson.com/artmovements/09%20islamic%20and%20mughal%20art.html
http://www.davidmus.dk/en/collections/islamic/materials/miniatures/art/6-1981
http://www.indianpost.com/viewstamp.php/Issue%20Date/year/1952/TULSIDA
http://www.mullocksauctions.co.uk/lot-41541 india_%E2%80%93 _mughal_painting_of_christ_c18th_century.html
http://www.telegraphindia.com/1101222/jsp/entertainment/story_13330745.jsp
https://epaper.telegraphindia.com/calcutta/2018-10-21/71/Page-12.html
https://scroll.in/magazine/828114/on-stage-in-maharashtra-nathuram-godse-is-seeing-a-revival
https://theprint.in/opinion/heres-how-indian-films-of-the-1930s-and-1940s-used-gandhi-in-their-ads/2 96271/
https://www.architecturaldigest.in/content/mahatma-gandhiji-jayanti-artists-delhi-2019/
https://www.firstpost.com/living/manu-parekhs-canvasses-a-retrospective-spanning-60-years-of-the-artists-work-highlights-his-vitality-4098303.html
https://www.orfonline.org/expert-speak/gandhi-great-influencer-on-hindi-cinema-despite-his-celluloid-aversion-56035/
The Deposition from the Cross, Unknown, c.1598, Mughal, Watercolour, Gold, ink on paper, Victoria and Albert Museum, London
http://www.tribuneindia.com/2005/20051225/spectrum/main2.htm)
http://en.wikipedia.org/wiki/Saint_Matthew
http://resobscura.blogspot.com/2011/02/jahangirs-turkey-early-modern.html
http://www.tribuneindia.com/2005/20051225/spectrum/main2.htm
https://en.wikipedia.org/wiki/Rituparno_Ghosh
http://www.columbia.edu/itc/mealac/pritchett/00routesdata/ 1500_1599/
www.nowrunning.com
https://kochipost.com/?p=15540